Vida C. Baron · Metamedizin

Vida C. Baron

Metamedizin

Verlag für Angewandte Kinesiologie
Freiburg im Breisgau

Titel der amerikanischen Originalausgabe:
Metamedicine. Power and Medicine – The 21st Century Way

BAREZ Publishing Company, San Diego/CA
ISBN 0-9624701-0-4

Die Deutsche Bibliothek – CIP-Einheitsaufnahme

Baron, Vida C.:
Metamedizin / Vida C. Baron. (Übers.: Hanne Neumaier). –
Freiburg im Breisgau: Verl. für Angewandte Kinesiologie, 1991
Einheitssacht.: Metamedicine ‹dt.›
ISBN 3-924077-25-8

Übersetzung: Hanne Neumaier
Illustrationen: Windsor Associates
Lektorat: Norbert Gehlen
Umschlag: Hugo Waschkowski
Gesamtherstellung: Rombach GmbH Druck- und Verlagshaus, Freiburg
Printed in Germany
ISBN 3-924077-25-8

Dieses Buch ist meinem Vater, Godson Ezekoli, gewidmet, einem Mann, der seiner Zeit voraus war; ebenso Norman Baron und Dawn Baron, die mich bedingungslose Liebe lehrten.

Hinweise

Dieses Buch soll eine Einführung zu einer neuen Idee in der Medizin sein. Es ist kein Lehrbuch für Medizin und sollte nicht als solches verwendet werden.

Sie würden keine chirurgische Operation an sich selbst oder irgend jemand anderem durchführen, nachdem Sie nur ein Buch über Chirurgie gelesen haben. Ebensowenig ist es ratsam, die Instrumente und die Methodologie, die in diesem Buch beschrieben werden, ohne angemessene Ausbildung zu verwenden. Die Autorin und der Verlag übernehmen keine Verantwortung für unbefugte Benutzung dieses Buches. –

Bei dem in diesem Buch dargebotenen klinischen Material handelt es sich um tatsächliche Fallgeschichten. Die Identität der Patienten und die spezifischen Umstände wurden verändert, um die Vertraulichkeit zu wahren. Die in diesem Buch verwendeten Namen sind alle erfunden und beziehen sich weder auf lebende noch auf tote Personen. –

Wenn in diesem Buch von „dem" Patienten die Rede ist, so gilt das Gesagte selbstverständlich auch für Patient*innen.* An einigen Stellen wird auch die weibliche Form benutzt. Um sprachliche Schwerfälligkeit zu vermeiden, wurde jedoch darauf verzichtet, ständig beide Formen anzuführen. –

Begriffe aus dem Fachwörterverzeichnis sind bei ihrer ersten Erwähnung *kursiv* gesetzt.

Vorwort zur deutschen Ausgabe

Einen weiten Weg hat die Heilkunst zurückgelegt – vom ursprünglichen Zauber des Schamanen hin zur hochspezialisierten modernen Medizin, Gesundheitstechnologie und Pharmakologie unserer Zeit. Müßte angesichts dieses Potentials die Welt heute nicht eigentlich voll gesunder Menschen sein? Viele früher als unheilbar geltende Krankheitsbilder sind mittlerweile gezielt therapierbar und tatsächlich kaum mehr anzutreffen. Allein: Auch die Krankheiten haben sich weiterentwickelt – vieles, was heute als unheilbar gilt, hat in der Vergangenheit überhaupt noch nicht existiert. So wirkt der Fortschritt der modernen Medizin manchmal wie der Wettlauf zwischen Hase und Igel. Was aber läßt Gesundheitsstörungen so schnell nach- oder (richtiger) vorauswachsen?

Metamedizin sieht, wie schon die alten Medizinmänner, die Quellen lebendigen Heil-Seins in der Balance der verschiedenen Ebenen unserer Existenz, von denen die chemisch-physische eben nur eine ist. Den *ganzen* Menschen zu erfassen heißt, den Zusammenhang zwischen physischen, seelisch-emotionalen und geistigen Prozessen zu erkennen. Es bedeutet, die Beziehung zwischen Behandelten und Behandelnden als wesentlichen Kanal für diesen Erkenntnisprozeß zu entwickeln und über das Verstehen hinaus Wege zur Heilung auch jener Bereiche zu beschreiten, die scheinbar „nur" mit Gedanken, Gefühlen, Erinnerungen und Vorstellungen zu tun haben.

Vida C. Baron beschreibt in diesem wichtigen Buch ein mehrdimensionales Menschenbild und erörtert darüber hinaus ebenso alte wie moderne Wege und Prinzipien des helfenden und heilenden Umgangs mit dem, was *unter* der physischen Oberfläche liegt. Diese Neubewertung des Subjektiven gibt heilenden Berufen jene Dimension und auch Befriedigung zurück, die aus Liebe und Ehrfurcht vor der ganzen Vielfalt menschlichen Potentials erwächst.

Bernd Isert
Forum für Meta-Kommunikation

Inhalt

Vorwort

Ein weiser Mensch sollte bedenken, daß
Gesundheit der größte Segen für den Menschen ist,
und lernen, wie er durch sein eigenes Denken aus
seiner Krankheit Nutzen ziehen kann.

Hippokrates

Die in diesem Buch enthaltenen Gedanken sind neu und dennoch so alt wie die Menschheit. Wie alles Wissen haben sie schon immer existiert und nur auf die richtige Frage oder eine Serie von „Was wäre, wenn"-Überlegungen gewartet, um enthüllt zu werden.

Was wäre, wenn eine Krankheit ein wesentliches Ereignis wäre und nicht etwa das Elend, für das wir sie halten? Was wäre, wenn eine Krankheit tatsächlich eine Botschaft eines Teils in uns an einen anderen wäre, die ein Hindernis bewußtmacht auf dem Weg unserer Entwicklung zu reicher begabten, stärkeren und glücklicheren Menschen? Wir entdecken, daß *Krankheit* und *Leiden* (zur Abgrenzung der beiden Begriffe vgl. Fachwörterverzeichnis) all dies sind, und daß in der Information, die sie enthalten, der Schlüssel liegt, um die volle menschliche Selbstentfaltung zu erschließen. Heilung der Krankheit wird so zu einem Nebenprodukt der Entwicklung des Menschen hin zu einem erfüllteren Leben.

Aus der Entdeckung und Auflösung dessen, worauf das Leiden aufmerksam macht, und der gleichzeitigen Beseitigung der Krankheitssymptome geht ein besser entwickelter Mensch hervor, der auf einmal gelernt hat, was er wissen mußte, und sich von seiner Krankheit befreit hat.

Während wir in das einundzwanzigste Jahrhundert eintreten, habe ich das Glück, zu einer neuen Generation von ärztlichen Heilern zu gehören, die das Leiden im größeren Zusammenhang des menschlichen Bewußtseins sehen und die erweiterte Rolle der Medizin im Leben der Menschen wahrgenommen haben.

Im Laufe meines Lebens habe ich beobachtet, wie die moderne Medizin vom Vorrang für die Wiederherstellung kranker Körperteile abkam und zunehmend das Schwergewicht darauf legte, den

Körper gesund zu erhalten, also auf die präventive Medizin. Nun, da unsere Gesellschaft die Gesundheit als primäre Kraft für ein erfülltes Leben anerkennt, beginnen wir, die Existenz von Leiden und die Rolle der Krankheit im Leben der Menschen zu hinterfragen.

Was ist Krankheit und weshalb ist sie notwendig? Der Prozeß der Erforschung dieser Frage hat uns auf eine faszinierende Reise in die Elemente der menschlichen *Persönlichkeitsstruktur (human personality construct;* vgl. Fachwörterverzeichnis) geführt, weit über das hinaus, was wir als menschliche Anatomie kennen. Er hat auch zu der Erweiterung der Medizin zur Metamedizin und zu einer neuen Definition von Gesundheit geführt.

Metamedizin ist traditionelle medizinische Wissenschaft, ausgeübt in einem um den Faktor menschliches Bewußtsein erweiterten Rahmen; also moderne Medizin als Kunst und Wissenschaft, die über das einfache Überleben einer Krankheit hinausreicht. Sie beinhaltet die Sichtweise, die Leiden als Mittel zum menschlichen Wachstum und zur Stärkung betrachtet. Der einzelne, der durch einen Krankheitsprozeß geht, sollte als reiferer Mensch daraus hervorgehen. Der Kranke lernt, die Funktion der Krankheit in seinem Leben zu erkennen. So ist dieser aufgeklärte Patient kein richtiger „Patient" im herkömmlichen Sinn des Wortes, das Unterwürfigkeit impliziert, sondern eine aufgeklärte und befähigte Persönlichkeit, die die Angelegenheit in ihre eigenen Hände nimmt und eine aktive Rolle spielt, wenn es um Entscheidungen auf die Gesundung hin geht. Das Ergebnis ist einerseits eine in jeder Weise verstärkte Effektivität der medizinischen Therapie und andererseits ein bedeutender Sprung vorwärts in der Selbstkenntnis der Person.

Dies bedeutet ein Abgehen von der traditionellen medizinischen Praxis, wo Patienten sich dem Arzt unterordnen, von dem dann erwartet wird, daß er die Leitung übernimmt und ihre Gesundheit wiederherstellt. In der Metamedizin wird dem Patienten die Führung zugesprochen. Der Arzt steht ihm bei, er gibt Anleitung und sorgt für die technische Hilfe, während der Patient den Weg der Genesung geht, um gestärkt daraus hervorzugehen. Mit anderen Worten: alle Beteiligten wissen, daß der Patient die Verantwortung hat.

„Und was haben die Menschen von ihrem Leiden?" – Was sie davon haben, ist so unterschiedlich wie die Menschen und so vielfältig wie die Krankheiten, die sie wählen. So befremdlich das scheinen mag, die Menschen suchen sich ihre Krankheiten aus, und das ist ein Glück. Wir alle tun das, und Sie werden sehen, wie. Es gibt in der Literatur zahlreiche Geschichten über großartige menschliche Leistungen, die dem Auftreten von Krebs und anderen Krankheiten folgen. Da gibt es die alte Dame, die ihr Sterbelager verließ, um Schulen für begabte Kinder zu eröffnen, oder den leitenden Angestellten, der – infolge eines Magengeschwürs fast gestorben – jetzt die Welt bereist und Workshops über Streßbewältigung abhält. Jeder Patient, der der Metamedizin begegnet, hat eine faszinierende Geschichte mitzuteilen.

Solange Geschichte dokumentiert worden ist, sind Menschen von Berichten über die Beherrschung der Materie durch den Geist fasziniert gewesen. Die medizinische Literatur ist voll von Beispielen für den Placebo-Effekt. Das ist ein Phänomen, bei dem eine inaktive Substanz oder Therapie, an die ein Patient glaubt, ihn heilt. Aber dieselbe Substanz oder Therapie wird vielleicht bei keinem anderen zum selben Ergebnis führen. Glaubensheilung, Naturheilkunde und andere ungewöhnliche Heilverfahren haben ihre Anhängerschaft. Trotzdem tat sich die medizinische Wissenschaft von jeher schwer mit der Anerkennung der Validität dieser Phänomene und „Heilungen", hauptsächlich, weil ihnen logische Erklärungen, Verstehbarkeit und Wiederholbarkeit fehlen.

Metamedizin gibt einen Rahmen für dieses Verständnis und einen Funken Licht, um dieses große, unbekannte Gebiet – den menschlichen Geist – verstehbar zu machen. Metamedizin ist keine mysteriöse Erfindung. Sie ist eine Zusammenstellung von Instrumenten und Wissen in einer Weise, die bestimmten Zwecken dient. Ich hatte das Glück, diesen Instrumenten und Informationen durch Wißbegier und reine Gnade zu begegnen. Ich bin für die inspirierenden Ideen und Beiträge vieler Ärzte vor mir zutiefst dankbar; Richard Bandler und John Grinder dafür, daß sie uns mit dem *Neurolinguistischen Programmieren* ausgestattet haben; anderen Kulturen für ihre Liebe, mit der sie Informationen freigebig teilen, und Hippokrates, dem Vater der Medizin, der all dies schon von Anfang an wußte. Dieses Buch ist meine Weise, dieses Geschenk an andere weiterzugeben.

Kapitel 1

Metamedizin in Aktion

Der Schlüssel zu jedem Menschen ist sein Denken. Mag er noch so entschlossen und trotzig erscheinen, er hat doch eine Führung, der er gehorcht, nämlich den Leitgedanken, gemäß dem er alle seine Erfahrungen einordnet. Man kann ihn nur verändern,
indem man ihn auf eine neue Idee hinweist,
die seiner eigenen überlegen ist.
Ralph Waldo Emerson

Als erstes verschafft sich ein Arzt und Heiler in der Metamedizin Zugang zum Geist des Patienten/der Patientin, um seine oder ihre Welt zu sehen und zu verstehen: Die Art und Weise, wie jemand denkt oder Erfahrung innerlich abbildet *(internale Repräsentation)*, ist seine Sicht der Welt oder seine „Weltkarte". Diese Konzeption wird in späteren Kapiteln des vorliegenden Buches ausführlich untersucht. Vorläufig ist es wichtig zu erkennen, daß das Tor zu dem riesigen Universum, das wir als menschlichen Geist kennen, die Gedanken sind.

Außer den Fertigkeiten, die benötigt werden, um die Welt eines Individuums zu betreten, muß der professionelle Metamediziner ausreichende Kenntnisse über das „Selbst" – die Persönlichkeit oder Persona – besitzen, denn Gesundheit und Krankheit treten im größeren Kontext aller Aspekte der Persona auf. Deshalb wird sich der erste Abschnitt dieses Buches auf die Elemente der Persönlichkeitsstruktur konzentrieren. Das Wissen über die menschliche Persönlichkeit ermöglicht es uns, unsere Auffassung von der menschlichen Physiologie zu erweitern, um die einzigartige Physiologie der Geist-Körper-Interaktion miteinzubeziehen. Innerhalb dieser größeren Vision des Menschen können wir beginnen, eine neue Definition von Gesundheit und Krankheit zu erkennen.

Bevor wir die grundlegenden Begriffe der Metamedizin untersuchen, sollten wir im folgenden Fallbericht Metamedizin in Aktion beobachten. Die weiteren Kapitel werden einige Begriffe und

Techniken erklären, die Ihnen im Moment noch fremd sein mögen, die im folgenden jedoch anschaulich illustriert werden:

Während seiner regelmäßigen Sprechstunde schaute Doktor Norman, ein junger Chirurg, eines Nachmittags auf das Krankenblatt, bevor er den Untersuchungsraum betrat, um einen neuen Patienten zu empfangen. Unter der Überschrift „Hauptbeschwerden" hatte die Schwester nur „Schmerzen im oberen Abdomen, Übelkeit und Erbrechen mit blutigem Auswurf" geschrieben. Doktor Norman atmete tief durch, entspannte sich und betrat den Untersuchungsraum, um seinen Patienten zu empfangen, einen sechzigjährigen Farmer namens Elmer Wenzel. Nachdem er sich vorgestellt hatte, nahm er einen Stuhl, setzte sich Elmer gegenüber und fragte: „Sagen Sie, wie laufen die Dinge auf der Farm?" Er hörte interessiert zu, während Elmer sich darüber ausließ, wie unberechenbar und schwierig es sei, auf der Farm seinen Lebensunterhalt zu verdienen. Er sagte: „Selbst wenn es einem gelingt, dem Wetter und den Schädlingen zum Trotz eine anständige Ernte einzufahren, kann man immer noch nicht wissen, wie der Markt ist. Und dann ist da noch die verrückte Regierung ..." Elmer machte eine Pause und schüttelte sichtlich erregt den Kopf. Doktor Norman machte einen Witz über die Steuern und die Regierung, und das brach den Bann. Elmer lachte, und Doktor Norman ermutigte ihn, über die alten Zeiten auf der Farm zu erzählen, und lehnte sich entspannt in seinen Sessel zurück, als hätte er an diesem Tag nichts anderes zu tun.

Während Elmer weiterschwatzte, glich Doktor Norman sich seiner Atmung, seiner Körperhaltung und seinen Bewegungen an. Er stellte Elmer gelegentlich Fragen und registrierte seine *Augenzugangshinweise* und seine Sprachmuster. Allmählich verlangsamte Doktor Norman seine eigene Atmung und beobachtete, daß Elmer dasselbe tat. Dann begann er, Elmer ernsthaft zu führen, und lenkte das Gespräch auf die Krankheit, deretwegen Elmer in erster Linie gekommen war. Er bemerkte, daß Elmer immer, wenn er ihn etwas fragte, nach oben sah und dann seine Augen rechts auf den Boden richtete. Doktor Norman machte sich darüber im Geiste einen Vermerk. Später schrieb er unter dem Stichwort „Denken" auf das Krankenblatt: „*Repräsentationssystem* V-K". Das bedeutet, daß Elmer *Bilder* sah und dann *Gefühle* dazu bekam. Diese Bilder waren entweder erinnert oder konstruiert. Elmer erzählte ihm, daß sein Magen achtzehn Monate vorher begonnen hatte, ihm zu schaffen zu machen, „als alles anfing, hoffnungslos auszusehen". „Von da an wurde alles schlimmer", schloß er. Er sagte, er wolle wirklich niemanden mit seiner Krankheit belästigen. Also trank er Milch, mied Alkohol und nahm magensäurebindende Medikamente.

„Ich bin neugierig zu erfahren, wie Sie entschieden haben, daß es jetzt an der Zeit sei, mich aufzusuchen", sagte Doktor Norman, stand auf und ging zum Untersuchungstisch.

„Nun, nachdem ich mich zum dritten Mal erbrochen hatte und das ganze Blut sah, machte ich mir Sorgen. Ich sagte mir, daß man nach dieser Sache schauen müßte." Er schaute nach unten, und seine Brauen zogen sich zusammen. Doktor Norman machte sich darüber wieder einen geistigen Vermerk und hielt ihn später im Krankenblatt unter „Entscheidungsstrategie" fest: V-K-A. Das bedeutet, daß Elmer eine Entscheidung trifft, indem er zuerst *Bilder* sieht, *Gefühle* dazu bekommt und sich dann *sagt*, was er zu tun hat.

„Und Sie waren besorgt, es könnte etwas Ernstes sein – beispielsweise Krebs?", mutmaßte Doktor Norman, und Elmer nickte zustimmend.

„Es ist immer am besten, der Furcht ins Auge zu sehen. Auf diese Weise wird sie uns nicht beherrschen", sagte Doktor Norman zu ihm. „Und wenn wir erst einmal sehen, um was es sich handelt und wo es ist, können wir einschreiten und es auslöschen." Er lächelte zuversichtlich, und Elmer grinste breit. Doktor Norman beugte sich hinüber und drückte seine linke Schulter.

Er untersuchte Elmer, ordnete einige Labortests an und hatte keinerlei Mühe, Elmer zur Zustimmung zu einer Endoskopie des Magens und Zwölffingerdarms am folgenden Tag zu bewegen. Er sagte: „Wir müssen da hineinschauen und sehen, was vor sich geht, und dann können wir dieses Problem in den Griff bekommen."

Als Elmer nach der Endoskopie zur Entlassung bereit war, ermutigte Doktor Norman ihn, sich zu entspannen und die nächsten Tage am Wels-Teich auf der Farm zu verbringen. Sie sehen, daß Doktor Norman während des ersten Besuchs herausgefunden hatte, daß es Elmers Lieblingsbeschäftigung war, „die Zeit am

Teich totzuschlagen", wie Elmer sich ausdrückte. Elmers Familie hatte einen ziemlich großen Teich angelegt und hielt darin Welse. Ab und zu kam die ganze Wenzelsche Verwandtschaft zu einem Picknick zusammen, und es gab gebratenen Fisch. Obwohl Elmer gern seine Zeit am Teich verbrachte und mit der Idee gespielt hatte, ein Wels-Geschäft aufzubauen, fühlte er sich nicht gut dabei. Seine Eltern hielten das nicht für einen richtigen Männerberuf. Sie hatten darauf bestanden, daß jeder männliche Wenzel, der sein Brot wert sein wollte, in der Lage sein mußte, mit Baumwollanbau seinen Lebensunterhalt zu verdienen. Also schlug sich Elmer jeglichen Gedanken an Wels-Zucht aus dem Kopf.

Der pathologische Befund über die Biopsieprobe, die Doktor Norman von Elmers Zwölffingerdarmgeschwür genommen hatte, war bezüglich Krebs negativ. Er hatte Elmer und Frau Wenzel in sein Büro bestellt. Elmer und seine Frau waren erleichtert, daß er nur ein blutendes Zwölffingerdarmgeschwür hatte. Dann entwikkelte Doktor Norman im Gespräch mit ihnen den Plan für die Behandlung des Zustandes.

„Sie können operiert werden oder konservative Behandlung mit Medikamenten erhalten. Beides vermag Ihren Zustand zu erleichtern, aber keines von beiden wird Sie heilen, Elmer", erklärte er ihm. „Die Heilung dieses Leidens hängt vollständig von Ihnen ab."

„Herr Doktor, was Sie über Streß gesagt haben, glaube ich. Ich weiß, daß ich diese Krankheit über mich gebracht habe, mit den vielen Sorgen", gab Elmer zu. „Aber was kann ich tun, um die Dinge in Ordnung zu bringen?"

„Ich könnte Sie ins Hospital überweisen, und wir würden mit medikamentöser Therapie versuchen, die Blutung zu stillen. Wenn sie nicht aufhört, müßten wir eine Operation in Erwägung ziehen", sagte Doktor Norman. Der Arzt schaute beide an, faßte sich an das Kinn und ergänzte: „Aber das wird Sie einiges kosten, selbst wenn Sie krankenversichert sind, was nicht der Fall ist." Elmer und seine Frau schauten einander traurig an und starrten auf den Boden.

„Ich könnte Sie auch mit medikamentöser Behandlung nach Hause schicken und sehen, wie das anschlägt", fuhr Doktor Norman fort, und Frau Wenzel atmete erleichtert auf. „Aber die Sache hat einen Haken", fuhr er fort. „Sie müßten es Ihren Söhnen überlassen, sich um die Farm zu kümmern, denn Sie müssen es sich für eine beträchtliche Zeit wirklich leicht machen. Nur damit Sie sich nicht langweilen, empfehle ich Ihnen, Ihren Wels-Teich in Form zu bringen. Meine Familie und ich wären mehr als glücklich, Sie dafür zu bezahlen, dort fischen zu können und ein Picknick auf dem Gelände zu machen. Und wenn Sie sehen, wie gut das für Sie ist und wie gut Sie sich fühlen, werden Sie sich sagen, daß Sie das Richtige getan haben."

Elmer Wenzels Gesichs hellte sich auf wie der frühe Morgenhimmel. Doktor Norman gab ihm ein Rezept für Tagamet und Diätempfehlungen, und Elmer konnte es kaum erwarten, das Sprechzimmer zu verlassen. Bevor er ging, bat ihn Doktor Norman, ihm doch noch von den Wels-Picknicks, die die Wenzelsche Verwandtschaft öfters machte, zu erzählen, so daß er wisse, was er und seine Familie zu erwarten hätten, wenn sie zu einem Picknick auf die Wenzelsche Farm kämen. Während Elmer angeregt erzählte, was auf diesen Picknicks los war, berührte Doktor Norman wiederholt seine linke Schulter, bis Elmer sich vor Lachen nicht mehr halten konnte. Dann sagte Doktor Norman zu ihm: „Jedesmal, wenn Sie ab jetzt an ihre Farm denken, werden Sie sich so fühlen", und dabei drückte Doktor Norman ihm wieder die linke Schulter, – Elmer strahlte. Während er Elmer und seine Frau zur Rezeption begleitete, machte er eine Bemerkung über Baumwollanbau, und Elmer lachte nur.

Einige Monate später machten Elmer und seine Frau einen sehr erfreulichen Besuch bei Doktor Norman. Elmer erzählte, daß er seit beträchtlicher Zeit das Medikament nicht mehr genommen und sich noch nie in seinem Leben so gut gefühlt habe.

„Ja", pflichtete ihm seine Frau bei, „er benimmt sich, als wäre er wieder siebzehn."

Sie erzählten Doktor Norman, daß der Wels-Teich zu einer enorm erfolgreichen Unternehmung erblüht war und daß sie noch mehr Teiche ausgehoben hatten, in denen sie Welse züchteten. Von überall her kämen Familien, die dafür bezahlten, daß sie fischen und picknicken könnten.

„Und Elmer liebt es einfach, den ganzen Tag mit den Leuten zu quatschen", lachte Frau Wenzel.

„Und wir haben so viel Geld verdient, daß wir Sie schon ganz bezahlt haben, Doktor."

„Für das, was Sie für uns getan haben, können wir Sie nie genug bezahlen, Doktor." Elmers Stimme zitterte bewegt.

„Oh, Sie haben sich selbst geheilt", sagte Doktor Norman. „Ich habe Sie nur in die richtige Richtung gewiesen, das ist alles. Lassen Sie einfach auch andere Menschen wissen, was sie selbst für sich tun können."

„Oh, er macht es", neckte ihn seine Frau, „er singt ein Loblied auf Sie, wo immer ihm jemand lange genug zuhört. Er nennt Sie den größten Arzt der Welt."

Und so wurden eine Person und ein Leben gesund und eine Krankheit geheilt. Um nichts anderes geht es in der Metamedizin. Die wahre Bedeutung von Gesundheit wurde hier erreicht; Elmer Wenzels Leben wurde glücklicher und produktiver, als es vor seiner Krankheit war. Man kann sagen, daß sein Leiden als Mittel diente, ihm auf den Weg zu seiner wahren Selbstentfaltung im Leben zu verhelfen; den Weg, auf dem er am glücklichsten seinen Mitmenschen dient und gleichzeitig selbst gedeiht. Ein Jahr später, als Doktor Norman bei einem Picknick auf Elmers Wels-Farm war, vertraute Elmer ihm an: „Doktor, ich kann es nicht fassen, daß ich für so etwas bezahlt werde!"

Betrachten wir nun, was in dieser Fallstudie vor sich ging.

Zuerst konzentrierte sich Doktor Norman darauf, in die Welt des Patienten einzutreten, indem er *Rapport* aufnahm. Wieviel Zeit dies auch kosten mochte, er betrachtete sie als eine hervorragende Investition, weil sehr viel davon abhing. Tatsächlich verwendete er nicht unangemessen viel Zeit darauf, denn es hätte sowieso genausoviel oder mehr Zeit gebraucht, um einem möglicherweise argwöhnischen und unkooperativen Patienten eine brauchbare Krankengeschichte zu entlocken.

Er brachte die Information, die er über Elmers Gedankenprozesse gewonnen hatte, sinnvoll zur Anwendung, als er die Endoskopie – ein mäßig teures diagnostisches Verfahren – empfahl. Er unterbreitete dies in der Sprache der Denkprozesse von Elmer: „Wir müssen da hineinschauen und sehen, was vor sich geht, und dann bekommen wir dieses Problem in den Griff." Dieses Muster wird im *Neurolinguistischen Programmieren (NLP)* als *visuelle* und *kinästhetische* Darstellung betrachtet (V–K). Selbstverständlich ging Elmer darauf ein, denn es entsprach seiner Denkweise. Es war, wie wenn er zu sich selbst redete. Wenn Doktor Norman diese Fertigkeit nicht gehabt und angewandt hätte, sondern statt dessen wie irgendein gewöhnlicher Chirurg gesagt hätte: „Sie brauchen so schnell wie möglich eine Endoskopie des Magens und des Zwölffingerdarms für eine gute Diagnose", hätte Elmer ihn wahrscheinlich angestarrt und dann vielleicht gesagt, daß er Zeit bräuchte, um darüber nachzudenken. So wäre wertvolle Zeit verlorengegangen, während Elmer es sich durch den Kopf hätte gehen lassen. Er hätte vielleicht in der Arztpraxis angerufen und alle erdenklichen Fragen gestellt, um herauszufinden, welche Details mit einer Magen-Zwölffingerdarm-Endoskopie verbunden sind. So wie es ablief, umging die NLP-Technik des Rapports all das und sorgte für eine vertrauensvolle Arzt-Patient-Beziehung.

Doktor Norman erlaubte seinem Patienten, die Verantwortung dafür zu übernehmen, sich selbst zu heilen. Er hätte Elmer in ein Krankenhausbett stecken können, wo er ihn jederzeit hätte besuchen können. Ein „normaler" Arzt würde dies nicht nur als sicher für Elmer empfinden, sondern wäre auch gewiß, daß dies – hinsichtlich einer potentiellen Fehlbehandlung – für ihn selbst das Sicherste wäre, denn er würde alles dokumentieren können, um sich Rückendeckung zu verschaffen für den Fall, daß ein Prozeß folgen würde. Aber Doktor Norman ist kein gewöhnlicher Arzt. Er praktiziert Metamedizin, und demzufolge praktiziert er mit *Integrität.* Alle seine Handlungen in dieser Arzt-Patient-Beziehung sind darauf gerichtet, den Interessen seines Patienten zu dienen. Er vertraut seiner eigenen Kraft, anstatt zu befürchten, daß es etwas gibt, wovor er sich schützen müßte. Er spielt auch nicht „Gott", fordernd, daß der Patient alle Entscheidungen, die er trifft, akzeptiert. Statt dessen schlug er mehrere Vorgehensweisen vor und erlaubte dem Patienten zu wählen. Er benutzte auch seine Fähigkeiten, um dem Patienten dabei zu helfen, diejenige Wahl zu treffen, die am effektivsten die Heilung des Leidens vorantreiben würde.

Bei Elmer war klar, daß er den Wels-Teich lieber mochte als die Baumwollpflanzung. Aber der fest verankerte Glaube, daß das keine rechte Arbeit für einen Mann sei, hatte ihn die ganze Zeit davon abgehalten, diese Arbeit zu tun, die er liebte. Das war sein wahres Leiden – eine negative Überzeugung, die ihm wahre Selbstentfaltung versagte. Doktor Norman benutzte geschickt Elmers Überzeugungsstrategie, um ihm nachzuhelfen, die Arbeit zu wählen, die er liebte. Er wandte sich mit Feingefühl gegen den wahren Schuldigen, den negativen Glaubenssatz. Um das tun zu können, mußte er Elmers Entscheidungsstrategie herausfinden, indem er Elmer fragte, wie er entschieden habe, in seine Praxis zu kommen. Erinnern Sie sich, daß Elmer geantwortet hatte: Nachdem er den dritten blutigen Auswurf gesehen hatte, machte er sich Sorgen, und dann sagte er sich, daß er Doktor Norman aufsuchen sollte. Seine Entscheidungsstrategie ist hier visuell-kinästhetisch-auditiv oder V-K-A. Indem Doktor Norman dasselbe Muster anwendete, stellte er Elmer vor eine sehr *ressourcen*-reiche Wahl: „Und wenn Sie sehen, wie gut das für Sie ist und wie gut Sie sich dadurch fühlen, können Sie sich sagen, daß Sie das Richtige tun."

Es war, wie wenn Elmer selbst seine Entscheidung formuliert hätte, denn auf genau diese Weise traf er Entscheidungen. So rastete diese Entscheidung an der richtigen Stelle in Elmers Gehirn ein.

Als Elmers Wels-Geschäft finanziell erfolgreich zu werden begann, was natürlich zu erwarten gewesen war, ersetzte er seinen alten, negativen Glauben durch einen positiven Glauben daran, den Lebensunterhalt mit einer Beschäftigung verdienen zu können, die er liebte. Das war die eigentliche Heilung, weil sie seine emotionale Energie auf seine wahre, ureigene Schwingungsfrequenz einstimmte, und in diesem Energiezustand war er nicht länger eine Person, die Geschwüre hatte.

Brauchte Elmer dann wirklich die Medikamente für Magengeschwüre? Vielleicht ja, vielleicht auch nicht. Wie dem auch sei, er kam zu Doktor Norman aus einem tief verwurzelten Glaubenssystem heraus, er glaubte an die moderne Medizin, inklusive Medikamente und Chirurgie. Deshalb konnte der Gebrauch von Medikamenten gegen Geschwüre die Rückbildung seiner Geschwüre erleichtern und tat dies auch. Letztlich wirkt jegliche Therapie nur dann, wenn der Patient zuerst daran glaubt. Hätte Elmers Magengeschwür ohne die Glaubensveränderung, die zur Veränderung der Lebensweise führte, geheilt werden können? Ja, aber das Leiden wäre geblieben, weil die Krankheit des Verdauungstraktes in einem größeren Zusammenhang auftrat, in dem ein Schlüsselproblem seines Lebens involviert war – die Entfaltung seines Selbst. Dieses spezielle Geschwür wäre verheilt, aber weil nichts wirklich gelöst worden wäre, wäre er anfällig dafür gewesen, weitere Geschwüre oder andere Krankheiten in anderen Körperbereichen zu entwickeln.

Mit dem Ansatz der Metamedizin ging Doktor Norman weit über das übliche, mechanistische Reparieren des Verdauungstraktes hinaus. Er führte den Mann zu einer Heilung, indem er ihm half, sein wahres Selbst zu realisieren – das bestmögliche Wesen, das in seinen Möglichkeiten als Mensch lag. In diesem Zustand strömen Gesundheit, Reichtum und Glück diesem Mann leicht zu, weil er in seinem optimalen energetischen Daseinszustand ist.

Leiden kann Ihnen einen Gewinn vermitteln, der wertvoller ist als Geld, sobald Sie seinen Sinn im größeren Universum des menschlichen Bewußtseins erkennen. Durch die Neudefinition von Leiden aus der Perspektive eines tieferen Verständnisses des menschlichen Geistes geht die Metamedizin über den Horizont der modernen Medizin hinaus, indem sie während des Heilungsprozesses die einzigartige und unglaubliche Macht aktiviert, die wir alle als Menschen darstellen.

Die Technologie der modernen Medizin konzentriert sich darauf, daß Sie gesund werden, daß Sie von einer Krankheit genesen. Um dieses Ziel zu erreichen, hat die medizinische Wissenschaft Instrumente und Methoden entworfen, um die physiologischen Effekte der Krankheit zu erforschen und rückgängig zu machen. Als Ärzte benutzen wir unsere bemerkenswerten Fertigkeiten und diese Instrumente, um jeden Patienten so zu behandeln, daß eine Heilung erreicht wird. Wir können den Krankheitsprozeß und den Gesundungsprozeß sehr detailliert beschreiben. Aber wir wissen, daß es letztlich der Körper ist, der sich in Wirklichkeit selbst heilt. Wir haben deshalb schon immer diese ehrfurchtgebietende Kraft anerkannt, die den Patienten heilt, aber wir hatten noch nie einen Kontext, innerhalb dessen wir sie hätten beschreiben können.

Die meisten von uns Ärzten haben über lange Zeit geahnt, daß ein Mensch mehr ist als das, was wir in der Medizin einen physischen Körper nennen. Wir nehmen wahr, daß wir eine vollkommene energetische Einheit *(unit)* sind, die größer ist als die Summe unserer Teile. Die Aufgabe der Metamedizin ist die Mobilisierung dieser einzigartigen und machtvollen Kraft, die wir als Menschen darstellen. Mit dem Wissen um die Vollkommenheit dieser Einheit der Lebenskraft, die wir alle darstellen, macht die Metamedizin geltend, daß Menschen aus einer Krankheit kraftvoller hervorgehen sollten, als sie es waren, bevor sie krank wurden. Des weiteren besagt sie, daß der Krankheitsprozeß von Anfang an dazu bestimmt war, genau das zu erreichen.

Die Behauptung, daß wir eine vollkommene Einheit der Lebenskraft sind, impliziert, daß wir alles enthalten, was wir uns jemals vorstellen können, und daß wir die Macht haben, jegliche Art des Lebens, die wir begehren, hier auf der Erde zu verwirklichen. Das kommt daher, daß wir in diesem riesigen und wunderbaren „Computer", dem menschlichen Geist, alle Bausteine für ein erfolgreiches und glückliches Leben abgespeichert haben. Der springende Punkt ist, diese *Ressourcen* zum angemessenen Zeitpunkt in einer uns dienlichen Weise verfügbar zu machen. Nur wenige von uns haben die Fähigkeit entwickelt, dies bewußt zu tun. Um diese Gedanken zu erfassen, müssen wir zuerst verstehen, was wir sind. Was genau sind wir außer Muskeln, Knochen, Organen und Gehirn? Lassen Sie uns zu einer Reise aufbrechen, um es herauszufinden und das unbekannte Gebiet zu vermessen.

Die Antwort ist: *Wir sind Energie.* Grundsätzlich ist alles Energie. Feste Materie ist eine Form von Energie; ebenso Flüssigkeit und die Luft, die wir atmen. Alles in der Natur ist in der einen oder anderen Form Energie.

Alle Materie, feste wie flüssige, ist aus Molekülen aufgebaut. Moleküle bestehen aus Atomen. Ein Atom besteht aus Elektronen, die um einen Kern kreisen. Diese Anordnung kann in Protonen und Neutronen aufgespalten und weiter auf *Quarks* zurückgeführt werden. Wie kleine Jungen versuchen herauszufinden, was die Uhr zum Ticken bringt, so haben Wissenschaftler die Quarks aufgebrochen und herausgefunden, daß sie aus Licht bestehen. Licht hat, wie jede andere Energie, variierende Wellenlängen.

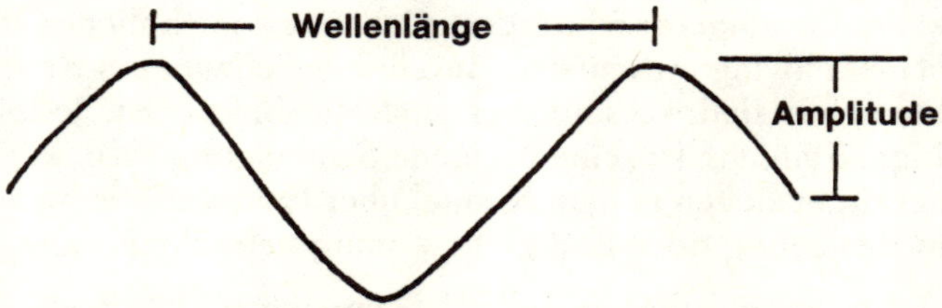

Sinuswelle

Von der Physik lernen wir, daß Energie in Wellenmustern auftritt. Im wesentlichen sind diese Wellen Schwingungen mit bestimmten Amplituden, Wellenlängen und Frequenzen. Sie treten als Abweichungen von einer Null-Linie in gleiche und entgegengesetzte Richtung auf und bilden eine Sinuswelle (vgl. Abb.). Frequenzen beschreiben die Anzahl der Wellenlängen pro Zeiteinheit. Schauen Sie sich zum Beispiel die Sinuswelle des Schalls oder die Welle von elektrischem Strom an. Sie werden alle durch ihre Amplituden, Wellenlängen und Schwingungsfrequenzen beschrieben. Ähnliche Wellenmuster, etwa von Objekten der gleichen Art, oder eine Gruppe von Schallmustern mögen zwar die gleiche Amplitude haben, aber verschiedene Frequenzen, oder dieselben Frequenzen, aber verschiedene Amplituden.

Der menschliche Körper ist Materie. Da Materie aus Molekülen besteht, die in ihrer Grundstruktur Energie sind, kann man sagen, daß wir Energie sind. Wir können die Gesamtsumme aller Energien, die wir beinhalten, als unsere natürliche Frequenz oder unser ureigenes vibratorisches Energieniveau beschreiben. Es gibt zahlreiche Beispiele für natürliche Frequenzen oder Eigenschwingungen. Zum Beispiel hat jede Brücke ihre eigene Frequenz. Wenn eine Gruppe von Soldaten über eine Brücke in einem Rhythmus marschieren müßte, der eine Frequenz hätte, die der natürlichen Frequenz der Brücke entspräche, könnte dies die Schwingungen bis zu einem Punkt verstärken, an dem die Brücke zusammenbricht.

Wir Menschen sind selbst-bewußte Formen von Energie mit der Fähigkeit, bestimmte Charakteristika dieser Energie zu verändern. Wir sind denselben Naturgesetzen unterworfen wie alle andere

Energie. Energie kann nicht geschaffen oder zerstört werden. Sie kann nur umgeformt werden. Genauso wie ähnliche Objekte (ähnliche Schwingungsmuster) durch ihre Schwingungsfrequenzen differenziert sind, so sind dies auch die Menschen. Jedes Menschen Eigenfrequenz ist seine ureigene Schwingung. Wir werden das näher untersuchen in dem Kapitel über Emotion, die man als Energie in Bewegung oder Energiebewegung betrachten kann.

Energie existiert unendlich. Demnach existieren wir – als unserer selbst bewußte Formen von Energie – unendlich, wie alle andere Energie. Das bedeutet, daß wir *immer* existieren. Wir mögen Veränderungen unterworfen sein, aber wir hören nie auf zu existieren. Wie kommt es dann aber, daß wir sterben? Nun, dieses Buch gibt nicht vor, eine theologische Arbeit zu sein, und es möchte in keiner Weise irgend jemandes religiöse Ansichten in Frage stellen. Was hier zum Ausdruck gebracht wird, ist nur als Mittel zum Verständnis einer anderen Selbstbtrachtungsweise gedacht.

Nur die *begrenzte Form* der Gesamtheit des selbst-bewußten Wesens, das wir sind, stirbt. Diese begrenzte Form ist das, was wir als unser physiologisches Selbst wahrnehmen.

„Also“, fragen Sie, „wenn das so ist, wie kommt es dann, daß wir das nicht wissen?“ Die Antwort auf dieses Geheimnis ist der Schlüssel, um unser Leben hier auf der Erde zu verstehen.

Ein Mensch ist ein Gott in Trümmern.
Ralph Waldo Emerson

Wir sind Wesen, die das Spiel des Vergessens spielen. Die Fähigkeit und Bereitschaft zu vergessen ist das Mittel für die Schaffung unserer Begrenzungen als Menschen. Das ist wirklich offensichtlich, wenn Sie beginnen, darüber nachzudenken. Wir sprechen in Begriffen unseres unterbewußten und unbewußten Geistes. Wir sprechen auch von Teilen oder Seiten in uns. Wir sagen: „Ein Teil von mir fühlt sich so oder so."

Wir haben uns aufgesplittert, und das ist zur Ursache unserer Begrenzungen geworden. Ausgehend von dieser Idee der Abspaltung ist leicht zu sehen, wie wir unseren Geist in Schubladen eingeteilt haben. Es ist nur eine Frage der Etikettierung, einige davon das Bewußte, das Unterbewußte und das Unbewußte zu nennen.

Das Unbewußte und das Unterbewußte sind die Orte, an denen wir jene Anteile unseres Wissens über uns selbst verschließen oder speichern, deren wir nicht gewahr sein oder mit denen wir uns nicht befassen wollen. Sind sie erst einmal in diesen Fächern verschlossen, vergessen wir sie. Dann weigern wir uns wie ein Kind, das sich fürchtet, in ein dunkles Zimmer zu gehen, die Inhalte des Unterbewußten und Unbewußten zu erforschen. Während das Vergessen endgültig wird, tauchen wir in die Dunkelheit des Glaubens ein, daß das physische Wesen auf dieser Erde alles ist, was wir sind. Ohne das Wissen von seiner vollen Kraft gleitet dieses physiologische Wesen unweigerlich in Ignoranz und Negativität ab.

Die meisten Leute wundern sich, warum wir uns wissentlich Begrenzungen wählen. Ich weiß nicht die genaue Antwort darauf. Aber um einen Hinweis der Natur aufzunehmen, würde ich vermuten, daß wir es um des Vergnügens willen tun. Die Natur hat Langeweile nicht gern. Ein unbegrenztes Wesen könnte alles hervorbringen, was in seinen Möglichkeiten liegt. Wie man so sagt: „Was die Natur nicht verbietet, fordert sie." Sogar als begrenzte Wesen kreieren wir alles, was wir uns vorstellen können. Wenn Sie Zweifel daran haben, denken Sie an all die „großartigen" und „genialen" Erfindungen, die wir für die Kriegsführung geschaffen haben, und schauen Sie sich all die Methoden an, die wir entworfen haben, um einander zu zerstören.

Andererseits kommen einige von uns allmählich darauf, daß wir diese selbe kreative Kraft dazu verwenden können, um in das menschliche Leben Gesundheit, Reichtum und Glück einfließen zu lassen. Mit anderen Worten, wir können beschließen, das begrenzte Dasein zu einer positiven Erfahrung zu machen. Trotzdem bleibt der Verdacht, daß nur verschrobene Gemüter überhaupt in Betracht ziehen können, sich auf eine derart begrenzte Existenz einzulassen. Es ist aber nicht ganz so. Betrachten Sie es folgendermaßen: Das Spiel, in die Dunkelheit zu fallen (Vergessen) und sich wieder ans Licht zu arbeiten (Erwachen) bereichert sicherlich die Erfahrung Ihres ganzen Daseins. Beachten Sie, daß ich es ein „Spiel" nenne. Wenn Sie die Richtigkeit dieser Behauptung bezweifeln, erinnern Sie sich daran, daß Kinder in fast jeder Kultur der Welt das Spiel „Verstecken" spielen. Und es macht ihnen Spaß!

Als Wesen in völliger Freiheit können wir wählen, wie wir das Spiel ausleben, vom Vergessen zum Erinnern zu gehen, von der Dunkelheit ins Licht. Und tatsächlich suchen wir uns während unseres ganzen Lebens unsere Methoden und Mittel aus.

An diesem Punkt stoße ich normalerweise auf Proteste meiner Patienten wie: „Ich habe es mir bestimmt nicht ausgesucht, krank zu sein." Sie schrecken zurück, als hätte ich mich gerade vor ihren Augen in ein Monster verwandelt. Ich lache und versichere ihnen dann, daß sich viele Dinge klären werden, wenn sie erst einmal wissen, wie wir als Persönlichkeiten „funktionieren". Dann werden sie wissen, wie sie ihre Lebensumstände dadurch verändern, daß sie sich selbst ändern. Und das gilt auch für Sie.

Kapitel 2

Das metamedizinische Modell der Geist-Körper-Physiologie (Metaphysiologie)

Die medizinische Wissenschaft gibt allmählich zu, daß es mit Gesundheit und Krankheit mehr auf sich hat, als daß sie nur mechanische, körperliche Funktion wären. Trotzdem trifft jede Studie über die Geist-Körper-Beziehung im Krankheitszustand immer noch auf eine Atmosphäre, die von Skepsis durchsetzt ist. Dieser Skeptizismus wird mit Objektivität verwechselt und dann fälschlicherweise für eine angemessene wissenschaftliche Einstellung gehalten. Bitte nehmen Sie zur Kenntnis, daß Objektivität eine begründete wissenschaftliche Einstellung ist. Skeptizismus andererseits ist ein persönliches Urteil – bestenfalls ein Vorurteil, das die Objektivität in Frage stellt. Nichtsdestoweniger ist die Beobachtung zutreffend, daß es einen Zusammenhang gibt zwischen Krankheit, Emotion, Glaubensannahmen und Gedanken.

Sie werden in diesem Buch nicht reihenweise Belege oder Zitate aus verschiedenen wissenschaftlichen Arbeiten zu diesen Themen finden, denn dieses Buch ist nicht dazu bestimmt, irgend jemandem irgend etwas zu beweisen. Die Gedanken, die in dieser Arbeit zum Ausdruck kommen, stellen eine Grundlage dar, um Gesundheit zu erreichen und mehr Wirkungskraft im Leben zu genießen. Eines jeden Menschen Körper und Leben ist sein eigenes Labor. Testen Sie die hier dargelegten Ideen in Ihrem Leben. Wenn sie bei Ihnen funktionieren, benutzen Sie sie. Wenn sie bei Ihnen nicht funktionieren, dann benutzen Sie sie nicht. Was ich garantiere, ist, daß das Verstehen und die sinnvolle Nutzung des metamedizinischen Modells der Geist-Körper-Physiologie Sie zu einem kraftvolleren Menschen machen werden.

Das metamedizinische Modell der Geist-Körper-Physiologie dehnt die Reichweite der medizinischen Wissenschaft aus. Die Wurzel der Unzufriedenheit sowohl des Patienten als auch des

Arztes mit der modernen Medizin kann direkt auf die nur dem physischen Körper zugewandte Aufmerksamkeit der Medizin zurückgeführt werden.

Die medizinische Lehre basiert auf dem Wissen über die menschliche Anatomie, über die Funktionen oder die Physiologie des Körpers und über den Effekt, den Krankheitszustände auf sie haben. Auf dieses Wissen gestützt können wir dann aus einem großen medizinischen Ausrüstungsarsenal die besten „Waffen" gegen das Leiden wählen.

Das Anwachsen der technischen Seite der Medizin war in der letzten Hälfte dieses Jahrhunderts so schnell und spannend, daß der Begriff der Gesundheit nahezu ganz auf die mechanischen Aspekte der Körpersysteme beschränkt blieb. Der eingeschränkte Blickwinkel ist zu einem großen Teil dafür verantwortlich, daß sich die medizinische Wissenschaft in eine Wissenschaft der Körpermechanik verkehrt hat. Daher kommen Ärzte in die Rolle, Mechaniker der Körperteile zu spielen.

Während meine Ärztegeneration auf die Verlockungen der medizinischen Technologie damit reagiert, sich sogar *noch mehr* auf Körperteile zu spezialisieren, beginnen *wir,* vor den Verästelungen unserer Rollen zurückzuschrecken. Wir werden uns der Tatsache bewußt, daß wir es mit einer Gesellschaft von Patienten zu tun haben, die ihre Körper buchstäblich bei uns zur Reparatur abgeben und es ablehnen, irgendwelche Verantwortung für ihre Gesundheit zu übernehmen. Wer ist schuld daran? Niemand.

Die medizinische Technologie ist großartig und hat uns allen gedient. Genauso wie weltweit Tausende von Ärzten bin ich glücklich über die Instrumente dieser Technologie, und wir haben Tausende von Leben damit gerettet. Solange aber Patienten als fehlerhafte Körperteile, die irgendwo mit einem Gehirn verbunden sind, behandelt werden, werden sie nicht in selbst-stärkender Weise handeln und wenig oder keine Verantwortung für ihre Gesundheit oder ihr Leiden übernehmen. Die völlige Abhängigkeit, die unvermeidlich entsteht, bringt den Arzt und den Patienten in Gegensatz zueinander. Der Arzt findet die Last der vollen Verantwortung für die Mitmenschen schwer zu tragen, und der Patient grollt wegen seiner Machtlosigkeit. Dann degeneriert das, was eine stärkende und befriedigende Beziehung hätte sein sollen, rasch zu einer

Vorführung gegenseitigen Mißtrauens, bei der die Anwälte von den Seitenflügeln her, zum Angriff bereit, zuschauen.

Wir Ärzte spüren das sehr stark; wir klagen einander endlos unser Leid darüber, wie der medizinische Beruf gegenüber der Regierung, den Rechtsanwälten und Versicherungsgesellschaften an Boden verliert. Wir suchen Trost beieinander, indem wir in den Korridoren und Wartezimmern unserer Krankenhäuser unseren Befürchtungen und unserem Ärger Luft machen, – vergeblich. Die Patienten mit den Reparaturarbeiten fühlen eine vage Sehnsucht nach dem Hausarzt der vergangenen Jahre, der, obwohl er nicht so viel für ihre Krankheiten tun konnte, mit ihnen eine vertraute Beziehung aufbaute. Dieser Arzt war eher wie ein persönlicher Freund oder ein Familienmitglied. Was muß getan werden, um dieser Situation abzuhelfen?

Wir müssen zurückgehen und die Grundlagen neu entwerfen. Wir müssen unsere Auffassung von der menschlichen Physiologie ausweiten, um den Faktor Bewußtsein miteinzubeziehen. Wenn wir das Bewußtsein in die Gleichung der menschlichen Physiologie einbringen, ändert sich alles. Die Praxis der Medizin wird zur Praxis der Metamedizin.

Metamedizin erfüllt die moderne medizinische Praxis mit mehr Wirkungskraft. Wir als Ärzte beginnen, unsere Patienten als selbstbestimmte Wesen zu betrachten und zu respektieren, und wir gehen an das Leiden mit intensiviertem Interesse und Wißbegier heran. Alle Menschen, die diese erweiterte Sichtweise von sich selbst jetzt verstehen, werden ihre eigene Kraft anerkennen, die nicht nur bedeutet, daß sie sich selbst heilen können, sondern auch das Leiden nutzen können, um ihr Leben zu verbessern.

Befassen Sie sich ohne Werturteil und vorurteilsfrei mit der Illustration (auf S. 35) und der neuen Beschreibung der menschlichen physiologischen Anatomie in der Metamedizin, die diesen Bewußtseinsfaktor einschließt. Benutzen Sie sie als Orientierungsschema im Heilungsprozeß und sehen Sie Wunder geschehen, wie ich sie erlebt habe. Ich werde keine Anstrengungen machen, die menschliche Grob- oder Feinanatomie zu beschreiben, zumal es zahlreiche hervorragende Bücher zu diesem Thema gibt. Ich werde in der folgenden Diskussion der menschlichen Physiologie, Anatomie und Krankheit ein gewisses Maß an Allgemeinwissen auf diesen Gebieten voraussetzen. Medizinische Einzelheiten dieser Gebiete könnten von der Essenz der Metamedizin ablenken, von der das vorliegende Buch handelt.

Ich habe behauptet, daß alles Existierende in der einen oder anderen Form Energie ist. Energie kann wie Materie weder geschaffen noch zerstört werden. Sie kann nur verändert, umgeformt oder in verschiedenen Weisen zum Ausdruck gebracht werden. Das menschliche Bewußtsein ist eine Form der Energie innerhalb all der existierenden Energien. Als solche kann es sich in unendlichen Variationen zum Ausdruck bringen.

Im vorliegenden Buch konzentrieren wir uns nur auf das menschliche Bewußtsein auf unserem Planeten Erde – die wir als unsere Welt oder physikalische Realität betrachten. Aus der Sicht der physikalischen Welt oder physikalischen Realität kommt menschliches Bewußtsein als die physische menschliche Form (Körper) zum Ausdruck. Unter energetischen Kategorien betrachtet operiert es im Energiefeld der Erde (elektromagnetisches Medium) als der Geist, der die drei Aspekte jeder Persona oder Persönlichkeit beinhaltet: *Denken, Glaube (belief)* und *Emotion* – die wesentliche Teile unserer nichtphysischen Existenz sind.

Das physische Organ, durch das sich der Geist ausdrückt, ist das menschliche Gehirn. Es ist eine elektrochemisch-mechanische Einheit, die den menschlichen Körper steuert. Wie ich bereits dargelegt habe, liegt die detaillierte Beschreibung der Körperanatomie und ihrer faszinierend komplizierten Funktionsweise nicht im Untersuchungsbereich der vorliegenden Arbeit. Der menschliche Körper fungiert als das physische Element, durch das der Geist mit der Welt interagiert. Die verschiedenen Körpersysteme – das vaskuläre System, das Verdauungssystem, das Nervensystem, das System der Skelettmuskulatur (Bewegungsapparat), das Hormonsystem etc. – funktionieren und interagieren miteinander in einer Weise, die es dem Körper als Ganzem erlaubt, eine sich selbst erhaltende Einheit zu bilden.

Das menschliche Gehirn kann mit einem Computer verglichen werden, der von der Welt um uns herum durch die verschiedenen Sinnesorgane des menschlichen Körpers den Input erhält, den die Persona verarbeitet und aufgrund dessen sie handelt. Auch sendet

Das Metamedizinische Modell der Geist-Körper-Physiologie

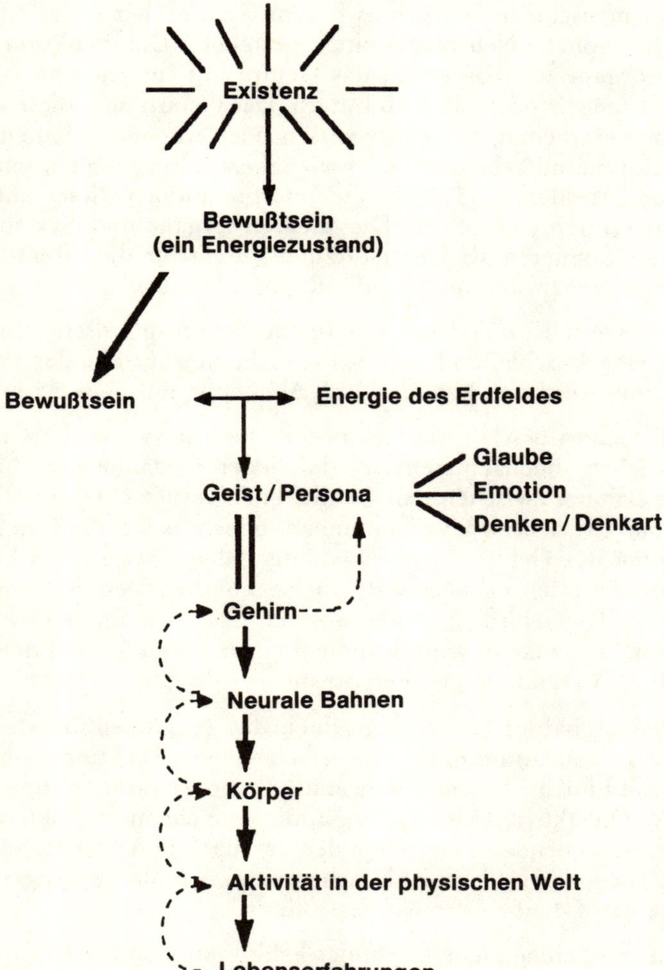

er auf gleichem Wege Output von der Persona in die Welt, und auf diese Weitse erleben wir unser physisches Leben.

Der menschliche Körper wird vom Gehirn über neurale Wege und hormonale Neurotransmitter gesteuert. Die Funktion aller Sinnesorgane im Körper ist, das Gehirn mit Information (Input) aus der umgebenden Welt zu füttern. Das Gehirn muß diese Information verarbeiten, bevor wir wissen oder erkennen können, was die Information beinhaltet. Was wir sehen, hören, fühlen, schmekken und riechen, sind somit die Interpretationen dieser äußeren Zeichen durch das Gehirn. Die anderen Organe und Gewebe des Körpers fungieren als Unterstützungssystem für die direkte oder indirekte Ernährung und für die Reproduktion.

Der Geist-Körper-Komplex (nichtphysisch-physisch) fungiert als Feedback-Schleife für das menschliche Bewußtsein, das als Persona zum Ausdruck kommt. (Vgl. Abbildung auf Seite 35.)

Als Gehirnforscher die elektrische Funktionsweise des Gehirns beschrieben, beobachteten sie, daß jeder Gedanke die Bildung neuer Bahnen zwischen den Gehirnzellen verursachte. Sie stellten fest, daß die neuralen Verbindungen, oder was wir die Grundverkabelung des Gehirns nennen könnten (den Entwurf des Schaltbrettes), von den *Glaubenssystemen* bestimmt werden. Mit anderen Worten, das Gehirn ist gemäß unseren Überzeugungen verkabelt. Jeder neue Gedanke wird in diesem elementaren System der Verkabelung Veränderungen hervorrufen.

Wissenschaftler haben beobachtet, daß Neuropeptide, die hormonalen Neurotransmitter der verschiedenen Reaktionen im Gehirn und im Körper, unter dem Einfluß von Emotionen stehen. Jeder Glaube aktiviert eine Emotion, die eine chemische Aktivität in den entsprechenden Neuropeptiden erzeugt; diese löst ein elektrisches Ereignis in den mechanischen neutralen Verbindungen aus, die zu den Organen des Körpers führen.

Um ein Leiden zu beheben, das Fehlfunktionen der Organe des Körpers verursacht, wäre es das vernünftigste, direkt zum Schaltbrett (Glaubenssystem) zu gehen und dort die Dinge in Ordnung zu bringen, indem man die verantwortlichen Teile ersetzt.

Das Denken *(thought)* ist als jener Aspekt der Persona beschrieben worden, der uns auf die physische Realität ausrichtet; mit anderen Worten: auf unsere Welt. Es ist gleichbedeutend mit unserem äußeren, von der Kenntnis der Welt geprägten Bewußtsein *(outer aware consciousness,* – Weltbewußtsein, Weltbild). Es ist das Instrument, mit dem wir das, was wir in unseren Entwürfen (Glaubensvorstellungen) haben, in physische Realität oder Erfahrung umsetzen. Wir benutzen es auch, um alle Aspekte der Persona (dessen, was wir sind) zu verändern. Das Denken, die Denkart *(mentality)* ist auch als das Medium beschrieben worden, mittels dessen die Persona ihr angeborenes Recht auf Entscheidungsfreiheit oder Willensfreiheit in der Welt ausdrückt. Halten Sie bitte inne und lassen Sie diesen letzten Gedanken in jede intelligente Zelle Ihres Körpers dringen, weil die Implikationen dieses Wissens bezüglich Gesundheit und Krankheit entscheidend sind.

Die Denkart (oder das Denken) ist nur *ein* Aspekt des Bewußtseins der Persona, und somit ist ihre Arena, unser äußeres Weltbewußtsein, nur eine begrenzte Version unserer Gesamtheit. Das bedeutet, daß wir viel mehr als das sind, was uns wissentlich bewußt ist. Eine Möglichkeit, uns dieser anderen Ebenen von uns selbst bewußt zu werden, ist, unsere Aufmerksamkeit auf das Geschehen in unserem physischen Leben, in unseren Körpern zu richten. Eine dieser wirkungsvollen Maßnahmen, um Aufmerksamkeit zu erreichen, ist das Leiden.

Es ist wichtig zu verstehen, daß der Geist und der Körper des Menschen Ausdrucksweisen derselben bewußten Energie sind. Der Körper kann als „Verlängerung“ des Geistes in die physische Welt hinein gedacht werden. Umgekehrt kann der Geist als nichtphysische Repräsentation des Körpers angesehen werden.

Der Körper funktioniert so, daß er physisch das ausdrückt, was im Geist ist. Das Denken bewirkt physische Aktivität im Körper. Die dadurch hervorgerufene Aktivität im Körper oder des Körpers in der physischen Welt bringt Veränderungen hervor, die wir subjektiv als positiv oder negativ erfahren. Diese Rückmeldung interpretieren wir als angenehm oder schmerzhaft, als Erfolg oder Mißerfolg. Die Rückmeldung spiegelt die Aktivität in der nichtphysischen Persona. Mit anderen Worten: Das Gehirn gibt die Entscheidungen, die wir getroffen haben, als Output aus. Diese kommen als bewußte Erfahrungen zu uns zurück. Diese Erfahrungen werden emotional als Konsequenzen unserer Entscheidungen wahrgenommen. Die Entscheidungen können dann abgeändert oder bestätigt werden.

Da unser äußeres Weltbewußtsein auf die Erfahrung unserer Denkart in der physischen Welt begrenzt ist, sind wir uns sehr oft der Entscheidungen, die wir treffen, nicht voll bewußt. Erinnern Sie sich, daß *Mentalität* oder Denken nur *ein* Aspekt der ganzen Persönlichkeit ist, und daß auch Entscheidungen in all den anderen Teilen und Ebenen der Persönlichkeit, auf den glaubensbezogenen und emotionalen Energieniveaus, getroffen werden. Diese Entscheidungen bleiben oft außerhalb des bewußten Gewahrseins. Nichtsdestoweniger werden sie durch die Handlungen des physischen Körpers als Erfahrungen in der physischen Welt widergespiegelt.

Ereignisse oder Vorkommnisse im Körper sind die Ergebnisse und die Spiegelungen von in der Persona getroffenen Entscheidungen. Ob wir diese Entscheidungen bewußt erkennen oder ob sie außerhalb unseres bewußten Gewahrseins bleiben, – in jedem Fall sind es unsere Entscheidungen. Bedeutet das, daß wir Gesundheit und Reichtum ebenso wählen wie Armut oder Krankheit? Die Antwort ist ein uneingeschränktes Ja!

Bitte, bevor Sie jetzt anfangen zu protestieren, daß Sie keinesfalls Krankheit oder Armut wählen würden, und bevor Sie mir vorwerfen, daß ich den Kontakt zur Realität verliere, bedenken Sie folgendes: Wahlmöglichkeiten zu haben bedeutet, daß Sie aus sich selbst fähig sind, die Verantwortung dafür zu übernehmen, andere Entscheidungen bewußt zu treffen – jegliche und alle Entscheidungen, jene Alternativen eingeschlossen, die sie bevorzugen. Alles, was wir benötigen, um irgendeine ungeliebte Situation zu verändern, ist, daß wir die *Verantwortung übernehmen* für jede zu treffende Wahl in unserer Erfahrungswelt.

Viele Methodologien und Instrumente sind verfügbar, um die notwendigen Veränderungen unserer getroffenen Entscheidungen und der aus ihnen resultierenden physischen Folgen vorzunehmen. Sie reichen auf der Ebene des physischen Körpers von einfacher Ruhe und Entspannung bis hin zu komplizierten chirurgischen Eingriffen. Auf der geistigen Ebene könnten sie von der Veränderung eines gedanklichen Musters bis zur Veränderung von

Glaubenssystemen durch die Anwendung von Fertigkeiten wie Neurolinguistisches Programmieren (NLP) und Hypnose reichen.

Lassen Sie uns die physiologischen Veränderungen, die während einer Krankheit vor sich gehen, betrachten.

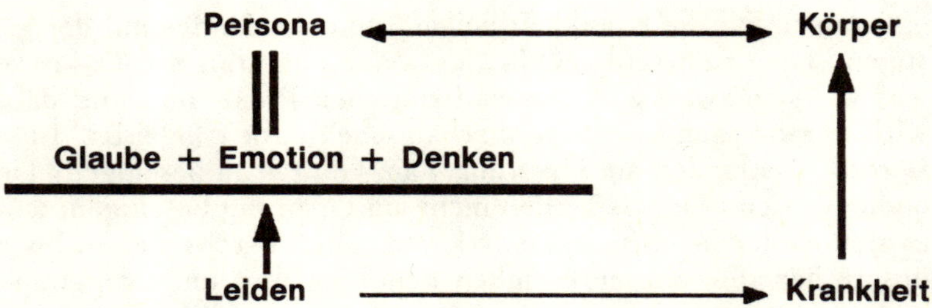

Normalerweise betrachten oder erfahren wir Leiden als Krankheit. Die Krankheit kann ein Schmerz, ein Unbehagen oder eine Fehlfunktion von Körperteilen sein. Es gibt Bände medizinischer Literatur über die menschliche Pathologie. Der Einfachheit und Kürze halber werde ich die Sache auf den Punkt bringen mit folgender einfacher Beschreibung von Leiden als Krankheit des physischen Körpers.

Die Krankheit mag vom Gehirn als lebensbedrohlich für das Individuum oder zumindest als unerwünschtes Gefühl wahrgenommen werden – als negatives Ereignis. Der Energieverlust, den wir spüren (die „Tiefs"), und die Furcht und Sorge, die mit der Krankheit einhergehen, sind das, was wir im allgemeinen als Verlust des Wohlbefindens bezeichnen. All dies korrespondiert mit einer negativen Veränderung der Emotionalität (Energiezustand) der Persona oder reflektiert diese.

Diese früh wahrnehmbare Veränderung im emotionalen Zustand während einer Krankheit hat möglicherweise die medizinische Wissenschaft dazu angeregt, eine Geist-Körper-Verbindung bei Leiden in Erwägung zu ziehen. Man untersucht Peptide als chemische Basis dieser Verbindung. Welcher Natur dieser Zusammenhang auch sein mag, es bleibt die Tatsache, daß wir allmählich erkennen, daß eine Krankheit im Körper Be-schwer-den, eine Unausgeglichenheit *(dis-ease)* im Geiste signalisiert, und zwar speziell in einem oder mehreren Aspekten der Persönlichkeitsstruktur. Präziser gesagt wird ein Leiden in der Persona als Krankheit im Körper reflektiert. Die Konfiguration oder Art der Krankheit spezifiziert, was es mit dem Leiden auf der geistigen Ebene auf sich hat.

Können wir die Krankheit heilen, ohne das Leiden auf der geistigen Ebene zu beseitigen? Ja, das können und tun wir. Das ist es, was wir gegenwärtig in der medizinischen Praxis tun, und dabei wird hervorragende „körpermechanische" Arbeit geleistet. Ist es *wichtig,* das Leiden am Ursprung – im Geist – zu beseitigen? Unbedingt. Wenn Sie das Leiden nicht am Ursprung beseitigen, wird es sich weiter in Form anderer Krankheiten manifestieren, bis es unsere bewußte Aufmerksamkeit bekommt und uns zwingt, uns anders zu entscheiden, das heißt, bis wir *wahre Heilung* erreichen. In dem Kapitel über Leiden beschreibe ich den Fall der jungen Frau, die so lange ständig wiederkehrende Funktionsstörungen des Rückens entwickelte, bis sie das Leiden in ihrem Geist auflöste und integrierte.

Kürzlich wurde ich in unserer Laserchirurgie-Klinik beim Fall eines Priesters, der an einer faszinierenden Anordnung von Hauttumoren litt, zu Rate gezogen. Einige davon waren Krebstumore, über seinen ganzen Körper verstreut. Er hatte schon unzählige Prozeduren zur Entfernung der stärker behindernden Wucherungen über sich ergehen lassen und entwickelte einfach immer mehr von diesen Tumoren. Nachdem ich mich als Anästhesistin vorgestellt und Zugang zu seiner Welt gewonnen hatte, fragte ich ihn: „Wollen Sie aufhören, diese Tumore zu produzieren, oder wollen Sie lieber, daß wir weiter mit Ihnen in dieser Weise spielen – Ihren Körper alle paar Wochen aufschneiden?"

Dieser Mann hatte einige Schwierigkeiten, sich dazu zu entscheiden, sein „Kreuz" (seine Bezeichnung für seine Krankheit) abzulegen, weil er es als gutes Mittel empfand, um die Aufmerksamkeit seiner Gemeinde zu erhalten. Ich schlug vor, er solle sich überlegen, es durch „Heilung" als das bessere Mittel zu ersetzen, um Zugang zu seiner Gemeinde zu bekommen. Wenn er sich für die Idee begeistern könne, könne er dann daran gehen, die notwendigen Veränderungen vorzunehmen. Dieser Mann weigerte sich bewußt, sich von seinen Tumoren zu trennen. Er behauptete, daß seine Krankheit für die medizinische Wissenschaft von Nutzen sei, weil sein Fall in medizinischen Zeitschriften beschrieben werde! So blieb sein Leiden. Dennoch verstand dieser Mann, daß er andere Wege, der Menschheit zu dienen, wählen muß und kann, um sich von seinen Leiden zu heilen.

Wo werden diese Entscheidungen oder Veränderungen von uns vorgenommen? In der Hierarchie der Persönlichkeitsstruktur liegt Denken auf der obersten Ebene, gefolgt von Emotion und dem Wirkungsvollsten, dem Glauben, auf der tiefsten Ebene.

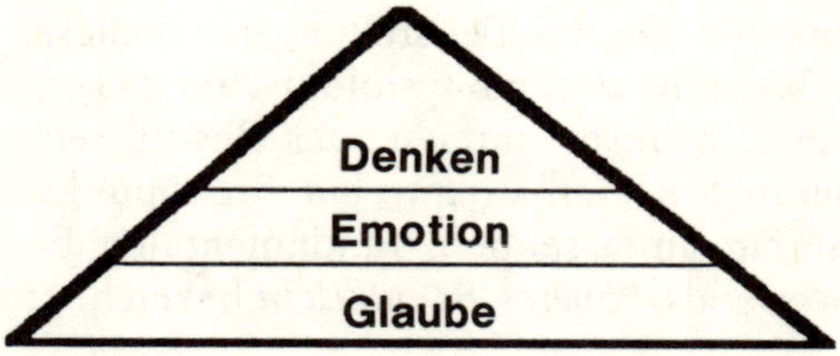

Veränderungen, die auf der unteren Ebene – im Glaubenssystem – stattfinden, sind die für die Heilung von Leiden effektivsten und dauerhaftesten Veränderungen. Die Wahl der angemessenen emotionalen Energie liefert das wirksamste Energieklima zur Beseitigung des Leidenszustandes. Wenn wir diese Veränderungen vornehmen, müssen wir die korrekte Denkart benutzen. Die im Körper manifestierte spezifische Krankheit ist ein Hinweis darauf, um was es bei dem Leiden geht. Sie ist auch ein Anhaltspunkt dafür, wo das Problem liegt, wie wir in dem Abschnitt dieser Arbeit sehen werden, der Krankheit beschreibt.

Sind die Veränderungen erst einmal durch neue Entscheidungen herbeigeführt, ist ein Gleichgewichtszustand – wenn Sie wollen, der Ruhe-Nullpunkt – erreicht. In diesem Zustand kann kein Leiden auftreten, und das Individuum kann weiter den Weg seiner vollkommenen Selbstentfaltung gehen.

Die Persona oder Persönlichkeit bestimmt den beschränkten Aspekt des umfassenden Bewußtseins, das wir im physischen

Leben erfahren. Erinnern Sie sich, daß Körperlichkeit – physisches Leben – nichts anderes ist als eine bestimmte Schwingungsfrequenz des Energie-Universums. Die Struktur der Persönlichkeit ist formbar, und diese Tatsache stattet uns mit der magischen Kraft aus, hervorzubringen, was wir auch wollen. Bevor wir uns mit den eigentlichen Methoden zur Veränderung der Persönlichkeiten, die wir sind, oder mit dem, was wir gern „Veränderungsarbeit" nennen, befassen, ist es sinnvoll, die Natur von Denken, Emotion und Glauben zu untersuchen.

Erinnern Sie sich wiederum, daß zunächst Bewußtseinsenergie existiert, die die Gesamtheit dessen darstellt, was wir sind. Unser physiologisches Selbst ist die durch das Prisma von Glauben, Emotion und Denken gefilterte Darstellungsform dieses Bewußtseins. Mit anderen Worten, unser physiologisches Selbst ist ein Brennpunkt, in dem sich unser umfassendes Bewußtsein materialisiert. Bitte registrieren Sie, daß es nur *ein* Brennpunkt, ein Gesichtspunkt in unserem umfassenden, fundamentalen Bewußtsein ist – das üblicherweise als *höheres Bewußtsein* bezeichnet wird.

Nun fragen Sie: „Was ist mit meinem restlichen Bewußtsein? Wo ist das?" Ich bin genauso neugierig wie Sie, das herauszufinden. Erinnern Sie sich, daß das Hauptkennzeichen der Existenz in der physischen Realität das Spiel des Vergessens ist. Während wir also den Rest dessen, was wir sind, vergessen haben, halte ich es für sinnvoller, in diese Realität einzutauchen und sie gänzlich zu erforschen und zu genießen. Warum? Weil unser Bewußtsein offensichtlich genau weiß, was es tut, wenn es diesen Weg der Verwirklichung wählt.

Es ist wichtig, sich an das Wissen zu erinnern, das den entscheidenden Unterschied dafür ausmacht, wie wir dieses Leben in dieser Realität erfahren. *Unser Bewußtsein ist nicht innerhalb unseres Körpers. Unser Körper existiert innerhalb unseres Bewußtseins.* Das ist Kraft *(power)*. Das wendet das Blatt hundertprozentig zu unseren Gunsten, denn das reißt das Tor, die Vergessensbarriere, auf und erlaubt uns Zugang zu immer mehr von der Kraft, die wir sind.

Warum ist das wichtig? Die Antwort liegt in der Natur des Spiels des Vergessens. Mit dem völligen Vergessen alles dessen, was wir sind, werden wir begrenzt auf unsere physische Welt und physische Realität. Wir fallen in die Gewohnheit, in Begriffen der äußeren physischen Welt zu denken und zu handeln. Wir verlagern *alles* nach außen. Wir gelangen zu der Einstellung, zu denken, zu fühlen und zu glauben, daß die wahre Kraft außerhalb von uns liegt. Wir verfallen in die Gewohnheit zu glauben, daß uns „Dinge zustoßen", weil diese „Dinge" nicht mit uns verbunden sind. Dadurch, daß wir es vermeiden, der Tatsache gewahr zu werden, daß physiologisches Dasein nur eine Weise ist, wie sich unser Bewußtsein ausdrückt, erzeugen wir die Unfähigkeit, unsere Verbindung mit allem zu erkennen. Ganz wichtig dabei ist, daß dies zu unserer Unfähigkeit führt, anzuerkennen, daß wir die Ereignisse unseres Lebens *auswählen.*

Solange wir Geschöpfe oder Wesen bleiben, die vergessen, was sie sind, sind wir der Gewohnheit verfallen, alles nach außen zu verlagern. Deshalb anerkennen wir unsere Verantwortung für das Gestalten unseres physischen Lebens nicht wirklich, noch ergreifen wir die Initiative, es so zu gestalten, wie wir es mögen. Weil wir alles außerhalb des Selbst sehen, strengen wir uns an und kämpfen, um die Dinge zu kontrollieren, damit wir fühlen, daß wir stark sind und unser Leben in der Hand haben. Mit anderen Worten, wir verfallen in Negativität, während wir unsere angeborene ganzheitliche Kraft verlieren – unsere *Integrität.*

Wiederum wegen des Spiels des Vergessens nehmen wir Veränderung nicht als eine einfache Angelegenheit des bewußten Wählens wahr. Ich habe gesagt, daß wir, um wirklich zu vergessen, Mittel und Orte schaffen müssen, um Dinge zu verstecken, an die wir uns nicht erinnern wollen. Hierbei handelt es sich wiederum um das, was wir als unterbewußten und unbewußten Geist kennen. Um Dinge zu verändern, müssen wir sie also manchmal aus diesen Versteckplätzen ausgraben. Meistens halten wir unsere Glaubensannahmen und Emotionen außerhalb des bewußten Geistes oder außerhalb des bewußten Gewahrseins. Wie schaffen wir das, etwas zu verändern, dessen wir uns nicht bewußt sind? Sie werden sehen. Zuerst müssen wir das dreistufige Modell von Denken, Emotion und Glauben gründlich verstehen. Dann werden wir fortfahren zu untersuchen, wie uns dies dienlich ist.

Kapitel 3
Glaube

Glaube ist unser Entwurf der physischen Realität. Er ist unsere allgemeine Sichtweise oder Vorstellung davon, wie die Welt ist, und von unserer Fähigkeit, in ihr zu funktionieren.

Meine kleine Tochter rutschte einmal auf einem Gehweg aus und fiel hin. Sie bekam eine große Beule auf der Stirn, und ich wußte, daß im Verlauf der nächsten Tage eine ganze Seite ihrer Stirn schwarz und blau anlaufen würde. Als sie nach dem ersten Schock und Schmerz mit Weinen aufhörte, versicherte ich ihr, daß ihre Stirn am nächsten Morgen völlig geheilt sein würde, weil kleine Mädchen sehr schnell gesund werden. Ich legte eine kalte Kompresse auf die Stelle, und sie ging schlafen.

Am nächsten Morgen war ich überrascht zu sehen, daß nicht nur die Beule verschwunden war, sondern auch keine Verfärbung oder irgendeine Spur der Verletzung auf ihrer Stirn zurückgeblieben war. Das Kind hatte einfach ohne den geringsten Zweifel geglaubt, daß es in sehr kurzer Zeit gesund werden würde. Es glaubte und vertraute meinen Worten. Ich dagegen, die ich von einem anderen Glaubenssystem (allgemeinmedizinischer Beruf) herkomme, war verblüfft, die Auswirkung des einfachen Glaubens dieses Kindes zu sehen.

Was geschah hier? Wie ist dieser beschleunigte Heilungsprozeß auf physiologischer Ebene möglich? Die Antwort ist einfach. Das Gehirn, der elektrochemische Apparat, der den Körper steuert, ist verkabelt und wird gemäß unseren Glaubensannahmen neuverkabelt. Im Fall dieses Kindes wies das Gehirn das Gewebe zu einem beschleunigten Heilungsprozeß an.

Betrifft das Glauben, die Überzeugung auch die Umstände und Ereignisse in jemandes Leben? Ja, unbedingt. Die Ereignisse und Umstände in jedes Menschen Leben sind nichts anderes als physische Manifestationen unseres Bewußtseins. Sie brauchen nur ein Ereignis in Ihrem Leben zu untersuchen. Ich werde Sie an einem bedeutsamen Ereignis meines eigenen Lebens teilhaben lassen.

Als Kind bin ich in einem kleinen afrikanischen Dorf aufgewachsen, und wir versammelten uns gewöhnlich einmal im Monat um die örtliche Krankenstation, um zu beobachten, wie der Arzt ankam, um nach den Kranken zu sehen. Mein Vater und seine Helfer waren sehr geschäftig und stellten dem Arzt ihre schwierigsten medizinischen Fälle vor. Der Arzt stellte gewöhnlich ein paar Fragen, untersuchte die Patienten und instruierte sie dann dem Anschein nach mühelos, was zu tun sei.

Ich war fasziniert und beschloß, daß ich Ärztin werden wollte. Mein Vater lächelte und nickte zustimmend. Was mein Vater mir damals nicht sagte, war, daß er wußte, daß es für mich unter den gegebenen Umständen – im ländlichen Afrika der fünfziger Jahre – unmöglich sein würde zu studieren, um Ärztin zu werden.

Damals gab es nur zwei Oberschulen für Mädchen auf dem Land, und wissenschaftliche Fächer wurden dort nicht unterrichtet. Trotzdem ermutigte er mich, mich zu bewerben und mir die Zulassung zu einer der Schulen zu sichern. Er war begeistert, als mir das gelang, obwohl er keine Ahnung hatte, wie er mein Schulgeld bezahlen sollte. Sein geringes Gehalt konnte kaum die Familie ernähren. Er konnte nicht darauf hoffen, seine Freunde und andere Familienmitglieder dazu zu bringen, finanziell zu helfen, weil es als reiner Wahnsinn betrachtet wurde, Geld für die Ausbildung einer Tochter zu verschwenden.

Trotzdem wurde ich das erste Mädchen meines Dorfes, das eine höhere Schulbildung bekam. In der Oberschule sammelte ich bei den Missionaren Information darüber, was ich zu tun hätte, um eine medizinische Ausbildung zu erhalten. Ich las über Marie Curie und über Wissenschaft, und das inspirierte mich. Botanik und Mathematik waren die einzigen auf Wissenschaft bezogenen Fächer, die unterrichtet wurden. Ich hielt meinen Traum, Ärztin zu werden, am Leben. Tatsächlich weitete ich ihn sogar noch aus. Einer meiner Lehrer erzählte mir, daß es in den Vereinigten Staaten von Amerika die beste medizinische Ausbildung der ganzen Welt gebe. Ich wußte weder, wo die Vereinigten Staaten waren, noch viel anderes über dieses Land, aber ich beschloß, daß ich dort studieren würde, um Ärztin zu werden. Wieder entmutigte mich mein Vater nicht. Mein Vorwärtskommen machte ihm größte Freude.

Als ich in der Oberstufe der Oberschule war, wurde an meiner Schule Biologie eingeführt. Ich erinnere mich, wie ich begeistert ganze Lektionen auswendig lernte. Ich verschlang geradezu alles, was gelehrt wurde. Einen Monat vor der Abschlußprüfung informierte mich die Schulleiterin, daß eine der Oberschulen für Jungen in einem anderen Landesteil koedukative wissenschaftliche Kurse anbieten würde. Sie bot an, mir dabei zu helfen, eine Zulassung zu dieser Schule zu erreichen.

Innerhalb eines Jahres war ich in den Vereinigten Staaten Studentin im vormedizinischen Kurs an einem der besten Colleges. Ich glaubte nicht nur, daß ich – obwohl meine IQ-Testwerte zeigten, daß ich die Grundstufe nicht bewältigen könnte – in die medizinische Ausbildung aufgenommen werden würde; ich glaubte sogar, daß ich dies innerhalb von drei Jahren, statt der üblichen vier, schaffen würde. Entsprechend plante ich und kam voran.

Ich wurde Ärztin in den Vereinigten Staaten – entgegen allem, was zu erwarten gewesen wäre angesichts der Umstände meiner Herkunft und Umgebung, ganz zu schweigen davon, daß ich eine Ausländerin, eine Frau, eine Schwarze und obendrein ohne Geld war. Ich habe diese Erfahrung als Beispiel für Glaube in Aktion erzählt. Einige meiner Freunde lächeln einfach und sagen: „Vida, du hattest Glück!"

Glück ist ja ganz nett, aber mit Glück hatte es nichts zu tun. Nicht wirklich, besonders, wenn wir es von der üblichen Definition von Glück als einem Geschenk, das von außerhalb kommt, her betrachten.

Was tatsächlich passierte – ohne die Gnade des „Glücks" –, ist folgendes: Ich hatte den Glauben, die Überzeugung, daß ich Ärztin werden würde, und so definierte ich mich in diesem neuen Licht. Jede Überzeugung bringt sowohl all die Attribute und die dazugehörigen Umstände mit sich, die jener Realität, die diese Überzeugung definiert, Geltung verschaffen, als auch die Fähigkeit, dies zu bewirken.

Nachdem mich mein Glaubenssystem einmal als in den USA ausgebildete Ärztin definierte, reihten sich die Ereignisse, die notwendig waren, um dies Realität werden zu lassen (das heißt, physisch existent werden zu lassen), anscheinend eines nach dem anderen auf. Unüberwindliche Hindernisse, die jeder andere sehen konnte, standen mir nicht im Weg. Mein Glaubensinhalt enthielt und akzeptierte keine unüberwindlichen Hindernisse. Bitte beachten Sie, daß ich nicht gesagt habe, daß es einfach war. Es war nicht einfach, aber die Schwierigkeiten taten meiner Beharrlichkeit keinen Abbruch. Tatsächlich steigerten sie sogar meine Erregung und die Erkenntnis, wie erstrebenswert mein Ziel war.

Viele Jahre war ich neugierig darauf zu wissen, wie dies zu erklären sei. Es wird nur klar, wenn wir die Erklärung in den grundlegenden Begriffen suchen, das heißt in energetischen Begriffen. Denn letztlich sind wir Energie, genauso wie alles andere, was existiert, Energie ist.

Was Energieniveaus unterscheidet, ist ihre Schwingungsfrequenz. Was uns als individuelle Wesen unterscheidet, ist die Schwingungsfrequenz des energetischen Ganzen (das wir sind), auf der wir operieren. Ebenso ist es auch die energetische Schwingungsfrequenz, die alle anderen existierenden Objekte, Ideen und Ereignisse definiert. Es ist analog zu den Frequenzen in einer Rundfunk- oder Fernsehstation. Man kann nur die Frequenzen empfangen, auf die man eingestimmt ist. Wenn der metaphysische Kanal, auf den Sie eingestellt sind, „glückliche Zeiten“ heißt, sind Sie glücklich; wenn aber Ihr Fernseher in der „Dämmerzone“ ist, ist Ihr emotionales Niveau anderswo. Identische oder ähnliche Frequenzen schwingen zusammen. Wir könnten sagen, daß gleiche Frequenzen einander anziehen oder zueinander gehören. Mit anderen Worten, man kann keine Energiefrequenz erfahren, deren Schwingung man nicht teilt.

Als meine Vorstellungen und Überzeugungen meine Realität von einem einfachen Dorfmädchen zu einer in den USA ausgebildeten Ärztin umdefinierten, wurde meine Schwingungsfrequenz zur Identifikation mit derjenigen einer in den USA ausgebildeten Ärztin umdefiniert. Diese Frequenz kann nur im Einklang mit Menschen, Ereignissen und Umständen, die ähnlich schwingen oder diese Schwingung unterstützen, operieren oder schwingen. Das erklärt, warum die Hindernisse, die sich nach allen Regeln der Vernunft in der Realität hätten materialisieren müssen, keine Macht hatten, dies zu tun. Diese erwartbaren oder sogar sehr wahrscheinlichen Hindernisse operierten nicht auf derselben

Schwingungsfrequenz wie der Realitätsentwurf des unerschütterlichen Glaubenssystems eines entschlossenen jungen Mädchens. Nachdem ich definiert hatte, was meine Realität gemäß meinem Glauben sein würde, zog diese Definition alles an, was notwendig war, um diese Realität sich physisch manifestieren zu lassen.

Glaubensannahmen sind Entscheidungen, die wir treffen, und sie sind ein System der Dinge, die man für wahr hält. Die Wahl kann bewußt, unterbewußt oder unbewußt vor sich gehen. So kann es sein, daß man sich eines Glaubenssystems nicht bewußt ist, das die Ursache einer ganzen Reihe unerwünschter Lebensumstände ist. Solange das Glaubenssystem intakt bleibt, werden sich dieselben erwünschten oder unerwünschten Ereignisse fortgesetzt wiederholen.

Wie kann jemand herausfinden, welche Überzeugungen er hat, wenn sie in den dunklen Winkeln des Unbewußten vergraben sind? Nun, da Glaubensvorstellungen der Entwurf unserer täglichen Erfahrungen sind, sind sie die Ursache der Manifestationen dieser Realität.

Ein Weg, ein Glaubenssystem aufzudecken, ist, seine Auswirkungen zu beobachten. Zum Beispiel arbeitete ein hervorragender Geschäftsmann viele Jahre hart, um die Spitze seines Unternehmens zu erreichen. Kurz bevor er zum Vorstandsvorsitzenden seines Unternehmens gewählt wurde, vollzog sein Verhalten ohne ersichtlichen Grund eine dramatische Veränderung. Er begann, viel zu trinken, wurde wegen Trunkenheit am Steuer festgenommen und verlor schließlich seine Arbeit.

Als wir seine Vergangenheit durchgingen, entdeckten wir, daß er dasselbe Muster von annäherndem Erfolg und Mißerfolg in seinen beiden vorangegangenen Berufen und sogar in seinen beiden gescheiterten Ehen gezeigt hatte. Es war, als ob dieser Mann sich selbst mutwillig sabotieren würde. Er hörte nicht auf zu fragen: „Warum passiert mir das?“ Er erzählte uns, daß er ernsthaft erfolgreich sein wolle, und bei der Untersuchung seiner vergangenen Anstrengungen konnten wir sehen, daß das so war. Er war empört, als ich andeutete, daß er vielleicht glaube, er sei Erfolg nicht wert. „Wenn das so wäre, warum würde ich dann so hart arbeiten, um erfolgreich zu sein?“ schnauzte er.

„Weil Sie vielleicht nicht wissen, daß Sie diesen Glaubenssatz haben“, unterstellte ich.

Er ging nachdenklich auf und ab. „Nun, warum sollte ich so empfinden?“ murmelte er finster.

„Also“, sagte ich, „könnten Sie zugeben, daß Sie das glauben?“

„Aber“, begann er und hob seine Hände protestierend.

„Wollen Sie lieber streiten oder würden Sie es vorziehen, diese Sache einfach in Ordnung zu bringen?“ fragte ich ihn. Ich führte ihn durch eine Glaubensveränderung und machte mit ihm einen *„Schritt in die Zukunft“*, um sicherzustellen, daß er sich in einer Weise verhalten würde, die sich mit Selbstliebe und dem Bewußtsein, etwas wirklich verdient zu haben, vereinbaren läßt. Nachdem er sein letztes berufliches Engagement gerettet und zu großem Erfolg gebracht hatte, rief er mich dankbar an. Er erzählte mir, daß er einen gesunden Respekt vor der Kraft der Glaubensvorstellungen entwickelt habe. Er sagte, daß er die Ergebnisse seiner Handlungen beobachte. Er betrachte sie als nichts anderes denn als Schatten seiner Glaubenseinstellungen. Ich schlug vor, daß er wirklich kraftvolle, positive Glaubenssätze installieren und damit nach und nach Wunder in seinem Leben vollbringen könne. „Übrigens, Frau Doktor, wie habe ich diese elenden Glaubensannahmen eigentlich aufgelesen?“ fragte er später. „Auf die gleiche Weise wie die meisten von uns“, antwortete ich.

Als Kinder glauben wir unseren Eltern, weil wir ihnen unbedingt vertrauen. Wir lernen, zu überleben und in dieser Welt zu leben, indem wir nachahmen, was sie tun. Wir saugen buchstäblich ihre Glaubensannahmen und Werte auf. Diese bilden die Grundlage der Realität, die wir mit ihnen teilen, und sie werden zum Fundament unseres Lebens. Die meisten dieser Glaubenseinstellungen werden zu einer unbewußten Angelegenheit, und wir gestalten auch dann noch unsere Welt weiter auf ihrer Grundlage, wenn sie keinem für uns sinnvollen Zweck mehr dienen. Tatsächlich werden sie vielleicht sogar einem schädlichen oder negativen Zweck dienen.

In ähnlicher Weise erwerben wir die Glaubenssysteme der Kultur oder Gesellschaft, in der wir leben. Diese Glaubensvorstellungen können negativ oder positiv sein. Ein Glaubenssystem als

„gut“ oder „schlecht“ zu betrachten, ist eine Sache des reinen Werturteils, das normalerweise voreingenommen ist und deshalb wenig sinnvollen Zwecken dient. Es ist praktischer, Glaubenssysteme als wünschenswert und einem nützlichen Zweck dienlich oder als unerwünscht und hinderlich für uns zu betrachten. Mit anderen Worten, Glaubensannahmen können als „positiv“ oder „negativ“ betrachtet werden. Positive Glaubenseinstellungen bewirken oder erzeugen positive Ereignisse, und negative Glaubenseinstellungen bewirken oder erzeugen negative Ereignisse. Welche sind „besser“? Das ist Sache der individuellen Entscheidung.

Eine generelle Beobachtung ist, daß die negativen Glaubenshaltungen Härten, Leiden und Unzufriedenheit mit sich bringen; positive Glaubenshaltungen bringen das Wohlgefühl von Kreativität, Freude und Gesundheit mit sich.

Als Erwachsene treffen wir bewußte Entscheidungen darüber, was wir glauben, und leben mit den Resultaten dieser Glaubensvorstellungen. Oft sind die Ergebnisse nicht so, wie wir sie geplant haben. Dann sind wir verblüfft und sagen so etwas wie: „Warum gerade ich? Warum passiert das mir? Ich bin ein guter Mensch. Ich verdiene es besser.“

Und damit haben Sie recht. Die Dinge wären so gelaufen, wie Sie es lieber gehabt hätten, wenn Sie genügend *gewußt* hätten, um erst einmal die Wahl einer geeigneten Überzeugung zu treffen. Aber nichts im Leben ist in Stein gehauen, denn Wandel ist ein feststehendes Merkmal des Daseins. Wenn wir unsere Überzeugung ändern können (und das können wir), dann können wir dieser einen Tatsache wegen die Resultate in solche verwandeln, die wir bevorzugen.

Der ganze Prozeß des Glaubens und seiner Manifestation in der Realität kann mit dem Hausbau verglichen werden. Der Glaube, die Überzeugung, ist der Entwurf, und die daraus resultierende Wirklichkeit ist das Haus. Wenn sich das Haus, während es gebaut wird, anders entwickelt, als Sie es beabsichtigt haben, würden Sie normalerweise zum Entwurf zurückgehen und sehen, wo die Fehler gemacht wurden. Sie würden diese dann in einer Weise korrigieren oder ändern lassen, daß Sie weitermachen und das Haus bauen könnten, das Sie wünschen. Wenn Sie befinden würden, daß der Entwurf das erwünschte Haus überhaupt nicht darstellt, würden Sie ihn einfach durch einen anderen, passenderen Entwurf ersetzen.

Wie wird dies in der Praxis verwirklicht? Zuerst betrachten Sie aus einer unvoreingenommenen und ausgewogenen Perspektive das Ergebnis, das sie verändern wollen. Das ist äußerst wichtig. Mit anderen Worten, Sie akzeptieren, daß dieses bestimmte Ergebnis Ihrem Handeln entspringt. Das bedeutet, daß Sie nicht abstreiten, daß es sich um Ihr eigenes handelt – denn was Ihnen nicht gehört, können Sie ja nicht ändern. Genauso wie Sie die Farbe des Autos Ihres Nachbarn nicht ändern können (jedenfalls nicht legal), die Ihres eigenen hingegen leicht, so können Sie ein Ergebnis nicht verändern, von dem Sie nicht glauben, daß Sie es hervorgebracht haben.

Es ist wichtig, eine ressourcenreiche Einstellung gegenüber dem unerwünschten Ergebnis einzunehmen, indem man es nicht verurteilt. Das wird einfacher, wenn wir im Auge behalten, daß das Ergebnis uns eigentlich einen Dienst tut; zumindest den, daß es auftritt, damit wir es als etwas erkennen, was wir nicht wollen. Das umgeht die Leugnung, die Veränderungen verhindert. Deshalb finden wir es in dem ressourcenreicheren, entspannten Zustand (wenn uns die Ergebnisse gehören oder wir zugeben, daß die Ergebnisse unserem Handeln entspringen) einfacher, uns der Glaubenseinstellungen, die wir haben und die zu den unerwünschten Ergebnisssen führen, bewußt zu werden.

Sind diese Glaubenshaltungen einmal identifiziert, können sie verändert werden. „Aber wie?“ würden die meisten Menschen befremdet fragen, während andere einwenden würden, daß man ein ganzes Leben dafür benötigen würde, etwas zu überwinden, was man schon seit der Geburt glaubt. So ist es aber nicht. Glaubenshaltungen können rasch verändert werden. Das kann in Form einer bewußten Entscheidung getan werden. Für Personen, die Rituale und die Benutzung von Instrumenten bevorzugen, ist neurolinguistische Veränderungsarbeit beim Verändern von Glaubenssätzen sehr effektiv.

Eine Hauptaufgabe der Metamedizin liegt in der Identifikation und Veränderung von Glaubenssystemen des Patienten, die der Heilung, Lebensfreude und Gesundheit im Weg stehen.

Einige meiner Kollegen und Freunde, die Chirurgen sind, operieren keine Patienten mehr, die behaupten, daß sie das Krankenhaus nicht lebendig verlassen werden. Sie tun das aus einem bestimmten Grund. Im Laufe der Jahre haben diese fähigen Chirurgen entdeckt, daß Patienten, die glauben, daß sie sterben werden, das gewöhnlich auch tun. Kein Chirurg, der seinen Lohn wert ist, möchte schlechte Ergebnisse, ganz zu schweigen von postoperativem Tod. Sie haben einen gesunden Respekt vor dem Glauben eines Patienten/einer Patientin bezüglich der Ergebnisse der Operation.

Ein Arzt, der die Kunst der Metamedizin beherrscht, kann, indem er die Vorgeschichte gut erfaßt, herausfinden, wie und wann ein Patient den Glaubenssatz erworben hat. Manchmal ist der Glaubenssatz durch ein einfaches Mißverständnis entstanden, wie im Fall einer jungen Frau, die glaubte, daß sie eine akute Gallenblasenoperation niemals überleben werde.

Als sie am Morgen ihrer geplanten Operation aufwachte, hörte sie zufällig, wie zwei Medizinalassistenten ihre sexuellen Abenteuer diskutierten. „Was ist dein Punktwert im O.R., Nick?“ rief der eine dem anderen zu. „Null“, rief der zweite Medizinalassistent zurück, als er das Zimmer der jungen Frau betrat.

Anschließend war dieser Medizinalassistent verblüfft, daß die junge Frau sich weigerte, die Operation mitzumachen, indem sie sagte, daß sie einfach wisse, daß sie sterben würde. Sie hatte „O.R.“ (Operationsraum, dachte sie) gehört und „Null“ und hatte sich ein Bild von sich gemacht, wie sie die Operation nicht überleben würde. Das baute sie dann in ihr Glaubenssystem ein. Glaubenshaltungen können sehr schnell erworben werden, weil das menschliche Gehirn sehr schnell lernt. Nachdem der Ursprung ihres Glaubens einmal aufgedeckt war, willigte sie in den operativen Eingriff ein und erholte sich ohne Zwischenfälle.

Manchmal ist es nicht möglich, die Quelle des Glaubens zu entdecken, wie im Fall von Aberglauben. Auch hier machen die Menschen oft Verallgemeinerungen darüber, wie die Dinge seien, und akzeptieren sie als wahr. Das ist oft der Fall bei Patienten, die glauben, daß sie an einer Krankheit sterben werden, weil ein Elternteil und die Großeltern an dieser speziellen Krankheit gestorben sind. Diese und andere tief verwurzelte Glaubensannahmen können schnell mit neurolinguistischen Techniken, *Time Line-Therapie* eingeschlossen, verändert werden. Beim Verändern von Glaubenssystemen ersetzen wir im allgemeinen einen unerwünschten Glauben durch ein eher wünschenswertes Glaubenssystem. Wir haben festgestellt, daß wir Energie weder schaffen noch zerstören, sondern nur verändern können. Genauso ist es mit Glaubensannahmen, weil Glaubensannahmen die Energie, die benötigt wird, um sie in der physischen Welt zu manifestieren, aus sich selbst erzeugen. Da wir Wesen vollkommener Wahlfreiheit sind, können wir die Glaubenssysteme wählen und hervorbringen, die uns das Leben ermöglichen werden, das wir begehren. Es ist sehr aufregend zu erkennen, daß wir uns und unser Leben schöpferisch genau so gestalten können, wie wir es wünschen.

Kapitel 4
Emotion

Die letzte Ursache schafft Bewegung durch Geliebtwerden.

Aristoteles

In der Hierarchie der Persönlichkeitsstruktur kommt Emotion nach dem Glauben und geht dem Denken oder der Mentalität voraus. Emotion bedeutet wörtlich Energie in Bewegung oder einfacher Energiebewegung *(energy motion).* Sie wird physiologisch als *innerlich ausgelöstes Gefühl* erfahren.

Emotion ist eine Reaktion auf einen Glauben. Lassen Sie uns Emotion in Aktion beobachten. Stellen Sie sich für einen Moment vor, daß Sie einen bestimmten Geldbetrag für etwas benötigen, das Sie dringend haben möchten. Sie tun alles, was Sie können, um das Geld zu bekommen – vergeblich. Dann bekommen Sie plötzlich einen Anruf von einem Freund, der Ihnen mitteilt, daß Sie gerade beim Renntoto Millionen von Dollars gewonnen haben. Sie sind überrascht, aber Sie glauben Ihrem Freund. Sie reagieren mit einem Ausbruch von Freude und Dankbarkeit.

Würden Sie es *nicht* glauben, würde die Nachricht Ihre Gefühle nicht in einen derartigen hohen positiven *Energiezustand* versetzen. Tatsächlich könnten Sie sogar mit gelindem Ärger und leichter Verstimmung reagieren, wenn Sie glaubten, Ihr Freund triebe auf Ihre Kosten seinen Spaß mit Ihnen.

Im ersten Fall entsprach einem positiven Glauben eine positive Emotion, und im zweiten Fall wurde ein negativer Glaube von einer negativen Emotion begleitet, wobei der dahinterstehende Glaube der Auslöser war.

Warum ist Emotion nötig? Gehen wir zurück zu der Analogie zwischen Glauben und dem Entwurf eines Hauses, das man bauen möchte.

Es wird einer gewissen Menge an Energie bedürfen, dieses Haus aufgrund des Entwurfes zu bauen. Die Bauleute bringen ihre

Energie ein, sowohl mental als auch physisch, um das Haus gemäß den Einzelheiten des Entwurfes zu errichten. Emotion ist vergleichbar mit den Bauleuten. Sie ist die Energiebewegung, die den Entwurf realisiert. Wenn Sie sich erlauben, darüber nachzudenken, werden Sie die enorme Macht der Emotion, darüber zu bestimmen, was aus unserem Leben in der Welt wird, zu schätzen beginnen.

Emotion ist also die Schwingungsenergie, die es uns erlaubt, das, was wir wollen oder begehren, hervorzubringen oder in der physischen Existenz, das heißt in der physischen Realität, zu verwirklichen. Wiederum wird, da jede Energie ihre Schwingungsfrequenz oder Wellenlänge definiert, auch die emotionale Energie durch ihre Frequenz definiert oder beschrieben.

Wie ich bereits gesagt habe, wird Emotion – Energiebewegung – physiologisch als internales Gefühl erfahren. Diese Gefühle reichen von den Extremen Freude und Lachen bis zu Furcht und Haß. Einfach ausgedrückt, diese Gefühle reichen innerhalb polarer Gegensätze vom Positiven zum Negativen. In der Umgangssprache beschreiben wir diese Polaritäten der Gefühle als Stimmungen. Wir sagen: „Ich bin in guter Stimmung" oder: „Ich bin in schlechter Stimmung". Insofern als „gut" und „schlecht" Werturteile sind, die wir über diese Gefühle fällen, ist allgemein akzeptiert, daß mit „gute Stimmung" ein *positiver,* wünschenswerter *emotionaler Zustand* und mit „schlechter Stimmung" ein *negativer,* weniger wünschenswerter *emotionaler Zustand* gemeint ist.

Eine meiner Patientinnen, Helen, erzählte mir einmal, daß sie ihre „schlechten Tage" und ihre „guten Tage" habe. Ich bat sie, mir zu erklären, was sie unter einem „guten Tag" verstehe.

Sie sah desinteressiert aus und sagte: „Nun, das kann ich Ihnen jetzt wirklich nicht sagen."

„Warum nicht?" fragte ich sie.

„Weil ich im Moment einen schlechten Tag habe", erklärte sie.

„In Ordnung, dann sagen Sie mir, was ein schlechter Tag ist", schlug ich vor.

Sie sah aus, wie wenn sie sich nicht wohl fühle, und fixierte mit ihren Augen den Boden.

„Sie können es mir sagen", bat ich sie eindringlich. „Denken sie einfach einen Moment darüber nach."

Sie drückte sich einen Moment lang auf ihrem Stuhl herum und wandte ein: „Ich kann es Ihnen nicht erklären, Frau Doktor."

Dann dämmerte mir, daß ich ihr nicht die angemessene Frage gestellt hatte. Infolge von Gewohnheit, Training und der Praxis als Ärztin hatte ich mich auf die Kräfte des Denkens und Rationalisierens verlassen, um „aus etwas schlau zu werden". Ich erinnerte mich, daß eine Emotion nicht etwas ist, was man denkt. Sie ist etwas, was man *fühlt.* Also änderte ich meinen Kurs und sprach ihre Gefühle an. „Wenn ich Ihnen anbieten würde, Ihnen diesen ‚schlechten Tag' abzunehmen, könnten Sie sich dann jetzt Urlaub geben?" schlug ich vor und appellierte an ihren Sinn für Humor. „Zeigen Sie mir, wie ich es machen könnte, einen ‚schlechten Tag' zu haben. Fangen Sie damit an, was als erstes passieren würde, wenn ich morgens aufwache."

Sie lächelte, ließ ihre Augen nach links oben wandern, warf einen Blick nach unten und sagte: „Also, Sie würden ihre Augen öffnen und aus dem Fenster sehen. Dann würde diese dunkle Folie über ihr Gesicht herunterfallen." Sie zog die Finger ihrer rechten Hand vor ihrem Gesicht herunter.

„Oh, Sie meinen, etwas würde irgendwie das Sonnenlicht ausschließen und verdunkeln", fiel ich ein.

„Ja", bestätigte sie.

„Was würde ich hören, wenn ich aufwache?" fragte ich.

„Nun, Sie würden durchaus die Vögel auf dem Baum vor meinem Fenster singen hören, aber ...", sie zögerte stirnrunzelnd.

„Ja, machen Sie weiter", ermutigte ich sie.

„Aber anders", sagte sie.

„Auf welche Weise anders?" fragte ich.

„Ihr Gesang ist nicht wirklich fröhlich. Er ist irgendwie langsamer und trauriger", erklärte sie.

„Also gut", machte ich weiter, „was würde ich am liebsten zum Frühstück essen?"

„Schinken und Eier“, antwortete sie. „Aber Sie würden es gar nicht anrühren wollen.“

„Warum?“ fragte ich neugierig.

„Weil Sie nicht in der Lage wären, den Geruch des Schinkens auszuhalten; er würde einen Brechreiz bei Ihnen auslösen“, sagte sie zu mir. „Außerdem werden Sie sowieso nichts essen wollen, weil Sie nicht hungrig sind“, fügte sie hinzu.

„Oh, ich verstehe“, stimmte ich zu, indem ich überzeugend nickte. „Und wie werden sich Dinge anfühlen, die ich berühren werde?“

„Alles wird sich den ganzen Tag über irgendwie kalt anfühlen“, antwortete sie. Sie spreizte ihre Finger, schaute sie an und bewegte sie ein wenig. „Ihre Hände werden sich irgendwie taub anfühlen. Oder, nicht ganz – sie werden sich anfühlen, als ob Sie Plastikhandschuhe anhätten.“ Dann verstummte sie und zog sich zurück.

Ich erlaubte mir eine letzte Frage: „Worüber werde ich den ganzen Tag nachdenken?“

Sie seufzte und sagte: „Sie werden an all die Dinge denken, die in Ihrem Leben schiefgehen – am meisten über Ihre Beschwerden.“

„Danke, Sie sind eine ausgezeichnete Lehrerin“, sagte ich mit der Überzeugung eines Menschen, der die Fertigkeit erworben hat, sich unglücklich zu fühlen. „Jetzt können Sie anfangen, einen ‚guten Tag‘ zu genießen“, sagte ich zu ihr. Sie schaute mich überrascht an.

„Also, machen Sie folgendes“, instruierte ich sie. „Schließen Sie die Augen und stellen Sie sich vor, daß Sie heute morgen kurz vor dem Aufstehen sind.“ Als sie begann, sich zu entspannen, fuhr ich fort: „Heben Sie nun den Vorhang von Ihrem Gesicht, während Sie die Augen öffnen. Sehen Sie, wie das helle Sonnenlicht des Morgens in das Schlafzimmer fällt. Hören Sie dann die Vögel auf dem Baum draußen fröhlich herumzwitschern. Atmen Sie tief ein und lassen Sie Ihre Nase vom Duft des köstlichen Schinkens durchströmen, den Ihre Mutter in der Küche brät. Plötzlich wissen Sie, daß Sie hungrig sind, und springen aus dem Bett, um sich für das Frühstück zu richten. Sie denken an die Unternehmungen, an Ihre Lieblingsbeschäftigungen, die Sie heute vorhaben, wie zum Beispiel ...“

„Wie einkaufen gehen", schlug sie vor, indem sie ihre Augen öffnete, lächelte und heiter wurde. Erst als sie dabei war, meine Praxis zu verlassen, merkte sie richtig, daß sie sich nun in einem „guten Tag" befand. Sie drehte sich an der Tür abrupt um und fragte mich mit ebensoviel Neugier wie Mitgefühl: „Frau Doktor, haben Sie jetzt einen ‚schlechten Tag'?"

„Nein", antwortete ich lachend. „Ich könnte jetzt einen ‚schlechten Tag' haben, wenn ich mir das aussuchen würde, aber ich beschließe, keinen zu haben."

Helen hatte einen negativen emotionalen Zustand beschrieben. Indem sie mir vermittelte, wie man in diesen Zustand kommen konnte, erfuhr ich durch den Kontrast, was der positive Zustand wäre.

Während ich Helen zuhörte, wie sie einen schlechten Tag beschrieb, bekam ich das Gefühl, daß sie sozusagen eine Batterie war; alles, was ich tun mußte, war, sie an ein elektrisches Netz anzuschließen, um sie wieder aufzuladen. Alle ihre Signale blinkten: „Geringe Energie! Geringe Schwingung!"

Wie gelangt jemand in einen Zustand hoher oder positiver Energiebewegung (Emotion)? Wie lädt sich jemand auf? Eine Möglichkeit besteht darin, es so zu tun, wie Helen es an jenem Tag machte, um sich aufzuladen – indem man die Sinnes*modalitäten* verändert, die zu dem Zustand gehören. So werden im wesentlichen diese Veränderungen im Neurolinguistischen Programmieren (NLP) vorgenommen. Eine andere Möglichkeit, dies mit NLP zu tun, ist, den entgegengesetzten emotionalen Zustand zu *ankern* und den unerwünschten Gefühlen die Grundlage zu entziehen. Diese Technik wird in einem anderen Abschnitt dieses Buches erläutert werden.

Eine noch wirkungsvollere Methode der Metamedizin, Emotionen zu verändern, besteht darin, die Glaubensannahmen zu verändern, die eine Emotion in erster Linie ausgelöst oder hervorgebracht haben. Erinnern Sie sich, daß eine Emotion eine Reaktion auf eine Überzeugung ist. Ändern Sie die Überzeugung, und die Emotion wird sich ändern.

Eine junge, alleinstehende Mutter eines sechsjährigen Jungen hatte sich jahrelang abgemüht, eine Ausbildung zu bekommen und die Fertigkeiten zu erwerben, die sie brauchte, um sich einen Job zu sichern, so daß sie ohne Sozialhilfe leben konnte. Zu der Zeit, als sie eine Stelle als Computeroperatorin bekam, stellte sie fest, daß sie schwanger war. Ein zweites Kind zu haben würde sie zwingen, weiter von der Sozialhilfe zu leben und ihren Sohn weiterhin in einer sehr ungesunden Umgebung großzuziehen. Sie entschied sich für eine Abtreibung.

In der Zeit unmittelbar vor der Operation fanden die Schwestern sie in schwerer Depression und Verzweiflung vor. Sie weinte unkontrolliert. Ihr Gynäkologe sagte ihr, sie könne sich bezüglich der Operation wieder anders entschließen und das Baby behalten. Dieser Vorschlag schien ihre Verzweiflung zu verstärken. Sie brauchte offensichtlich Hilfe, und ich wurde gebeten, sie zu besuchen.

Nachdem ich Rapport mit ihr hergestellt hatte, wurde aufgrund ihrer Vergangenheit offensichtlich, daß ihre religiösen Glaubensvorstellungen mit ihrer Entscheidung, die Schwangerschaft zu beenden, in Konflikt standen. Sie litt unter schwerem Schuldgefühl, einer an *Ressourcen* sehr armen Emotion.

„Wissen Sie, daß das Kind, das Sie tragen, ein eigenständiges Individuum ist?“ fragte ich sie. Sie schaute mich durch ihre Tränen hindurch an und nickte.

„Dann können wir sagen, daß es für Sie, um das Baby zu bekommen, notwendig wäre, daß Sie und das ungeborene Kind sich darauf einigen, Mutter und Kind zu werden?“ schlug ich vor. Sie nickte wieder zustimmend.

„Sind Sie sich voll dessen bewußt, daß dieses ungeborene Individuum große Liebe und großen Respekt für Sie empfinden muß, genauso sehr wie Sie es lieben und respektieren?“

„Ja“, sagte sie schluchzend.

„Glauben Sie aufgrund dieser Liebe, daß dieses Individuum, das geboren werden soll, auf irgendeiner Ebene in Ihrem Bewußtsein mit Ihnen kommuniziert und daß Sie mit ihm kommunizieren?“ fragte ich. Sie schaute mich verblüfft an.

„Nun, was meinen Sie?“ fragte ich nochmals.

„Ich kann es nicht genau feststellen, aber ich fühle, daß es so ist“, gestand sie zu, und Neugier hellte ihre roten Augen auf.

„Die gleiche Liebe erlaubt es Ihnen, die Wünsche des ungeborenen Wesens und Ihre Wünsche aufeinander abzustimmen“, behauptete ich, wobei ich sie genau beobachtete. „Und wenn dieses Individuum in irgendeinem Stadium entscheidet, *nicht* den ganzen Weg zu gehen und in diese Welt geboren zu werden, würden sich Ihre Gefühle und Entscheidungen dem anpassen, und Sie wären vielleicht damit einverstanden, daß es nicht geboren werden sollte. Und wenn es sich entschieden hätte, geboren zu werden, hätten Sie möglicherweise auch nicht an eine Abtreibung gedacht.“

„Ich verstehe nicht“, flüsterte sie. „Warum sollte es sich entscheiden, nicht geboren zu werden?“

„Es könnte beschließen, für nur eine kleine Weile einen Körper zu haben – um zu sehen, wie es ist, körperlich zu leben“, schlug ich als mögliche Erklärung vor. „Vielleicht möchte es sozusagen einfach einen Fuß ins Wasser halten, um es zu testen. In jedem Fall haben Sie ihm einen liebevollen Dienst getan.“

Ein schwaches Lächeln breitete sich über ihre Lippen aus, und ich registrierte eine Veränderung, als sie tief durchatmete. „Ganz herzlichen Dank, Frau Doktor“, sagte sie. „Jetzt verstehe ich.“

Als ich zwischen zwei Operationen zurückkam, um nach ihr zu sehen, fand ich sie friedlich auf der Couch schlafend. Sie hatte einen positiven, neuen Glauben gewonnen, der den alten Glauben, der Abtreibung als Zerstörung von Leben betrachtet, ersetzte. Entsprechend wechselte ihre Emotion von der Verzweiflung zu einem positiven Energiezustand des Friedens. (Anmerkung des Verlags: Das hier geschilderte Fallbeispiel will nicht *das* „Patentrezept“ der Metamedizin zum Umgang mit dem Problem Abtreibung vermitteln. Die Vielschichtigkeit dieses Problems erlaubt wohl keine allgemeingültige Antwort. Jeder „Fall“ muß für sich betrachtet und entschieden werden. Vermutlich wird es in keinem Fall eine Lösung *ohne* jegliches negative Gefühl geben. Jedenfalls sollten aus der Darstellung dieses Einzelfalles keine Schlüsse auf die Einstellung von Autorin oder Verlag *„für* Abtreibung“ gezogen werden.)

Bitte nehmen Sie zur Kenntnis, daß ich keinen Versuch unternahm, meine eigenen Glaubensvorstellungen aufzudrängen, und beachten Sie ebenfalls, daß *sie* es war, die die Veränderung vornahm. Ich bot ihr nur einen alternativen Glauben an, den sie anstelle des alten Glaubens setzen konnte und in diesem Fall auch setzte. Bei dieser Begebenheit geht es nicht um „richtiges" oder „falsches" Handeln. „Richtig" und „falsch" sind Werturteile, und in der Metamedizin befassen wir uns nur mit dem, was stichhaltig (*valid,* – auch „gültig, wirksam") ist. Urteilen ist bestenfalls ein Leugnen von Teilen unserer Erfahrung als gültiger Anteile unserer Gesamtheit. Als solches versagt es uns unsere volle Selbstbestimmung *(self empowerment).*

Registrieren Sie, daß Sie, um zu urteilen, die Schwingungsfrequenz ihres Urteils annehmen müßten. Erinnern Sie sich, daß Sie eine Idee nicht wahrnehmen können, es sei denn, Sie haben dieselbe Frequenz, dieselbe Wellenlänge wie diese. Wenn wir also, wie das oft vorkommt, eine Handlung negativ bewerten, senken wir tatsächlich unsere Schwingungsfrequenz auf das Niveau dieses negativen Gedankens. Wenn man also schon urteilen muß, ist es ressourcenreicher, wenn wir eine Sache positiv oder als einem positiven Zweck dienlich bewerten. Um das die ganze Zeit über zu tun, müßten wir ständig unsere Urteile beobachten. Wie Sie sehen, kann das Urteilen zu einem Schmerz am „Hinterteil" führen. Wer braucht das? Viel besser ist es, überhaupt nicht zu urteilen. Da wir jedoch alle die Gewohnheit haben zu urteilen, sollten wir wenigstens positive Urteile auswählen.

„Willst du damit sagen, daß ich das, was ich zu tun beabsichtige, nicht ausführen kann, wenn meine Emotion überwiegend negativ ist?" fragte mich einmal einer meiner Kollegen. Darauf war meine Antwort: doch, er könne. Ich erklärte, daß der Weg der negativen Emotion wohl nicht der angenehmste Weg ist, um zum Ziel zu kommen. Um einen Vergleich zu nennen: Es ist wie der Unterschied zwischen einem Fluge von Kalifornien nach Hawaii in der ersten Klasse und dem Zurücklegen derselben Entfernung mit dem Kanu. Die erste Methode wird Sie schneller und in großer Bequemlichkeit dorthin bringen. Die zweite wird Sie vielleicht gerade noch lebend dorthin bringen, das heißt, wenn Sie das Wetter, die Haie und andere hungrige Kreaturen überleben sollten.

Positive Emotionen wie Freude, Lachen und Liebe fügen einer Aufgabe positive Energie hinzu und erleichtern es, sie auszuführen. Viele Menschen, gewöhnlich Erwachsene, halten diese Behauptung für kindisch. „Du bist einfach ein Kindskopf", sagen sie. „Das Leben ist hart, und es gibt nicht viel, worüber man die ganze Zeit fröhlich sein könnte." Das mögen gültige Behauptungen sein. Die Lösung ist ein Paradox. Um etwas zu haben, worüber man die ganze Zeit fröhlich sein kann, muß man zuerst die ganze Zeit über fröhlich sein.

Hier die Begründung: Emotion erzeugt ein *Klima*, in dem jemand „funktioniert" oder handelt, um alles beliebige physische Realität werden zu lassen. Durch eine positive Emotion ist man mit positiver Energie geladen, die einen befähigt, mehr Positives mit Leichtigkeit zu leisten. Durch eine negative Emotion andererseits arbeitet man in einer Atmosphäre, die von Energie entleert ist – in einem niedrigen Energiezustand. Es erfordert dann die Aufbietung immenser Anstrengungen, um irgend etwas zu erreichen.

Denken Sie einen Augenblick an Ihre Schulzeit. Und wenn Sie dieses Buch lesen, kann man sicher wetten, daß Sie irgendeine formale Bildung erhalten haben. Denken Sie an die Fächer oder Kurse, in denen Sie sich ausgezeichnet haben. Was waren Ihre beherrschenden Gefühle in diesen Klassen? Seien Sie ehrlich zu sich selbst. Ich werden Ihnen von meinen erzählen. Ich werde Ihnen davon erzählen, wie ich mich in Mathematik ausgezeichnet habe – einem Fach, das mich nicht begeisterte und das ich bis heute zu vermeiden suche.

Ich war faul in Mathematik, und ich kann mich nicht erinnern, je ein mathematisches Problem aus purer Neugier angeschaut zu haben. Ich habe mathematische Probleme nur gelöst, wenn ich mußte. Das war ungeschickt, weil ich wußte, daß ich, wenn ich eine faire Chance für eine medizinische Ausbildung haben wollte, demonstrieren mußte, daß ich in Mathematik gut war.

Als erstes glaubte ich, daß ich mich in Mathematik auszeichnen könnte, wenn ich *wollte*. „Wenn ich wollte". Da lag der Hase im Pfeffer. Ich schleppte mich durch die Mathematik und bekam mittelmäßige Noten, als ich die törichte Ansicht zu hegen begann, daß der Mathematiklehrer ein spezielles Interesse an mir habe. Ich geriet völlig ins Schwärmen für diesen Lehrer. Daraufhin schnellten meine Mathematiknoten nach oben. Das erregte natürlich die volle Aufmerksamkeit meines Lehrers, und das Feuerwerk beförderte mich an die Klassenspitze.

Übrigens ist es dies, worum es beim beschleunigten Lernen geht *(accelerated learning* – in Deutschland unter der Bezeichnung „Superlearning" bekannt). Es geht um die Erzeugung des angemessenen emotionalen Klimas für optimales Lernen. Bitte nehmen Sie zur Kenntnis, daß ich nicht gesagt habe „optimale Bildung". Ich vermeide den Begriff Bildung, weil er im allgemeinen irgendeine Art Schulung impliziert. Schulung ist in unserer gegenwärtigen Kultur ein System, um Lernen in eine schwierige, bergaufwärts gerichtete Anstrengung zu verwandeln. Ich werte sie nicht ab, weil sie uns nützlich war. Angesichts des größeren Wissens darum, was wir als Menschen sind und wie wir am besten „funktionieren", ist es jedoch an der Zeit, zu besseren Lernmethoden überzugehen.

In meiner kleinen Gemeinde werden einige wenige Kinder, die man für ungewöhnlich begabt hält, aus den verschiedenen Grundschulen ausgewählt, um einmal in der Woche spezielle Klassen zu besuchen. Dieses Programm wird GATE genannt. Meine achtjährige Tochter nimmt an diesem Programm teil. Sie hat sonst eine intensive Abneigung gegenüber der Schule. Morgens ist es meistens ein Kampf, sie dazu zu bringen, in die Schule zu gehen, mit Ausnahme des Tages, an dem sie zu GATE geht. An GATE-Tagen steht sie strahlend und früh auf und bittet mich eindringlich, sie eine Stunde früher in die Schule zu bringen. An GATE-Tagen wird sie lebendig.

Sie lehrt ihren Vater und mich Ozeanographie und Astronomie – Fächer, die sie bei GATE erlernte. Ich fand, daß das viel schwierigere Fächer sind als ihre normalen Kurse in der dritten Klasse. Also vermutete ich, daß GATE nicht nur Spaß und Spiel war.

Und damit lag ich falsch! Es war doch so. Bei GATE bedeutete Lernen Spaß und Spiel, und die Kinder verschlangen es mit großer Schnelligkeit. Als erstes wurde diesen Kindern vermittelt zu glauben, daß sie sehr intelligent sind. Sie wurden von liebevollen Lehrern, die, indem sie großes Interesse an den Kindern zeigten, ihren Glauben an ihre überlegene Intelligenz verstärkten, als etwas Besonderes behandelt. Des weiteren ist die ganze Atmosphäre des

Klassenzimmers mit Neugier und Begeisterung aufgeladen. Die Kinder lernten schwierige Themen mit großer Leichtigkeit.

Ich kämpfe nicht mehr mit meiner Tochter wegen der Schule. Alle Schulen sollten wie GATE sein, weil alle Kinder begabt sind. Ihre Gabe ist das Privileg, in die physische Existenz hineingeboren worden sein. Alle Schulen können das gleiche emotionale Klima positiver Energie herstellen, das bei GATE herrscht, um den Kindern zu gestatten, leicht und schnell zu lernen.

Diese Funktion der Emotion beim Lernen gilt auch für die Gesundheit. Tatsächlich betrachtet Metamedizin alles Leiden oder Gesundheitsschäden als Mittel zum Lernen. Aus diesem Grunde erwartet die Metamedizin von einem Patienten nicht nur, daß er eine Krankheit überlebt, sondern daß er sich dadurch *verbessert*, daß er durch den Leidensprozeß geht. Wir wählen eine Krankheit immer, um etwas zu lernen – selbst wenn wir nur lernen, daß uns der Schmerz des Leidens nichts ausmacht. Dieser Gedanke wird in anderen Abschnitten dieses Buches weiter ausgeführt.

Viele alte und moderne Kulturen der Welt haben die entscheidende Rolle erkannt, die das emotionale Klima für die Gesundheit spielt. Als Kind in Westafrika aufgewachsen, lebte ich in einem Stamm, der fast vollständig von all den Fortschritten des zwanzigsten Jahrhunderts abgeschirmt war. In den glitzernden Flüssen dort wimmelte es von Fischen, und in den Wäldern gab es reichlich Früchte, Gemüse und Wild. Die Menschen hatten schon lange eine Balance mit der Natur erreicht, dadurch daß sie sie respektierten und pflegten. So wurden sie mit dieser Fülle belohnt. Diese Gesellschaft freute sich an Kindern und nutzte deren Freude und Lachen als Gewinn für die Gesundheit.

Der einzige Zweck der Heirat in dieser Kultur war es, Kinder zu bekommen. Um die Gesundheit und Fruchtbarkeit einer künftigen Braut sicherzustellen, wurde jede Anstrengung gemacht, um die Braut glücklich zu machen. Sie wurde einige Monate vor der Hochzeit in eine erfreuliche Umgebung gebracht. Den ganzen Tag war sie von Kindern umgeben, die mit ihr spielten und sie unterhielten. Der Beweis ihres Glücklichseins – ihres positiven emotionalen Zustands – war ihre physische Erscheinung. Selbst magere künftige Bräute nahmen vor der Hochzeit an Gewicht zu, blühten auf und wurden schön.

Wenn die junge Ehefrau empfangen und ein Baby zur Welt gebracht hatte, wurde dasselbe Ritual praktiziert, um sicherzustellen, daß sie ordentlich Muttermilch entwickeln würde, um den Säugling zu ernähren. Wieder wurde sie durch spielende Kinder in einem fröhlichen emotionalen Klima gehalten und ermuntert, in der Zeit nach der Geburt völlig unbeschwert zu sein. Außer dem, daß sie den freien Fluß der Muttermilch zuließ, war es wichtig, daß sie unbeschwert blieb, damit sie keine Spannungsgefühle auf das neue Baby übertrug. Man glaubte, daß Zustände wie Koliken, exzessives Weinen und Fieberanfälle von Angespanntheit der Mutter verursacht würden.

Wenn ein Erwachsener krank wurde, verschrieb der Heiler (ein einheimischer Arzt) ziemlich oft, daß der Patient einige Zeit allein mit seinem geliebten Menschen im Wald verbringen sollte, um Frieden und Ausgeglichenheit wiederzuerlangen.

Diese Kultur wußte instinktiv um die Bedeutung eines positiven emotionalen Klimas für die Gesundheit und bei Leiden. Ich habe beobachtet, daß in der westlichen Zivilisation sowohl religiöse als auch andere Heilverfahren außerhalb des Hauptstroms der modernen Medizin in der Mehrzahl der Fälle in einer Atmosphäre durchgeführt werden, die erfüllt ist von Begeisterung, mitreißender, fröhlicher Musik, In-die-Hände-Klatschen und Jubel. Alles in allem handelt es sich um eine Angelegenheit hoher Energie, und wenn auch die Heilungsraten unvorhersagbar sind, erfreuen sie sich doch eines beträchtlichen Ausmaßes an Erfolg.

In Kulturen, in denen Voodoo-Bannflüche und andere solcher haßerfüllten Rituale praktiziert werden, werden negative Emotionen benutzt, um die Opfer so das Fürchten zu lehren, daß sie krank werden und sogar sterben. *Furcht* ist der dem Glauben entgegengesetzte Pol und genauso mächtig. Menschen manifestieren, was sie glauben oder was sie befürchten. Mit anderen Worten, wir sagen, daß Furcht ins Negative gewendeter Glaube ist. Ein Opfer der Furcht wählt negativen Glauben. Nachdem es den negativen Glauben angenommen hat, reagiert das Opfer mit negativen Emotionen. Diese negativen Emotionen werden dann von den Finessen und Ritualen der Voodoo-Priester und all der furchtsamen Menschen, die normalerweise von diesen Situationen angezogen werden, angeheizt und angefacht. In diesem negativ geladenen

Klima manifestiert das Opfer den Fluch in Form einer Krankheit, eines Unfalls oder sogar des Todes.

Ein Opfer ist ein Mensch, der so versunken ist in Negativität, daß er glaubt, alle Macht sei außerhalb seiner selbst und alle seine Problemsituationen seien von diesen äußeren Kräften auferlegt. Diese Negativität bewirkt, daß das Opfer noch mehr Trennendes zwischen seiner Gesamtheit (Ganzheit) und seinem begrenzten physischen Selbst schafft. Bei extremer Furcht hat die Negativität ein solches Ausmaß, daß das Opfer unfähig ist zu erkennen, daß es die Wahl hat, die Bedingungen zu akzeptieren oder zurückzuweisen.

Die moderne medizinische Wissenschaft wird zunehmend der entscheidenden Rolle gewahr, die die Emotion eines Patienten bei Leidenszuständen spielt. Die hohe Rate von Mortalität und Morbidität bei Herzleiden war verantwortlich dafür, daß in den vergangenen Jahren der Persönlichkeit der Patienten immer mehr Aufmerksamkeit gewidmet wurde.

Man hat festgestellt, daß Menschen, bei denen als Persönlichkeitszug „Typ-A-Verhalten" beobachtet wird, ungeduldig und von Arbeitswut getrieben sind und alles in ihrer Umgebung zu kontrollieren suchen. Man hat herausgefunden, daß diese Personen zu Herzleiden und verwandten Beschwerden neigen.

Eine andere Gruppe von Menschen ist die, deren dominante Persönlichkeitszüge Hilflosigkeit, Hoffnungslosigkeit und Furcht sind. Anders als das Muster des „Typ-A-Verhaltens" hat das destruktive Verhaltensmuster in dieser Gruppe mit der Leugnung der eigenen Kraft zu tun. Man hat festgestellt, daß die meisten Krebspatienten in diese Gruppe fallen. Die meisten Menschen dieser Gruppe neigen auch dazu, an Krankheiten des Immunsystems zu leiden, wie rheumatische Arthritis und AIDS *(Auto Immune Deficiency Syndrome).* Diese Leiden, die mit dem Verlust der natürlichen Barrieren des Körpers gegenüber Infektionen zu tun haben, spiegeln das innere Aufgeben der Kontrolle und Macht (über sich selbst) durch den Patienten wider.

Beide Persönlichkeitsmuster entstammen derselben Schwäche – dem Mangel an Vertrauen in die eigene Kraft. Das emotionale „Typ-A-Muster" zeigt einen Versuch, über andere und das Selbst

Kontrolle zu erlangen, um sich mächtig zu fühlen. Diese Personen glauben nicht, daß sie mächtig genug sind, um alles, was sie wollen, zu erhalten, ohne dabei sich oder jemand anderem zu schaden. Die Persönlichkeitszüge „hilflos/hoffnungslos/ängstlich" stellen eine Leugnung der eigenen Kraft dar. Diese Gruppe von Menschen lehnt es ab, ihre Verantwortung für ihre eigene Macht anzuerkennen oder zu übernehmen. Sie geben sich buchstäblich der Verzweiflung hin, und ihr Körper und ihr Immunsystem spiegeln diese Selbstaufgabe wider.

Ein gespanntes (negativ geladenes) emotionales Klima züchtet Krankheiten der Anspannung, wie Bluthochdruck und Herzkrankheiten. Krebs und Krankheiten des Immunsystems weisen auf ein negatives emotionales Klima hin, in dem das Opfer seine Kraft aufgegeben (geleugnet) hat.

Alle Beschwerden sind wörtlich genau das: *dis-ease* = Be-*schwer*-den, Un-*ausgeglichen*-heit. Ein Zustand, in dem man nicht im *Gleichgewicht* ist, sich nicht *wohl* fühlt mit allem, was zu einem gehört (-*not at ease with all that one is*). Leiden reflektieren exakt den eigenen emotionalen oder energetischen Zustand und sind als solche faszinierende Spiegelungen dessen, was auf der tiefsten Ebene physiologischer Existenz vor sich geht.

Ärzte, die Krebspatienten behandeln, haben die vielen interessanten Zusammehänge zwischen Überleben und der Einstellung des Patienten registriert. Es ist in der medizinischen Literatur viel von dem seltenen Patienten berichtet worden, der sich vollständig von einer Krebsart erholt, von der man weiß, daß sie „immer" tödlich verläuft.

Dr. Bernie Siegel, der viel zur Erforschung dieses Phänomens beigetragen hat (Gründer von „Exceptional Cancer Patients, Inc."), hat festgestellt, daß es in der Regel nicht die netten, sich unterordnenden Patienten sind, die Krebs überleben. Er stellte fest, daß jene Patienten, die wütend werden und sich weigern aufzugeben, häufiger überleben. Tatsächlich drängt er häufig Krebspatienten dazu, aggressiv zu werden und die Angelegenheiten in *ihre* Hände zu nehmen, statt ihr Schicksal in den Händen ihrer Ärzte zu lassen. Viele Ärzte mögen aggressive Patienten noch immer nicht, und einige Ärzte würden diese Patienten für feindselig halten und die Beziehungen zu ihnen beenden.

Das ist insofern ungeschickt, als ein aggressiver Patient oder eine aggressive Patientin zumindest erkennt, daß er/sie seinen/ihren Zustand nicht als Urteilsspruch des Lebens akzeptieren muß. Obwohl Aggression eine unnötige Haltung ist, jedenfalls, wenn man wirklich der eigenen Kraft vertraut, zeigen diese Patienten, die wütend werden, daß sie an ihrer Diagnose zweifeln. Zweifel ist ein Schritt in Richtung auf eine Veränderung des Glaubens. Ziemlich oft erreichen jene Patienten, die es ablehnen, ihren Zustand passiv hinzunehmen, eine Glaubensveränderung. Sie beginnen zu glauben, daß sie trotz der Statistik, die gegen sie spricht, überleben können. Wenn sie gesund werden, nennen wir sie außergewöhnliche Patienten, und alle anderen bezeichnen das Ereignis als Wunder. Paradox ist, daß sich diese Patienten wirklich dem annähern, was reguläres, normales Verhalten oder ein gewöhnlicher Persönlichkeitszug sein sollte, und das sogenannte Wunder ist tatsächlich etwas, was regelmäßig geschehen sollte, das heißt, wenn wir zu leben wüßten.

Wenn wir wüßten, was wir sind und wie wir leben könnten, würden wir die Tatsache hoch schätzen, daß das wahre Wunder darin besteht, daß wir in unserem gegenwärtigen Zustand allgemeiner Negativität überhaupt Heilung erreichen. Betrachten Sie es in folgender Weise.

Wir haben einen sehr fähigen Chirurgen, der gerade eine Brust-Biopsie gemacht hat, um zu bestätigen, was er bereits wußte – daß Mrs. Humphrey, eine angenehme, sich unterordnende Frau, Brustkrebs hat. Sie wußte schon drei Jahre, bevor sie das schließlich irgend jemandem gegenüber erwähnte, daß sie einen Knoten in ihrer linken Brust hatte.

„Oh“, sagte sie bei ihrem ersten Besuch zum Arzt, „ich habe einen kleinen Knoten da drin, aber ich glaube nicht, daß es etwas Ernstes ist. Ich bin gekommen, weil meine Tochter darauf bestand, daß ich zu Ihnen gehen müsse.“

„Mrs. Humphrey, Sie sagen, daß Sie den schon seit drei Jahren haben?“ fragte der Arzt ungläubig. „Kam Ihnen nie in den Sinn, daß das vielleicht nicht normal ist?“

Mrs. Humphrey antwortete nicht. Sie schaute hinunter auf den Boden, und Tränen rollten ihre rundlichen Wangen herunter.

Später, als der Arzt mit ihr und ihrem Mann die Einzelheiten der chirurgischen und therapeutischen Prozeduren, die unternommen werden mußten, besprach, unterließ er es, jegliche positiven Bilder vom Ausgang der Therapien zu zeichnen. Es war nicht eigentlich sein Fehler, daß er dies unterließ.

Wegen der Bemühung um Objektivität als der angemessenen wissenschaftlichen Einstellung in der medizinischen Ausbildung neigen Ärzte zu emotionaler Distanz in ihrem Umgang mit dem Patienten und seiner Krankheit. In den vergangenen Jahren hat sich die medizinische Praxis in weiten Teilen der Vereinigten Staaten zu einem seltsamen juristischen Spiel entwickelt. Manche Patienten und ihre Rechtsanwälte sind dazu übergegangen, größere Operationen als eine Lotterie zu betrachten, bei der ein Vermögen gewonnen werden kann. Die maßlosen Geldsummen, die von verschiedenen Geschworenen bei Kunstfehlerprozessen im ganzen Land zugesprochen wurden, provozieren und nähren diese Einstellung. Mein Mann hat die Bezeichnung *litigo* (deutsch etwa „Prozesso") für dieses Spiel geprägt. Es hat Ärzte der ganzen Nation gezwungen, mit den Patienten umzugehen, als ob der Rechtsanwalt des Patienten im Untersuchungsraum wäre und jedes Wort verfolgen würde.

Deshalb sprach der Chirurg mit Mrs. Humphrey und ihrem Mann in einer von Mißtrauen und verhaltener Feindseligkeit erfüllten Atmosphäre. Erst nach Beendigung der formalen Visite nahm der Arzt Mrs. Humphreys Hand und klopfte ihr auf die Schulter, um ihr Mitgefühl und Ermutigung zukommen zu lassen.

Womit haben wir es hier zu tun? Zuerst ist da eine Person, die Krebs hat und die nicht an ihre eigene Kraft glaubt. Jeder, der die Kunst der Metamedizin beherrscht, könnte sie dahin bringen, daß sie erkennt, daß sie sich damit eine große Gelegenheit gibt, ihre Kraft als lebendiges Wesen zu entdecken.

Das jedoch passierte nicht, sondern es war das Übliche. Sie kam aus einer negativen emotionalen Frequenz. Ihr Arzt hatte dadurch, daß er mit der weit verbreiteten negativen Einstellung, die für seine Altersgruppe typisch ist, vorgegangen war, dieses negative Klima intensiviert. Und beide Parteien hofften auf ein positives Ergebnis! Jetzt können Sie verstehen, warum ich sage, daß es wirklich ein Wunder sein wird, wenn Mrs. Humphrey eine Heilung erreicht.

Das Ergebnis jeder Handlung, die wir als Menschen vollziehen, hängt großenteils von dem emotionalen Klima ab, in dem sie geschieht. Das emotionale Klima ist es, das die Handlung mit seiner Energie speist, und es ist diese Energie, die bestimmt, ob ein positives oder negatives Ergebnis erreicht wird. Aus diesem Grund steigt ein schwächeres Team bei einem Sportereignis oft zum Sieg auf, wenn die Zuschauer es begeistert anfeuern. Diejenigen, die je bei einem religiösen Erweckungstreffen waren, können die Energie des Moments, wenn der Geist der Gemeinde in Jubel und Freude ausbricht, buchstäblich in ihren Knochen spüren. In einem solchen Moment kann Herr Geizhals persönlich den Inhalt seiner Hosentasche glücklich in den Kollektenteller ausleeren und danach eine Zusicherung unterschreiben, daß er zehn Prozent seiner Ersparnisse der Organisation überschreiben werde. Emotion ist eines der besten Mittel, um alles beliebige zu verkaufen. Furcht, eine negative Emotion, kann eine ganze Nation in den Krieg führen. Auch ohne daß jemand, der Filme von Hitlers Massenveranstaltungen sieht, ein Wort Deutsch versteht, kann er die Macht eines Meisters der Manipulation negativer Gefühle spüren. Positive Emotionen der Liebe und des Vertrauens hervorzubringen, hat „Evangelisten" überall in der Welt Millionen von Dollars eingebracht. Diese Sorte geschickter Gefühlsmanipulatoren kann vollkommen rationale Personen dazu bringen, ihnen immense Geldsummen zu übergeben.

Ich erinnere mich, eines Morgens, als ich noch eine sehr arme Medizinstudentin war, die in einem heruntergekommenen Appartement eines Mietshauses wohnte, Oral Roberts zugehört zu haben. Ich wurde so mit Gefühl eingewickelt, daß ich ihm, ohne darüber nachzudenken, fünf Dollars schickte – mein ganzes Lebensmittelgeld für eine Woche. Das Merkwürdige war, daß er mich von nichts überzeugt hatte; er weckte nur meine Gefühle, und das zwang mich, meinen höchstmöglichen Beitrag zu leisten! Zwanzig Jahre später, nachdem ich Neurolinguistisches Programmieren gelernt hatte, verstand ich, was tatsächlich abgelaufen war.

Ich höre die ganze Zeit Klagen wie: „Frau Doktor, ich bin ängstlich und depressiv und ich kann nichts dagegen machen."

Meine Patienten sind in dieser Hinsicht keine Ausnahme. Die meisten von uns Menschen, ich eingeschlossen, werden oft von ungeladenen Gefühlen geplagt, die die Routine des täglichen Lebens stören.

Depression wird für die schlimmste der Emotionen gehalten, die uns plagen. „Frau Doktor, ich fühle mich ganz am Boden", beklagen sich meine Patienten, „ich fühle mich einfach nicht danach, irgend etwas zu tun."

Wenn die Depression zur Behinderung wird, werden die meisten, die daran leiden, medizinische Hilfe aufsuchen. Vielleicht gehen sie zu einem Psychiater oder zu ihrem Hausarzt. Gewöhnlich wird als Diagnose eine Depression festgestellt oder bestätigt, und der Patient bekommt in der Mehrzahl der Fälle Medikamente verordnet, die helfen sollen, das Problem zu lindern. Mit anderen Worten, wir behandeln die Symptome.

„Und, was ist daran falsch?" fragen meine Kollegen.

„Nichts", sage ich. Dann erkläre ich, daß es mehr Spaß machen würde und wirkungsvoller sei, wenn wir die Art der Metamedizin, an das Problem heranzugehen, benutzen würden. Dann würden wir die Frage stellen: „Was ist das für eine Emotion, die wir Depression nennen?"

Depression ist, nach innen zu gehen oder sich nach innen zu wenden. Sie ist dasselbe wie der Akt, den wir Meditation nennen, nur daß sie negativ beurteilt wird. Depression ist abgeurteilte Meditation.

„Und wozu wenden wir uns nach innen?" fragen meine Patienten.

Wir wenden uns nach innen, um Klarheit oder *Balance* zu gewinnen. Ist die Klarheit einmal erreicht, tritt eine Veränderung (nämlich Balance) ein, und wir übersetzen dies als ein Gefühl des Friedens. Wir haben ein emotionales Gleichgewicht erreicht.

Das ist im wesentlichen dasjenige, was beim sogenannten *Focusing* geschieht. Während wir anerkennen, daß wir auf bewußten, unterbewußten und unbewußten Ebenen tätig sind, entspannen wir uns und fragen uns, worum es bei dem Gefühl der Depression überhaupt geht. Wir vertrauen unseren Gefühlen, daß sie die

Dinge klären. Es wird kein Urteil über diese Gefühle gefällt, die auftauchen. Sie werden nur beobachtet und befragt, bis wir eine Veränderung bemerken. Die meisten Menschen beschreiben die Veränderung als ein Gefühl, wie wenn eine schwere Last von ihrem Körper abfällt, oder einfach als ein Gefühl des Friedens. Danach sagen sie, daß sie sich in Ordnung fühlen. Sie bekommen ihre Energie wieder und sind in der Lage, ihre normalen Aktivitäten wieder aufzunehmen.

Wenn wir das normale Phänomen, innere Balance zu suchen, durch Urteilen nicht komplizieren würden, wäre es nicht nötig, medikamentöse Therapien oder andere Therapien beliebiger Art durchzumachen. Beobachten Sie, wie ein Kind mit einem Stimmungstief oder dem, was Erwachsene als Depression interpretieren, umgeht. Das Kind zeigt zuerst Traurigkeit, weint dann und kümmert sich anschließend um die Angelegenheit. Ist es so einfach? Ja, das ist es.

Weinen und Lachen sind Emotionen, die uns zentrieren oder ins Gleichgewicht bringen, – wenn sie nicht verurteilt werden. Wenn das Weinen von der weinenden Person als eine negative Emotion beurteilt wird, wird es negativ. Erinnern Sie sich, daß ich bereits festgestellt habe, daß man die energetische Schwingungsfrequenz der Bewertung annimmt. Sie müssen ihre Energie auf dieselbe Wellenlänge erniedrigen, wie sie die Energie Ihres Urteils hat. Also müßte mein Energieniveau – wenn ich mein Weinen als eine negative Handlung beurteile – sich angleichen und negativ werden. Deshalb erreiche ich die Balance nicht – den Ruhe-Nullpunkt emotionaler Energie.

„Sie können von mir nicht erwarten, daß ich weine. Ich bin ein Mann“, höre ich die Patienten geltend machen. „Es ist so peinlich zu weinen“, vertrauen mir einige meiner Patientinnen an.

Das spiegelt den Fluch des Erwachsenseins wider, die tiefverwurzelte Vorstellung von dem, was man sein sollte statt dessen, was man natürlicherweise ist. Wir können, indem wir Kinder beobachten, viel darüber lernen, wie das Leben zu leben ist. Der Hauptgrund dafür, Kinder zu bekommen, – außer dem, daß Erwachsenen eine Chance gegeben wird zu erkennen, was Liebe ist – ist, daß wir, indem wir sie beobachten, wieder lernen können, was wir vergessen haben: wie wir völlig im ewigen Jetzt leben können.

Lachen, das den meisten Menschen nicht peinlich ist, ist ein weiterer Akt oder ein Mittel, das uns an den Ruhe-Nullpunkt emotionaler Energie – an den Punkt der Balance – bringen kann.

Hier ein Manöver oder eine Kurztherapie, die Richard Bandler, der Mitentwickler des NLP, entworfen hat: Denken Sie an ein Problem, das Sie überwältigt. Stellen Sie sich nun vor, daß Sie dieses Problem einem Menschen erzählen, den Sie außerordentlich respektieren oder bewundern, das heißt jemandem, der Ihr Held oder Idol ist. Nachdem Sie nun Ihre Schwierigkeiten erzählt haben, sehen Sie, wie Ihr Held in Gelächter ausbricht. Er/sie biegt sich vor Lachen und kann anscheinend nicht damit aufhören. Öffnen Sie nun Ihre Augen, und denken Sie noch einmal an Ihr Problem.

Die meisten Menschen werden entdecken, daß ihre mit dem Problem verbundenen Gefühle oder Emotionen nun einem dramatischen Wandel unterzogen wurden. Die meisten Menschen werden bezüglich des Problems neutral gestimmt sein, das sie immer so sehr mitgenommen hat. Andere werden sogar darüber zu lächeln oder zu lachen beginnen. Einige wenige Personen werden vielleicht wütend werden. Das ist ein ziemlich großer Wechsel gegenüber der Emotion, von Furcht gelähmt zu sein.

Das Grundprinzip ist: Ist erst einmal das „emotionale Getriebe" in einen ressourcenreicheren Zustand geschaltet worden, ist der Mensch nicht länger ein Opfer. Er oder sie kann dazu übergehen, das Problem in einem ressourcenreicheren emotionalen (Energie-) Klima zu lösen.

Welche Bedeutung hat das Zentrieren oder der zentrierte Zustand? Ich habe Ihnen den Gedanken mitgeteilt, daß der zentrierte Zustand der Ruhe-Nullpunkt auf dem (emotionalen) Energie-Kontinuum ist. Der Ruhe-Nullpunkt ist der Punkt, an dem wir mit der Energie, aus der wir geschaffen sind, identisch sind. Mit anderen Worten, wir identifizieren uns mit der Frequenz der elektromagnetischen Energie unseres physiologischen Ursprungs. Wir werden eins mit dieser Wellenlänge. In diesem Zustand – an diesem Ruhe-Nullpunkt – können keine Beschwerden *(disease)* oder Streß sein. Wir rekreieren uns sozusagen für einen Moment in Perfektion. Vom Ruhe-Nullpunkt aus können wir dann die Situationen oder Ergebnisse, die wir uns wünschen, wählen.

Es ist wichtig, die Idee des Ruhe-Nullpunktes zu verstehen. Ziemlich oft, wenn wir positive Veränderungen in uns erreichen und die Dinge bei uns gut laufen, fangen wir an, uns zu fragen und uns zu sorgen, wie lange die neuen Veränderungen wohl anhalten werden. Wir denken: „Ich bin gespannt, wie lange das gehen wird, bis die schwierigen Zeiten wieder zuschlagen werden. Es ist zu gut, um wahr zu sein. Das kann ja nicht so bleiben." Wir leben mit der Furcht, daß uns „Murphys Gesetz" treffen wird. Das Verständnis des Ruhe-Nullpunktes wird diese Art von Glauben zur Ruhe kommen lassen.

Wenn Sie mit einer Situation konfrontiert sind, ist diese Situation ihrem Wesen nach neutral. Das heißt, daß sie keine inhärente (ihr selbst innewohnende) Bedeutung hat. Wir verwenden unsere eigene Urteilskraft, um sie als gut oder schlecht, als positiv oder negativ zu interpretieren. Um es zu illustrieren, stellen Sie sich vor, Sie würden das Wrack eines Flugzeugs finden. Das ist ein neutrales Ereignis. Alles, was Sie sehen, ist ein Haufen Flugzeugteile am Boden. Sie könnten zu sich sagen: „Das ist schrecklich, denk' an all die armen Menschen, die umgekommen sein müssen." Sie haben dieses Ereignis mit einer negativen Bedeutung versehen und fühlen sich schlecht.

Nehmen Sie nun andererseits an, Sie hätten herausgefunden, daß der Hersteller bemerkt hat, daß das Flugzeug fehlerhaft ist, und es verschrottet hat, um einen Unfall zu vermeiden. Sie werden denken: „Was für eine sichere und feine Sache das ist!" Und Sie werden sich gut fühlen.

Die Situation oder Erscheinung der Angelegenheit hat sich nicht im geringsten verändert. Das einzige, was sich geändert hat, sind Ihre Gefühle darüber gewesen. Um von einem negativen Gefühl („sich schlecht fühlen") zu einem positiven Gefühl („sich gut fühlen") zu gelangen, mußten Sie anhalten und dann eine bewußte Wahl treffen, dies zu tun. Sie wechseln nicht automatisch vom Positiven ins Negative. Sie gehen immer zuerst zum Ruhe-Nullpunkt. Von dort aus treffen Sie eine bewußte Entscheidung, sich in eine andere Richtung zu bewegen. Betrachten Sie es folgendermaßen: Die positive und die negative Entscheidung seien durch zwei Berggipfel repräsentiert, und der Ruhe-Nullpunkt sei das Tal zwischen ihnen (vgl. Abbildung S. 76).

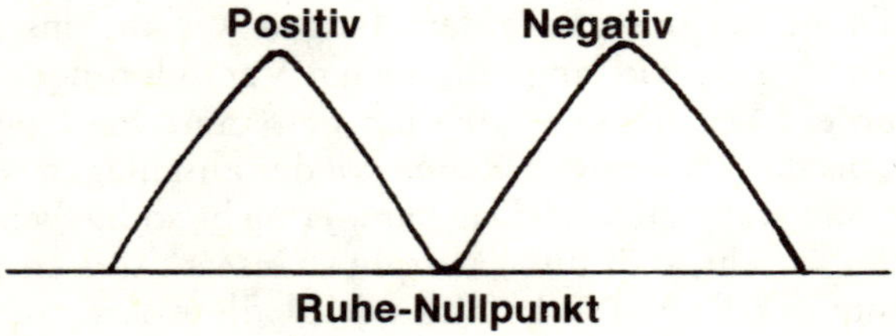

Sie können jeden Berg besteigen, der Ihnen beliebt. Wenn Sie von einem der beiden herunterfallen, landen Sie nicht automatisch auf der Spitze des anderen (es sei denn, Sie unterlaufen das Gesetz der Schwerkraft). Sie müssen zuerst auf dem Ruhe-Nullpunkt landen. Von dort aus können Sie *wählen,* ob Sie den positiven oder negativen Berg besteigen wollen, bevor Sie das tatsächlich tun. Der Ruhe-Nullpunkt ist immer der Punkt der Balance, von dem aus Sie alles wählen können, was Sie in Ihrer Realität wünschen.

Erinnern Sie sich: Als ich Ihnen Richard Bandlers „Sich-vor-Lachen-biegen"-Therapie beschrieb, ließ ich Sie diesen Vorgang imaginieren. *Imagination* – das ist das magische Wort, das sich der Beschreibung entzieht! Wenn ich den Leuten sage, daß sie ihre Vorstellungskraft benutzen sollen, wenden die meisten ein, daß sie keine hätten oder daß ihre Vorstellungskraft gering sei. Das ist aber nicht der Fall.

Imagination ist das Medium, mit dem alles Bewußtsein operiert. Jeder hat soviel Vorstellungskraft, wie er für alles, was er möchte, braucht, weil jeder Mensch ein Bewußtsein ist. Mit anderen Worten, wenn Sie bei Bewußtsein sind, greifen Sie immer auf ihre Vorstellungskraft zurück. Jedesmal, wenn Sie denken, verwenden Sie Vorstellungen. Das wird im nächsten Kapitel über Mentalität (Denken) weiter untersucht werden. Alles, was Sie tun, machen Sie zuerst in Ihrer Vorstellung, dann erst gehen Sie dazu über, es zu tun. Sie tun dies so schnell und automatisch, daß Sie nicht bemerken, daß Sie es getan haben. Deshalb denken die Leute, daß Imaginieren eine spezielle Fähigkeit erfordere. Das einzige, was diese sogenannte spezielle Fähigkeit erfordert, ist Glaube oder

Vertrauen, daß man die Vorstellungskraft tatsächlich ununterbrochen benutzt.

NLP ist eine neue Technologie, die einen großen Teil der modernen Psychiatrie überholt erscheinen läßt. Durch die Verwendung dieser Technologie oder dieses Instruments werden schnelle Veränderungen in der Struktur der Persönlichkeit bewirkt. Veränderungen können im Glaubenssystem, in den Emotionen und den Gedanken vorgenommen werden, um ein erwünschtes Ergebnis zu erreichen, und das kann ohne langwierige, sich über Jahre hinziehende Therapiesitzungen getan werden.

Wir verarbeiten die Information der uns umgebenden Welt (unserer Realität), indem wir unsere fünf Sinne benutzen. NLP nutzt die Beobachtung dessen, wie der Geist die Information, die durch die Sinne kommt, verarbeitet, um innerlich und äußerlich – das heißt im Verhalten – Veränderungen vorzunehmen. Die fünf Sinne oder sensorischen Input-Kanäle sind folgende:

- der visuelle = der Kanal, der enthält, was wir sehen und wie jeder uns sieht;
- der auditive = was wir mit unseren Ohren hören und wie es klingt; Worte und wie die anderen diese Worte zu uns sagen;
- der kinästhetische = äußerlich ausgelöste Gefühle wie Berührung, Druck und die Oberflächenbeschaffenheit von Dingen;
- der olfaktorische = der Geruchssinn;
- der gustatorische = der Geschmackssinn.

Den Menschen stehen mindestens zwei weitere Sinneskanäle zur Verfügung, aber sie liegen nicht im Untersuchungsbereich dieser Arbeit.

Durch die Verwendung des NLP-Modelles können schnelle Veränderungen emotionaler Zustände erreicht werden, indem man die *internale Repräsentation* der Information, die über die Sinneskanäle empfangen wird, verändert. Der aufregendste Durchbruch, den NLP vermittelt, ist, daß dauerhafte Veränderungen oft ohne Kenntnis der zugrundeliegenden Ursachen bewirkt werden können.

Das unterstützt die Vorstellung der Metamedizin, daß Ursache und Wirkung dasselbe sind oder die Ursache die Wirkung reflektiert. Durch die Verwendung der Methodologie des NLP kann eine Person, die von einer unerwünschten Emotion geplagt ist, in einen neutralen Zustand (den Ruhe-Nullpunkt) zurückgebracht und dann in einen ressourcenreicheren emotionalen Zustand geführt werden. Das ist für das Erreichen von in jeglicher Hinsicht optimaler Gesundheit und für das Verwirklichen dessen, was jemand in diesem Leben sein möchte, von äußerster Wichtigkeit.

Emotion ist Energiebewegung, und es ist die Frequenz dieser Schwingungsenergie, die bestimmt, was wir tun, und die das Qualitätsniveau unserer Handlungen bestimmt.

„Wie kann ich wissen, daß ich das tue, was richtig für mich ist?" fragen meine Patienten häufig. Die Antwort auf diese Frage ist dasjenige, was ich für das beste Rüstzeug halte, um sich das Leben zu erschließen, und es ist uns zu jedem beliebigen Zeitpunkt verfügbar: Begeisterung/Erregung oder Verlangen *(excitement or desire).*

Begeisterung ist die Emotion, die uns wissen läßt, daß wir auf dem richtigen Weg sind zu werden, was für uns wahr ist. Sie ist das, was uns wissen läßt, daß das, worüber wir begeistert sind, tatsächlich richtig für uns ist. Erregung oder Anregung wird in der Physik verwendet, um das Energieniveau von Atomen, Elektronen usw. zu heben. Sie ist die Basis für die Erzeugung der Laserenergie und der Energie von Reaktoren. Dasselbe Erregungsprinzip gilt für die menschliche Aktivität, weil wir genauso Energie sind. Begeisterung oder Verlangen entspricht der Schwingungskraft der eigenen Kernschwingung – die die Zielsetzung(en) des eigenen Lebens in dieser Welt bestimmt.

„Aber ich kenne den Zweck meines Lebens nicht", wenden viele Menschen ein.

„Folgen Sie einfach Ihrer Begeisterung", dränge ich sie. „Begeisterung ist das energetische Leuchtfeuer, das Sie zu ihm führen wird."

„Nun, ich kann mich nicht für vieles begeistern", bekennen viele entmutigte Menschen.

„Was erwarten Sie – vielleicht ein Erdbeben?" frage ich sie manchmal. Ich erkläre, daß Begeisterung nicht bedeutet, daß sie sich die ganze Zeit danach fühlen, Luftsprünge zu machen. Immer, wenn Sie das tun, was Sie wirklich interessiert oder wonach Sie Verlangen haben, tun Sie, was Sie begeistert.

Bitte beachten Sie, daß Begeisterung Schwung beschreibt, im Gegensatz zu Kitzel. Begeisterung ist der Schwung, der gewöhnliche Aufgaben mit positiver Energie erfüllt. Sie kann ein Indikator dafür sein, daß eine Aktivität mit unserer Kernschwingungsfrequenz übereinstimmt, oder sie kann die motivierende Energie für eine Aufgabe sein, die uns wenig anzieht.

Wenn wir zum Beispiel zwischen zwei Aufgaben wählen müssen, wird vielleicht eine uns definitiv zusagen und unser Interesse wecken. Wenn wir diesem Impuls folgen, werden wir feststellen, daß es eine Arbeit ist, an der wir uns freuen werden und mit der wir erfolgreich sein werden. Wenn wir dagegen eine unattraktive Aufgabe haben wie beispielsweise, die Einkommensteuererklärung auszufüllen, können wir uns das Gehirn zermartern nach irgendwelchen angenehmen Seiten einer solchen lästigen Pflicht. Ich finde, daß das begeisterndste am Ausfüllen der Erklärung ist, es zu Ende zu bringen und hinter mir zu haben. Deshalb würde ich ein Gefühl beschwören, das durch die Erwartung der Beendigung dieser Aufgabe entsteht, und der Schwung dieses positiven Gefühls würde mich motivieren, die Arbeit tatsächlich schnell zu erledigen.

Warum ist es wichtig, Begeisterung und Schwung bei einer Arbeit zu erzeugen, die uns nicht anspricht? Es ist wichtig, weil der Strom der Begeisterung Leichtigkeit erzeugt und Streß vermeidet. Uns zu zwingen, das zu tun, was für uns von negativem Interesse ist, ist wie gegen die Faserrichtung zu arbeiten. Auf diese Weise bekommt man Splitter in die Hände. Begeisterung und Schwung dagegen verhindern Reibung. Reibung ist die Quelle von Schmerz und Streß.

Wir umgehen Reibung und Streß, indem wir uns zu jeder Zeit diejenigen Dinge erschließen, die unser Interesse wecken. Der Schwung dieser positiven Energie kann uns dann durch all die anderen Aufgaben, die wir in dieser Zeit erfüllen, tragen.

Den Möglichkeiten, die unser Interesse wecken, zu jedem beliebigen Zeitpunkt nachzugehen, erlaubt es uns zu entdecken, wer wir in Wahrheit sind. Wenn wir wirklich wir selbst sind, wird es leicht und natürlich, konzentriert zu sein und in einer positiven Weise zu handeln. Das gilt für die Arbeiten, von denen wir wirklich begeistert sind. Wenn wir tun, was uns liegt, schwingen wir im wesentlichen in Harmonie mit dem, wozu wir bestimmt sind. Deshalb ist diese Aktivität für uns mühelos, angenehm und wirklich die reine Freude. Wie lautet das Sprichwort? – „Eine geliebte Arbeit ist keine Arbeit.“ Menschen, die die Arbeit tun, die sie am meisten begeistert, werden Ihnen glaubhaft sagen, daß sie nicht wissen, warum jemand sie überhaupt für ihre Arbeit bezahlt, denn sie haben große Lust daran. Und es folgt daraus, daß die Arbeit, die sie am meisten mitreißt, eine Arbeit ist, in der sie sich auszeichnen, und deshalb auch derjenige Beruf, in dem sie am meisten verdienen. Wenn ein Geschäftsmann für sein Büro Leute aussuchen und anstellen könnte, deren Eifer in die Richtung ginge, Verwaltungsangestellte, Sekretäre oder ähnliches zu sein – denken Sie, was für ein energiegeladenes Team er hätte.

Wir haben festgestellt, daß Patienten von einer Krankheit viel schneller genesen, wenn sie ihrer Begeisterung folgen.

„Also komm schon, Vida“, würden meine skeptischen Kollegen auf diese Behauptung antworten. „Wie kann ein Patient nach der Operation, an ein Krankenhausbett gebunden, aufstehen und tun, was ihn am meisten begeistert?“

„Solange sie am Leben und bei Bewußtsein sind, können sie aktiv sein“, insistiere ich.

Sehen Sie, das menschliche Gehirn kennt den Unterschied zwischen einer imaginierten Handlung und dem, was wir für eine reale Handlung halten, nicht. Wenn Sie sich Ihren Lieblingsnachtisch vorstellen, wird Ihr Mund genauso Speichel absondern, wie wenn Sie diesen Nachtisch vor sich stehen hätten. In beiden Fällen signalisiert Ihr Gehirn Ihrem Mund, in Erwartung des Nachtischs Speichel zu produzieren.

Ein Chirurg, der seine Patienten ermutigt, sich vorzustellen, daß sie ihre Lieblingsspeisen essen, kann anregen, daß die Verdauungsbewegungen früher wieder einsetzen, und das sogar nach großen Darmoperationen. Diese Patienten können dann früher damit beginnen, wieder zu essen, und können früher aus dem Krankenhaus entlassen werden.

Nach einer Frühgeburt verlor ich viel Blut – fast die Hälfte meines Blutvolumens. Ich war sehr schwach und hatte obendrein hohes Fieber, aber ich lehnte Bluttransfusionen ab, weil sie mich gezwungen hätten, in meinem Bett im Krankenhaus zu bleiben. Und ich wollte an diesem Tag nichts lieber als bei meinem Baby sein. Obwohl ich fast zu schwach war, um zu gehen, erfüllte es mich mit Kraft, meine winzige Tochter (Geburtsgewicht 1 Pfund, 350 Gramm) zu berühren. Ich schaute mich in der Intensivstation für Frühgeburten um, und keines dieser kleinen Wesen war angezogen. Nackt, wie sie waren, sahen diese Babys alle wie ausgehungerte Eidechsen aus. Kein Wunder, daß einige ängstliche Eltern es ablehnten, sie zu besuchen. Ich bat meinen Mann eindringlich, sofort ein Kleid für unsere Tochter kaufen zu gehen. Nach langer Zeit kam er mit einem Puppenkleid zurück. Er konnte nirgends in der ganzen Stadt Kleidungsstücke für frühgeborene Babys finden. Man sagte ihm, daß keine Firma für diese Kleinen Kleidungsstücke herstelle oder führe. Ich schickte meinen Mann wieder zum Einkaufen, um mir einige Meter Stoff und Nähutensilien zu bringen. In dieser Nacht nähte ich für unsere Tochter ein Kleid.

Nachdem ich es ihr angezogen hatte, sah sie genauso wie ein normales Baby aus. Alle, die mit ihr zu tun hatten, begannen sich ihr gegenüber anders zu verhalten – mit mehr Akzeptanz. Dann hatte ich das Verlangen, alle frühgeborenen Babys in weichen Babykleidern zu sehen. Ich war von der Idee hell begeistert und fand irgendwie einen Weg, Ausflüge zu Geschäften zu machen und Material für das Vorhaben zu besorgen. Ich benutzte meine Tochter als Modell für die Kleidungsstücke, die ich entwarf.

Die Geschichte von meinem Unterfangen kam in die Zeitungen. Sechs Wochen später begann eine große Einzelhandelskette, eine Kollektion von Kleidungsstücken für frühgeborene Babys zu verkaufen!

Derart ist die Macht der Begeisterung. Was hat es mir gebracht, meiner Begeisterung zu folgen? Es löste eine viel schnellere Regeneration aus, indem es mir körperlich Energie gab. Medizinisch hätte ich ohne Bluttransfusionen viele Wochen gebraucht, um genügend wiederhergestellt zu sein, damit ich zurechtkam. Ich war innerhalb weniger Tage aus dem Krankenhaus entlassen, und niemand weiß, wann sich meine Blutwerte normalisierten. Wen kümmert das? Was mich betraf, ich war wieder wohlauf.

Das ist die Basis beschleunigter Heilung und aller sogenannten Wunderheilungen. Der eigenen Begeisterung zu folgen bringt einen ins Gleichgewicht und in Übereinstimmung mit dem natürlichen elektromagnetischen Energiefeld des eigenen physiologischen Ursprungs. In diesem Zustand kann es keine Krankheit geben.

Bitte nehmen Sie zur Kenntnis, daß dies kein medizinisches Verfahren, einen Leidenszustand zu lindern, abwertet. Alle Methoden haben Gültigkeit – besonders dann, wenn sie im Glaubenssystem des Patienten enthalten sind. Wie ich bereits gesagt habe, ist es letztlich der Körper, der sich tatsächlich selbst heilt. Medikamente, Operationen und alle anderen Mittel sind nur eben das – Hilfsmittel. Sie sorgen nur für geeignete Bedingungen, innerhalb derer der Körper heilen kann.

Verlangen oder Begeisterung ist das energetische Signal, auf das man sich verlassen kann, um sich auf den Weg der Gesundheit, des Glücklichseins und Reichtums führen zu lassen. In Verbindung mit Integrität erzeugt und verstärkt es positives Denken, das zu richtigem Handeln in jeder Lebensphase führt.

Das höchste existierende emotionale Energieniveau ist Liebe, bedingungslose Liebe. Auf diesem Energieniveau werden alle Lebewesen zur gleichen Energie. Diese Energie ermöglicht Telepathie, da zwei Individuen, wenn sie aus derselben Energie sind, direkt ähnlich werden können. Sie können genau dasselbe wissen und fühlen, was der andere fühlt und denkt. Es kann wahrhaftig gesagt werden, daß Liebe das „Energiematerial" ist, aus dem wir gemacht sind. Sie ist die Ursubstanz des Seins. Es ist oft davon berichtet worden, daß zwei Menschen, die einander sehr lieben, genau wissen können, was in dem anderen vorgeht.

Bitte beachten Sie, daß ich „bedingungslose Liebe" gesagt habe – Liebe ohne Wertung und ohne die Frage, ob sie verdient ist. Wenn man alles im Leben liebt, kommt man dahin zu erkennen, daß jedes Ereignis, jede Erfahrung und alles andere im eigenen

Leben einem Zweck gedient hat oder dient. Man erkennt, daß kein Ereignis eine inhärente Bedeutung hat. Alle Ereignisse und Situationen sind neutral, sie nehmen nur die Bedeutung an, die wir ihnen geben. Bedingungslose Liebe läßt Sie empfinden, daß alles gleich ist, und weil es ein Zustand der höchsten Energie ist, können Sie nicht anders, als alle Ereignisse mit positiver Bedeutung zu füllen. Auf diese Weise werden Sie alle Ereignisse sich zum Guten dienen lassen.

„Nein danke, Frau Doktor", sagte einmal eine meiner Allergiepatientinnen zu mir. „Es ist mir unmöglich, die Tatsache zu lieben, daß ich auf Katzen allergisch bin."

„Was haben Sie durch Ihre Allergie gelernt?" fragte ich sie.

„Was gibt es da zu lernen?" entgegnete sie befremdet. „Ich hasse meine Allergie. Warum – ich bin fast eine Gefangene in meinem Haus. Alle meine Nachbarn haben Katzen!"

„Oh, ich verstehe", sagte ich, „dann ist es das, was Sie gelernt haben."

„Was meinen Sie damit?" fragte sie.

„Sie haben mir erzählt, daß Sie die Tatsache nicht mögen, daß Sie auf Katzen allergisch sind", erinnerte ich sie. „Das zumindest haben Sie gelernt."

Ich führte dann mit ihr die Allergiebehandlung durch, einen schnellen Reprogrammierungsprozeß. Zusammengefaßt besteht der Prozeß darin, die Patienten ihr *dissoziiertes* Selbst beobachten zu lassen, wie es stufenweise gesteigert mit dem Allergen interagiert. Dann integrieren sie wieder ihr dissoziiertes Selbst und gehen nochmals durch denselben Prozeß.

Sie war über das positive Ergebnis verwundert. Wochen später, nachdem sie eine Katze vom örtlichen Tierschutzheim aufgenommen hatte, bat sie mich, ihr zu erklären, warum diese einfache Übung funktionierte.

„Ich weiß nicht, warum es bei Ihnen funktionert hat", sagte ich ihr. „Was stellen Sie sich vor, warum es erfolgreich war?"

Sie war eine Weile still. Ihre Augen entspannten sich, und sie schien gedankenverloren.

„Nun, Frau Doktor“, brachte sie schließlich hervor, „ich glaube, daß ich eine Seite von mir dazu gebracht habe, Katzen zu akzeptieren. Ich denke, daß das passiert ist.“

„Wunderbar!“ rief ich erfreut. „Wie werden Sie von jetzt an also leben?“ fragte ich sie.

„Ich denke, vielleicht werde ich keine Allergien mehr entwikkeln, wenn ich die Haltung einnehme, die Dinge zu akzeptieren“, antwortete sie feierlich.

„Ah, bedingungslose Akzeptanz“, fügte ich hinzu.

„Ich denke, ja“, stimmte sie zu.

Nun, bedingungslose Akzeptanz geht mit bedingungsloser Liebe einher. „Vida, jetzt sind Sie aber zu weit gegangen“, widersprechen einige Leute. „Es wäre für jeden ungesund, auch nur einige der schrecklichen Bedingungen, die es in der Welt gibt, zu akzeptieren“, geben sie zu bedenken.

Das ist ein berechtigter Einwand. Jedoch meint bedingungslose Akzeptanz nicht Liebe im Sinn von Vorliebe. Vorliebe ist dem Wesen nach eine Wahl. Man kann es wählen, eine Sache oder einen Zustand zu mögen oder nicht zu mögen.

Bedingungslose Akzeptanz bedeutet, daß man ohne Wertung akzeptiert, daß eine Sache oder ein Ereignis nun mal so ist und in der eigenen Realität einen Platz hat. Bedingungslose Akzeptanz bedeutet also, im eigenen Leben keine Sache und kein Ereignis zu leugnen. Sie bedeutet einfach, für die eigene Realität Verantwortung zu übernehmen. Nur die Anerkennung der Gültigkeit dieser Ereignisse erlaubt es dem einzelnen zu wählen, ob er sie mag oder nicht.

Vorliebe kann als Wahl angesehen werden. Bedingungslose Liebe und Akzeptanz erlauben es uns, in unvoreingenommener Weise die ressourcenreichste Wahl zu treffen. Wahl ist Freiheit, einer der höchsten, meistgeschätzten menschlichen Werte. Sie ist das angeborene Recht aller Menschen.

Entscheidungen können als die Startsignale angesehen werden, die wir an uns selbst richten, um dann zu handeln. Positive Entscheidungen führen zu positivem Denken und zu einem positiven

Ergebnis. Negative Entscheidungen führen zu negativem Denken und zu einem negativen Ergebnis.

Eine entscheidende Aufgabe in der Metamedizin ist die Erforschung der Entscheidungen, die von den Kranken getroffen worden sind. Sind die ressourcenarmen Entscheidungen einmal von den Patienten erkannt, werden sie ermutigt, sich zu erlauben, andere Wahlmöglichkeiten zu erschließen. Aus diesen können sie dann diejenigen herausgreifen, die sie bevorzugen.

Vorliebe oder Wahl stellt die Brücke dar, die die Emotion mit dem Denken verbindet, und das Denken bringt alles physische Handeln hervor.

Kapitel 5
Denken

Alles, was ein Mensch äußerlich tut, ist nur der Ausdruck und die Vollendung seines inneren Denkens.

Channing

Das Denken *(mentality,* die Denkart) ist die dritte Facette der Persönlichkeitsstruktur, und es ist der Aspekt, der uns am vertrautesten ist. Denken ist der Teil der Persönlichkeit, der zwischen der Person und der Realität vermittelt. Das Denken, das man auch oft als das Ich bezeichnet, ist das, was uns auf die physische Welt ausrichtet und was wir benutzen, um mit der Welt zu interagieren, um die Art von Leben, die wir leben, aufzubauen. Es ist das Denken, das unsere Lebensqualität bestimmt.

Kommen wir auf die Analogie zwischen einer Person (ihrem Leben) und einem Haus zurück. Ich habe Glauben als den Entwurf des Hauses beschrieben. Emotion ist die – positive oder negative – Energie, die seine Errichtung antreibt. Denken kann betrachtet werden als das Material, mit dem das Haus gebaut wird, und als die Direktion des physischen Aufbauprozesses. Wenn wir gute (positive) Materialien wählen, bauen wir ein starkes (positives) Haus. Wenn wir schwache (negative) Materialien wählen, können wir zwar das Haus bauen, aber es wird ein unstabiles oder dürftiges (negatives) Haus sein.

Wie funktioniert das im Alltagsleben? Im allgemeinen sind wir uns, bevor wir tatsächlich eine Handlung ausführen, normalerweise vage bewußt, daß wir etwas tun wollen oder daß wir es nicht tun wollen. Ein konkretes Beispiel: Wir stehen morgens auf und steigen aus dem Bett, weil wir wissen, daß wir zu unserer Arbeit gehen werden. Wir sind uns entweder bewußt, daß wir den Wunsch haben, zur Arbeit zu gehen, oder daß wir das fürchten, was passieren könnte, wenn wir nicht zur Arbeit gehen. Auf alle Fälle wissen wir, daß wir arbeiten werden.

Wenn wir dann anfangen zu arbeiten, haben wir die Alternative, gute Arbeit zu leisten, das heißt produktive Arbeit, oder bei der Arbeit zu schlafen. Welche Möglichkeit wir wählen, wird in erster Linie davon abhängen, was unser Verlangen, zur Arbeit zu gehen, oder die Angst, daß wir zu Hause bleiben könnten, hervorgebracht hat. Sehr wahrscheinlich haben wir uns uns selbst als vermögend vorgestellt, oder wir fürchteten eine Vision von uns als Bettler. Mit diesen Visionen vergleichen wir dann unser Denken und Handeln bei der Arbeit. In der Mehrzahl der Fälle geschieht dies außerhalb des Bewußtseins. Wenn wir eine Vorstellung von uns haben, die der vermögenden Alternative entspricht, werden wir nur Aktivitäten unternehmen, die zu Produktivität führen. Wenn unsere Vision Furcht vor Armut ist, werden wir vielleicht auf Schlafen bei der Arbeit und auf Kündigung verzichten.

Mittlerweile können wir sehen, daß wir im Alltagsleben unseren Glauben als ein Bezugssystem benutzen, um zu bestimmen, ob das, was wir über das Handeln denken, für uns richtig ist oder nicht. Wir können verstehen, daß es auch unser Glaube ist, der das Gefühl oder die Emotion des Verlangens oder der Furcht hervorbringt, das uns dazu bringt, darüber nachzudenken, daß wir aktiv werden. Dieses ganze Drama geht im Geist ununterbrochen vor sich.

Der Geist, der physiologisch als Gehirn funktioniert, lenkt alle Aktivität der Persönlichkeit durch das Denken. Das Niveau der Aktivität, die ausgeübt werden soll, wird durch die emotionale Energie (Verlangen) der Idee diktiert, die ihrerseits von dem Glaubenssystem abhängt, das die Emotion hervorbringt.

Das elektrochemische Organ, das als Gehirn bekannt ist, benutzt fünf sensorische Hauptbahnen, um mit der Welt zu interagieren. Diese sensorischen Bahnen oder Kanäle sind die folgenden:

- der visuelle Kanal = was wir sehen und wie wir es sehen;
- der auditive Kanal = was wir hören und wie es sich für uns anhört, ebenso, ob es sich richtig anhört und Sinn für uns ergibt;
- der kinästhetische Kanal = der Tastsinn; wie wir die

Welt fühlen und wie die Welt sich für uns anfühlt;
- der olfaktorische Kanal = der Geruchssinn;
- der gustatorische Kanal = der Geschmackssinn.

Der mentale Prozeß des Gehirns erhält von der uns umgebenden Welt Information, indem er diese fünf Sinne benutzt. Aus dieser Information entwickelt das Gehirn für uns eine zusammengesetzte Sicht unserer Realität. So ist das, was wir erfahren, eine Kombination aus dem, was unsere Augen sehen können, was wir hören, was wir äußerlich und innerlich fühlen und (in geringerem Maß) was wir riechen und schmecken. Die Art, wie dies vermischt oder integriert wird, ist bei jedem Individuum einzigartig, so daß die Realität oder Weltsicht jedes Individuums einzigartig ist. In gewisser Weise ist der Standpunkt jeder Person ihre der Welt als Stempel aufgeprägte persönliche Unterschrift.

Das Gehirn kann all die sensorischen Kanäle in der tatsächlichen oder wirklichen Zeit oder auf imaginierter Basis nutzen. Uns dies zunutze machend können wir jetzt eine gedankliche Aktivität ausführen. Schauen Sie zum Beispiel jetzt eine rote Blume an. Man kann auch eine imaginieren. Konstruieren Sie ein Bild derselben Blume in Blau. In beiden Fällen können wir das Bild der Blume in unserem Gehirn speichern und es zu anderen Zeitpunkten wieder ins Gedächtnis rufen. Das Medium beziehungsweise die Projektionsfläche, auf die wir diese gespeicherten oder konstruierten Bilder projizieren, ist das, was wir als die Imagination bezeichnen. Sie ist das innere Medium beziehungsweise die innere Projektionsfläche, auf der wir Bilder entwerfen und manipulieren, indem wir Denkmuster verwenden. Die Denkprozesse des Geistes zu nutzen zu wissen, um Veränderungen in unserem Leben zu bewirken, ist dasselbe, wie unser Gehirn zu nutzen zu wissen, um Veränderungen in unserer Persönlichkeitsstruktur vorzunehmen. Das Gehirn ist ein zum Lernen gemachtes Organ. Es erhält und bewertet ständig den Input von unserer Welt, und nachdem es ihn über Denkmuster verarbeitet hat, reagiert es, indem es ein bestimmtes Verhalten erzeugt. Die Qualität dieses Prozesses ist stark beeinflußt und abhängig vom emotionalen Klima und Glaubenssystem des Individuums im Moment der Ereignisse. Wie also macht das Gehirn, was es macht, und wie arbeiten wir mit ihm, um das zu erhalten, was wir wollen? Unglücklicherweise sind wir nicht mit einem Benutzerhandbuch für unser Gehirn geboren worden. Wir sind aber mit einer Menge Neugier geboren worden, mit der wir das Gehirn erschließen können, um zu erfahren, wie es funktioniert.

Einer der größten Durchbrüche der letzten Jahre auf diesem Gebiet ist die Entdeckung und Entwicklung des Neurolinguistischen Programmierens durch Richard Bandler und John Grinder. NLP erklärt, wie das Gehirn Information verarbeitet oder verschlüsselt. Es beschreibt den Austausch von Information zwischen uns und der uns umgebenden Welt (andere Menschen eingeschlossen) in folgender Weise:

Wir (das Gehirn) benutzen die fünf Sinnesknaäle, machen eine internale Repräsentation dieser Information, und anschließend wird die Information durch die eigenen Glaubensannahmen, Werte, Erinnerungen und sogenannte Meta-Programme modifiziert oder geformt. NLP nennt diese Umwandler „Filter". Die Filter funktionieren, indem sie im allgemeinen die ursprüngliche Information, die durch Sinneskanäle empfangen wurde, bis zu einem gewissen Grad *tilgen, generalisieren* oder *verzerren.* Die gefilterten Denkmuster der ursprünglichen Information sind es, die eine physiologische Antwort oder ein Verhalten erzeugen, das dem eigenen inneren (emotionalen) Zustand zu diesem Zeitpunkt entspricht.

Zur Illustration: Ich brachte einmal meine damals zweieinhalbjährige Tochter zu einer der regelmäßigen Untersuchungen in die Praxis ihrer Kinderärztin. Sie war angespannt und hielt sich an meiner Hand fest. Das Lächeln der Schwester, Disneyland-Figuren auf der Tapete des Untersuchungsraums und das Angebot, sich an einem Teddybär festzuhalten, konnten sie nicht dazu verleiten, mich loszulassen. Sie wollte nach Hause gehen.

Sie wurde wie gewöhnlich gemessen, untersucht und bekam Impfungen. Später an diesem Tag fragte ihr Vater sie, ob sie bei der Kinderärztin Spaß gehabt habe.

„Nein", sagte sie und schüttelte den Kopf. „Die Frau Doktor hat mich auf meinen Kopf geschlagen und mich in meinen Hintern gestochen", berichtete sie!

Als ich – nach herzlichem Lachen – meine Fassung einigermaßen wiedergewonnen hatte, erklärte ich behutsam, daß die Dinge bei der Kinderärztin nicht ganz auf diese Weise abgelaufen waren und daß die Kinderärztin ihre Größe gemessen und ihr eine Spritze gegeben hatte. Sie schaute nach links oben, und ihr kleines Gesicht wurde sehr ernst. „Nein, Mami! Sie hat meinen Kopf geschlagen. Sie hat es wirklich getan", beharrte sie überzeugt.

Hier sind Filter am Werk. Die negative Erinnerung meiner Tochter an vergangene „Besuche beim Babydoktor" und ihr Glaube, daß nur Schmerz bei einem solchen Besuch herauskommen kann, hatten die Verzerrung der Ereignisse in ihrer internalen Repräsentation zur Folge. Als sie berichtete, daß die Kinderärztin sie auf den Kopf geschlagen und in den Hintern gestoßen habe, war das für sie ihre tatsächliche Erfahrung. Das war ihre Sicht der Ereignisse.

Was *ich* andererseits sah, war die Praxis einer Kinderärztin, eingerichtet wie das Traum-Spielhaus eines Kindes. Offensichtlich liebten die Schwestern Kinder. Sie strahlten vor Freude, sprachen mit ihnen und spielten ein wenig mit ihnen, um ihnen die Befangenheit zu nehmen. Alle Beteiligten waren sehr behutsam mit ihren kleinen Patienten. Meine Erfahrung dieses ganzen Ereignisses war angenehm. Offensichtlich haben meine Filter – meine Erinnerungen und Werte – dieses Ereignis *verzerrt* und *generalisiert,* das ich internal als ein sehr erfreuliches repräsentierte. Es könnte möglicherweise aber nicht erfreulich gewesen sein. Was ist mit dem Teil, als meine Tochter zusammenzuckte und aufschrie, als sie die Spritze in den Hintern bekam? Registrieren Sie, wie ich diesen Teil *getilgt* hatte? Es paßte nicht in die erfreuliche, kleine Erinnerung des Ereignisses, die ich gespeichert hatte. Ich kam zu diesem Ergebnis, indem ich die angenehme Umgebung der Praxis der Kinderärztin mit der nackten, kalten, drohenden Umgebung des Operationssaales des Krankenhauses verglich. Das war in jenen Tagen der Ort, wo ich meine Arbeit als Anästhesistin tat. Arbeit im Operationssaal war größtenteils eine harte Angelegenheit. Die ängstlichen Patienten waren normalerweise vor ihrer Ankunft im OP ziemlich betäubt, ganz anders als die energiegeladenen, neugierigen Kinder, die auf dem Boden des Wartezimmers der Kinderärztin herumtobten. Die Nüchternheit der Atmosphäre des OP kann ziemlich erstickend sein. Ein ungewöhnlicher Chirurg wie mein Mann pflegte gelegentlich die Spannung zu unterbrechen, indem er eine groteske Geschichte oder einen Witz erzählte. In den letzten Jahren habe ich angefangen, während Operationen klassische Musik laufen zu lassen – mit bemerkenswerten Wirkungen.

Es ist offensichtlich, wie ich dazu kam, die Praxis und Umgebung der Kinderärztin als idealen Arbeitsplatz zu bewerten. Dieses Werturteil und meine Erinnerung an Operationssäle von Krankenhäusern schränkten und färbten meine Erfahrung des Kinderarztbesuchs an diesem Tag ein.

Wer hat also das wahre Bild dessen, was in der Praxis der Kinderärztin passierte? Niemand. Niemand hat die umfassende Erfahrung dessen, was passierte. Jede Beteiligte hat ihre eigene Version davon. Sogar jetzt, da ich dies erzähle, haben Sie, der Leser/die Leserin, ihre eigenen imaginierten Vorstellungen oder Versionen dieses Ereignisses.

Ist es wichtig, daß wir genau wissen, was wirklich passierte? Nein. Die Fähigkeit, so viele Versionen des Ereignisses zu haben, wie es Menschen gibt, macht jede unserer Erfahrungen reicher. Die Idee, daß die internale Repräsentation keine präzise Beschreibung des Ereignisses ist, ist das Konzept, das im NLP bekannt ist als: „Die Landkarte ist nicht das Gebiet.“ Eine Landkarte ist nur eine Repräsentation (Skizze, Darstellung) des Gebietes, das sie beschreibt, und man greift die Teile heraus, die einem helfen, an das gewählte Ziel zu gelangen.

Der Gedanke, daß wir unsere eigene Version aller Erfahrungen jeglichen Ereignisses schaffen, ist wahre Kraft und ein entscheidender Schritt in der Metamedizin. Mit diesem Wissen bedarf es keiner langen Schlußfolgerung, bis man erkennt, daß höchstwahrscheinlich kein Ereignis eine inhärente Bedeutung hat oder daß wir diejenigen sind, die die Bedeutung beisteuern, indem wir unsere eigene Version des Ereignisses schaffen. Wenn Sie je bei einem Ereignis von öffentlichem Interesse dabeigewesen sind und sich, nachdem Sie die Version eines Reporters davon gelesen hatten, skeptisch gefragt haben: „War ich wirklich dort?“, werden Sie wissen, was ich meine.

Wenn wir schon einem Ereignis seine Bedeutung geben, warum geben wir ihm nicht die Bedeutung, die unseren Zwecken am besten dient? Warum ihm nicht die Bedeutung geben, die die freudigste und wirkungsvollste Reaktion erzeugt? Wenn wir wollen, können wir das, indem wir unser Gehirn selbst betreiben. Wenn wir das nicht tun, wird das Gehirn uns irgendwohin treiben. Wie Richard Bandler sagte, ist das Gehirn eine Maschine ohne „Aus"-Schalter. Die Gefahr dabei ist, wenn wir die Gewohnheit haben, in Angst zu leben, daß das Gehirn von sich aus, indem es ein neutrales Ereignis in einen Alptraum verwandelt, uns so ängstigt, daß uns Hören und Sehen vergeht.

Wie wir unser Gehirn einsetzen und unsere Denkprozesse kontrollieren können, wird durch NLP-Methoden beschrieben. Die vollständige Beschreibung dieses faszinierenden Themas würde den Rahmen dieser Arbeit sprengen. Einige ausgezeichnete Bücher über die verschiedenen Elemente des NLP liegen bereits vor. Die Qualität des eigenen Lebens hängt ab von der Fertigkeit und Fähigkeit, die eigenen Geanken zu handhaben, denn wie Emerson geschrieben hat: *„Der Vorfahre jeder Handlung ist ein Gedanke."*

Extrem rasche Veränderungen im menschlichen Verhalten wurden durch die Anwendung von NLP-Methoden erreicht. Die Effektivität und Geschwindigkeit dieser Veränderungen stellen die Lehrsätze der traditionellen Therapie und Psychiatrie ernstlich in Frage. Es ist bezeichnend für die Genialität von Richard Bandler, daß er mit den großen, bisher realisierten Errungenschaften dieser neuen Wissenschaft des Geistes noch nicht zufrieden ist. Er entwickelt immer noch neue Muster oder Modelle für Verhalten, indem er aussondert, „was nicht funktioniert", und verbessert, was funktioniert. Wenn Sie einmal gute Unterhaltung sehen wollen, sollten Sie Bandlers haarsträubenden Humor beobachten, wie er jedes Symbol selbstgefälliger Selbstzufriedenheit zerfetzt. Sein Werk ist ein Zeugnis der Tatsache, daß das Gehirn eine Maschine ohne „Aus"-Schalter ist und darauf ausgerichtet werden kann, unzählige Muster für gelungenes und ressourcenreiches Leben zu schaffen.

Richard Bandlers Entdeckung der Anwendung von *Submodalitäten,* das heißt der feinen Unterschiede bei den Modalitäten der fünf Repräsentationskanäle, bedeutet für die Arbeit der Verhaltensveränderung einen Zuwachs an Kraft und Eleganz. Ich vertrete die Meinung, daß (bis ein besseres Buch herauskommt) Bandlers Buch *Using Your Brain For A Change* (deutscher Titel: „Veränderung des subjektiven Erlebens", 2. Aufl. Paderborn 1988) für alle, die ihr eigenes Gehirn aktiv einsetzen wollen, die wertvollsten Informationen liefert.

Ein Grundprinzip, das im NLP vermittelt wird, ist, daß das Gehirn im Denkprozeß Information verschlüsselt, indem es drei Hauptrepräsentationssysteme (Kodiersysteme) benutzt: Bilder, Laute und Gefühle. Die Abfolge, in der diese angeordnet werden (die Syntax), bestimmt ihre Bedeutung für uns. Man kann die internalen Denkprozesse während des Kommunikationsvorgangs verfolgen, indem man auf das Repräsentationssystem achtet, das jemand benützt.

Das Modell der Welt oder die Weltsicht jedes Menschen wird von seinen Repräsentationssystemen und deren Anordnung bestimmt. Die Abfolge, in der der einzelne diese Systeme anordnet (Sequenz), beschreibt, wie er denkt. Um eine Person zu verstehen und effektiv mit ihr zu kommunizieren, muß man zuerst auf ihr Weltmodell eingehen, indem man ihre Repräsentationssysteme während der Kommunikation beobachtet. Die Menschen neigen dazu, *ein* Repräsentationssystem den anderen vorzuziehen, so daß wir allgemein vom Primären Repräsentationssystem-Typus einer Person sprechen. Eine Person kann als primär visueller Typ, auditiver Typ oder kinästhetischer Typ klassifiziert werden. Ein visueller Typ erfährt die Welt primär durch Bilder. Dieses Individuum muß sich von jemand anderem, der die Welt durch Laute interpretiert (das heißt vom auditiven Typ) oder durch Gefühle (vom kinästhetischen Typ) unterscheiden und sich anders verhalten. Die meisten Menschen ziehen gewohnheitsmäßig ein Repräsentationssystem den anderen vor. Jeder mischt alle drei Systeme, um seine Erfahrung vollständig auszudrücken.

Wie erkennen wir die Repräsentationstypen? Der schnellste Indikator ist der *Augenzugangshinweis.* Augenbewegungen werden gebraucht, um das Gehirn zu stimulieren, das betreffende Repräsentationssystem zugänglich zu machen, mit dem man gerade Information verarbeitet. Repräsentationssysteme können als Katalysatoren angesehen werden, die die passenden Gehirnareale stimulieren, um Bilder, Worte oder Gefühle zugänglich zu machen. Indem wir die Augenbewegungen beobachten, können wir sagen, welches Repräsentationssystem in Anwendung ist. Die Augenzugangshinweise sind eine unwillkürliche, unbewußte Reaktion.

Bitte beachten Sie, daß die folgende Beschreibung der Augenbewegung nach rechts und links bei den Zugangshinweisen nur für Rechtshänder gilt. Bei Linkshändern sind die Bewegungen umgekehrt.

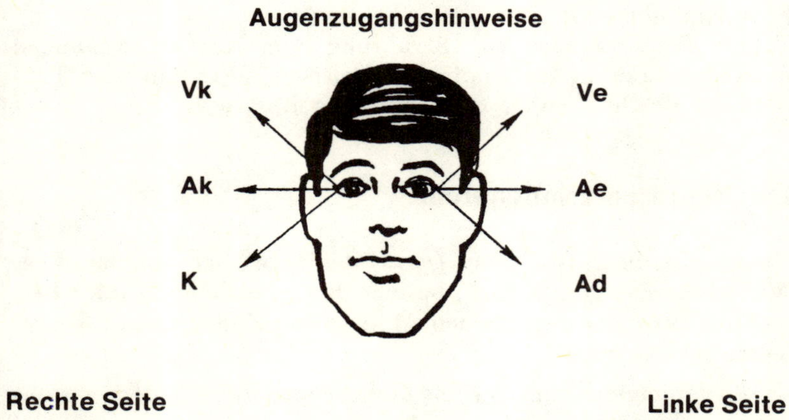

Ve = Visuell erinnerte Bilder:
Das sind Bilder von Dingen, die früher gesehen wurden, und die in der Weise erinnert werden, wie sie ursprünglich gesehen wurden. Beispiel: Beschreiben Sie Ihr Schlafzimmer ...

Vk = Visuell konstruierte Bilder:
Bilder von Dingen sehen und entwerfen, die man noch nie gesehen hat. Beispiel: Wie würden Sie aussehen, wenn Sie einen Rüssel hätten?

Ae = Auditiv erinnerte Laute:
Worte und Klänge erinnern, die man schon gehört hat. Beispiel: Wie klingt die Stimme Ihres/r Liebsten?

Ak = Auditiv konstruiert:
Laute erfinden, die man noch nie oder nicht auf genau diese Weise

gehört hat. Beispiel: Wie würde es klingen, wenn Katzen *Jingle Bells* singen würden?

Ad = Auditiv digital:
Einen inneren Dialog führen. Ebenso: nach Bedeutung suchen oder sich einen Reim auf etwas machen.

K = Kinästhetisch:
Taktile Empfindungen von Berührung oder Körperbewegungen spüren und Emotionen empfinden. Beispiele: Wie fühlt sich Tauchen an? Beschreiben Sie das Gefühl der Ekstase ...

Die Repräsentationssysteme

Denken ist die Ausrichtung *(focus)* des Menschen auf die Welt. Wie ich bereits gesagt habe, besteht diese Ausrichtung oder Perspektive aus einer unendlichen Abfolge von Zugriffen auf Repräsentationssysteme.

Wir interagieren mit der uns umgebenden Welt, indem wir ununterbrochen alle unsere Sinneskanäle benutzen, um:
- außen Bilder zu sehen und im Kopf Bilder zu erinnern oder zu konstruieren;
- Lauten zuzuhören, Laute zu erinnern oder uns auszudenken, wie etwas sich anhören würde, und daraus Sinn zu machen;
- Empfindungen zu fühlen und die Gefühle zu erinnern oder zu konstruieren;
- unseren Geruchs- und Geschmackssinn aktiv einzusetzen oder Geschmacksrichtungen und Gerüche zu erinnern oder zu konstruieren.

Diese werden im Gehirn in Sequenzen, die für jedes Individuum spezifisch sind, modifiziert und kodiert. Die Kodierungssequenz wird als *Strategie* bezeichnet, und sie ist es, die unser Verhalten bestimmt: wie wir das tun, was wir tun. Der Schlüssel, um Zutritt zu der Welt, zu der Weltsicht einer Person zu erhalten, ist, ihre Strategie herauszufinden und zu nutzen. Das geschieht, indem man über die Augenzugangshinweise beobachtet, wie sie sich jedes Repräsentationssystem zugänglich macht, und indem man ihren Sprachmustern zuhört.

Das visuelle Repräsentationssystem

Es wird geschätzt, daß etwa 45 Prozent der Menschen in der amerikanischen Gesellschaft Information vorwiegend über das visuelle System kodieren. *Visuell external* bedeutet einfach, Bilder in der Welt zu sehen. Der visuelle Kanal ermöglicht eine sehr schnelle Informationsaufnahme, weil mit jedem Augenblinzeln große Einheiten von Information aufgenommen werden können.

Wir sehen, indem wir mit unseren Augen große Blickfelder absuchen oder uns innerhalb eines gegebenen Blickfeldes auf Details von Informationen konzentrieren. Mit anderen Worten, wir sehen kontextuell oder wir fokussieren inhaltliche Details in einem Blickfeld. Einige Menschen sehen gewohnheitsmäßig kontextuell; andere ziehen es vor, sich auf den Reichtum an Details zu konzentrieren. Die meisten Menschen kombinieren, abhängig von den Resultaten, die sie erreichen möchten, detailliertes Sehen und kontextuelles Suchen. Im allgemeinen ist kontextuelles Sehen nützlich, um das *ganze* Bild zu speichern, aber Details zu sehen ist gut, um die *feineren* Informationen in einem Bild zu speichern.

Visuell erinnert

Wenn Rechtshänder ein Bild erinnern, ist die Richtung der Augenbewegung nach oben links. Stellen Sie diesen Personen eine Frage, die das Erinnern eines Bildes mit sich bringt, wie beispielsweise: „Welche Farbe hat die Kleidung, die Sie gestern getragen haben?" Sie sagen vielleicht: „Nun, mal sehen", und ihre Augen werden nach links oben wandern.

Normalerweise werden Menschen Bilder in der Weise erinnern, wie sie gespeichert wurden. Wenn jemand behauptet, daß er keine geistigen Bilder sehen kann, bedeutet das oft, daß er nicht in der Lage ist, die Details der Bilder zu erinnern. Es kann auch bedeuten, daß er das spezielle Bild, das er gesehen hat, vergessen hat, weil er damals nicht viel bewußte Aufmerksamkeit darauf verwendet hat. Trotzdem hat er die visuelle Erfahrung unbewußt gespeichert.

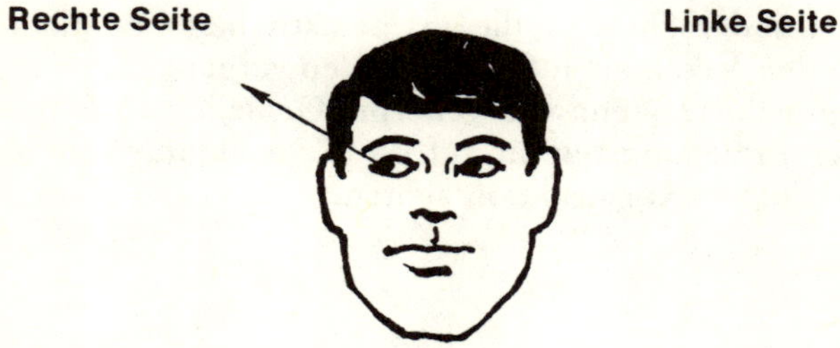

Visuell konstruiert

Die Fähigkeit, Bilder zu konstruieren, die man vorher noch nicht gesehen hat, ist der Schlüssel zur Genialität. Unsere größten Wissenschaftler besitzen eine unheimliche Fähigkeit, Bilder im Projektionsraum ihrer Imagination zu konstruieren. Albert Einstein konstruierte ein Bild von sich, wie er auf der Spitze eines Lichtstrahls durch den Raum reiste. Aus dieser Vision heraus wurde die Relativitätstheorie geboren. Nicola Tesla, der vielleicht größte Erfinder aller Zeiten, hatte die legendäre Fähigkeit, in seiner Vorstellung Erfindungen mit großer Präzision zu konstruieren. (Siehe das Kapitel über „Geistige Magie".)

Visuelles Konstruieren ist wichtig in der Bildung, weil Information leicht erinnert werden kann, wenn man Bilder davon macht. Um gut in Mathematik zu sein, ist es sehr wichtig, daß man die Fähigkeit hat, visuell zu konstruieren. Das gilt ebenfalls für das Lesen. Beim Lesen und Geschichtenerzählen konstruieren wir in unserem Kopf einen Film, während wir die Zeilen überfliegen oder der Geschichte zuhören. Unglücklicherweise wird unseren Kindern beigebracht, die Worte während des Lesens auszusprechen. Noch verhängnisvoller ist die Wirkung des Fernsehens auf die Fähigkeit, visuell zu konstruieren. Das Fernsehen liefert unseren Kindern Bilder, die bereits konstruiert sind. Sie müssen nicht visuell konstruieren, und so werden wir zu einer Gesellschaft mit einer schnell abnehmenden Fähigkeit zur visuellen Konstruktion. Das höhlt den Reichtum der Imagination aus, einer Qualität, die der Schlüssel zur Entwicklung und zum Wachstum dieses Landes war.

Ist es verwunderlich, daß die mathematischen Fertigkeiten der Kinder in den Vereinigten Staaten in den vergangenen Jahren abgenommen haben? Wenn wir weiterhin Genialität fördern wollen, muß unser Erziehungssystem auf die Entwicklung von Imagination und visueller Konstruktion achten.

Das auditive Repräsentationssystem

Von etwa 15 Prozent der Menschen in der amerikanischen Gesellschaft denkt man, daß sie das auditive Repräsentationssystem zur Kodierung von Information bevorzugt anwenden. Wir bewerten, was wir hören, entweder danach, wie es klingt (auditiv tonal), oder danach, ob es sich sinnvoll anhört oder Sinn ergibt (auditiv digital).

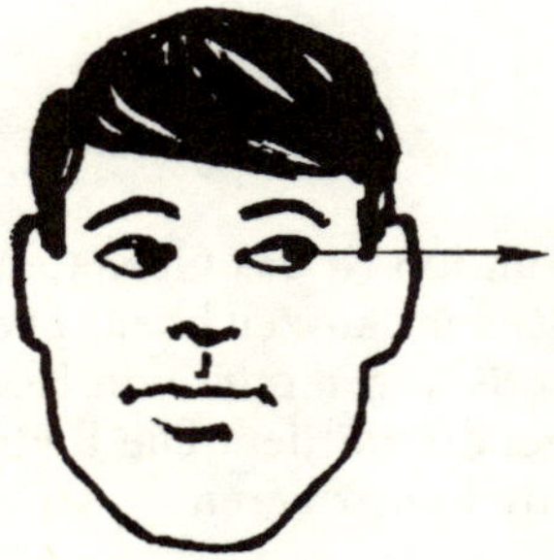

Genauso wie beim visuellen Repräsentationssystem hören Menschen Laute detailliert oder kontextuell. Der detailorientierte Hörer zieht es vor, zu jedem Zeitpunkt auf nur *einen* Laut zu hören. Der kontextuelle Hörer richtet seine Aufmerksamkeit nur auf den Klang und die Stimmung, die von den Lauten erzeugt wird. Wie etwas klingt, ist für dieses Individuum wichtiger, als was gesagt wird.

„Auditiv erinnert" bedeutet zu erinnern, wie sich etwas anhört. Musiker sind Meister im Erinnern von Klängen. Menschen, die viele Sprachen sprechen, können das normalerweise, weil sie jede Sprache in ihrem eigenen Klang und Tempo speichern und erinnern können.

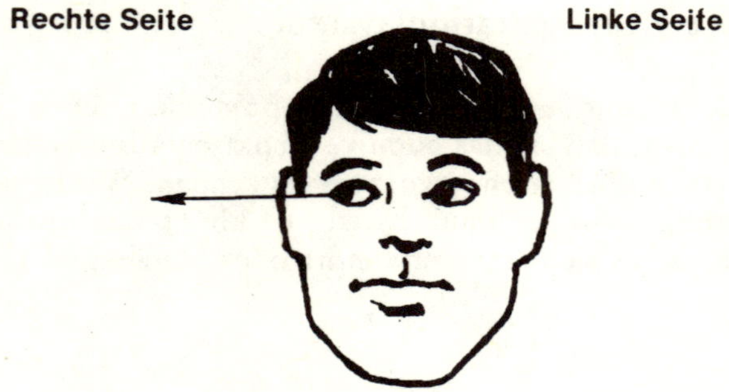

Auditiv konstruiert

Die auditive Konstruktion ist das Gebiet, auf dem sich die großen Komponisten und Redner auszeichnen. Die Musiker sind Meister im Konstruieren von Klängen oder von Kombinationen von Klängen, die nie zuvor gehört wurden. Die Redner fassen Gedanken in Worte, die sie auditiv konstruieren.

Verwirrung kommt auf, wenn bei bestimmten Personen beobachtet wird, daß sie während der Kommunikation schnell sich wiederholende Muster von Augensuchbewegungen von der Position „auditiv erinnert“ zu „auditiv konstruiert“ aufweisen. Was geschieht hier? Diese Personen wenden eine Strategie an, die darin besteht, konstruierte oder unbekannte auditive Information zu hören und sie dann mit Datenbanken von erinnerten auditiven Lauten zu vergleichen. Mit anderen Worten, sie prüfen, wie sie sich anhören. Sie sind nicht unstet *(shifty eyed,* auch: verschlagen, zwielichtig), wie man ihnen vielleicht unterstellt hat.

Rechte Seite **Linke Seite**

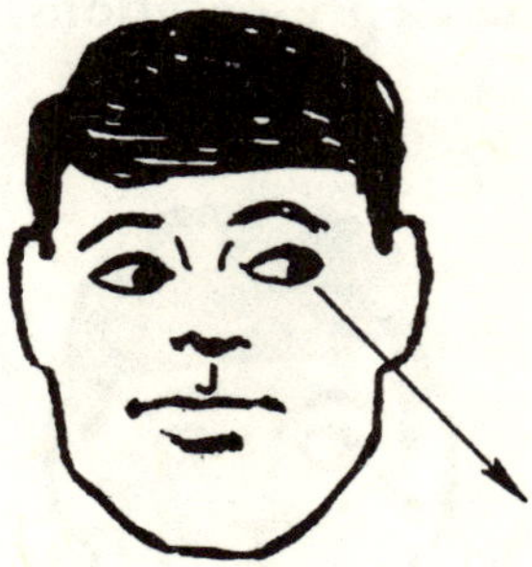

Auditiv digital

Wenn wir Entscheidungen treffen oder bewerten, was wir hören, benutzen wir oft den inneren Dialog. Innerer Dialog bedeutet einfach, mit sich selbst zu reden. Man nimmt an, daß jeder ständig einen inneren Dialog führt, ohne sich dessen bewußt zu sein. Die Menschen werden sich ihres inneren Dialogs meistens bewußt, wenn sie ihn als Störung empfinden, die ihren Zielen, zum Beispiel während der Meditation, zuwiderläuft.

„Auditiv digital" ist die Submodalität, die wir benutzen, um den Sinn, die Bedeutung dessen herauszufinden, was wir zu uns selbst sagen. Wir hören uns selbst zu, um zu beurteilen, ob sich etwas richtig anhört oder Sinn ergibt.

Das kinästhetische Repräsentationssystem

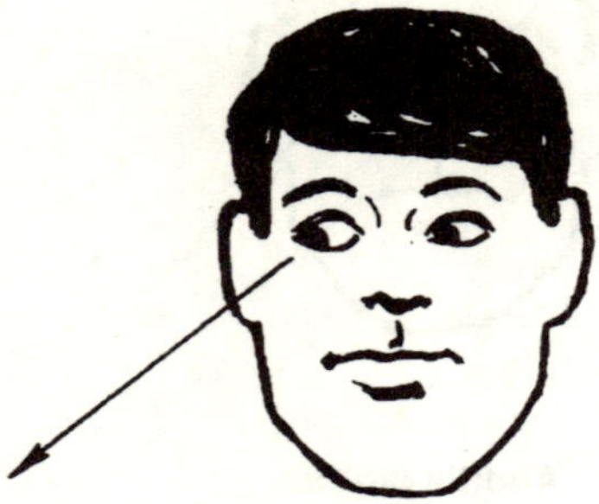

Kinästhetisch (auch olfaktorisch und gustatorisch)

Die kinästhetischen Zugangshinweise werden allein durch die Richtung der Augenbewegung nach unten rechts angezeigt. Außerdem sind sowohl die gustatorischen als auch die olfaktorischen Zugangshinweise durch diese Augenbewegung repräsentiert.

Etwa 40 Prozent unserer Bevölkerung kodieren Information primär durch das kinästhetische System. Die kinästhetische Wahrnehmung besteht in external und internal ausgelösten Empfindungen und Gefühlen. Große Athleten haben eine spezielle Fähigkeit, ihre Aufmerksamkeit während des Trainings auf Körperempfindungen zu richten und diese Wahrnehmungen willentlich zu erinnern und zu wiederholen.

Die Fähigkeit, Körperempfindungen, die mit den Wirkungen von Medikamenten einhergehen, zu kodieren und zu speichern und diese willentlich zu erinnern, könnte einen neuen Meilenstein in der Medizin setzen. Es wird eine lohnenswerte Herausforderung sein, Menschen zu trainieren, die Funktionen ihres autonomen Nervensystems genauso willentlich zu kontrollieren wie das Funktionieren anderer Körpersysteme. Wir werden auf dem Weg sein, eine Generation von „Supermenschen" zu schaffen, wenn wir unsere physiologischen Funktionen willentlich manipulieren können.

Das olfaktorische und das gustatorische Repräsentationssystem

Das olfaktorische Repräsentationssystem wird selten erwähnt, und doch sind Gerüche sehr wichtig in ihrer Auswirkung auf Stimmungen. Die olfaktorischen (Riech-)Zentren grenzen unmittelbar an den tiefsten und primitivsten Teil des Gehirns an. Von allen Sinneseindrücken hat allein der Geruch eine direkte Verbindung zum Nervensystem. Alle anderen werden über die Großhirnrinde *(cortex cerebri)* ermittelt. Deshalb hat der Geruch eine direkte und rasche Wirkung auf unser Verhalten, und seine Wirkungen sind ziemlich unbewußt.

Positive Gerüche, derer die Menschen nicht bewußt gewahr sind, können sie in großartige emotionale Zustände versetzen. Darin liegt der Milliarden-Dollar-Erfolg der Parfümindustrie. Die Bereinigung der Luftverschmutzung könnte wertvolle menschliche Ressourcen freisetzen, indem sie uns von dem ununterbrochenen Bombardement giftiger Gase befreien würde, die Streß vermehren.

Der gustatorische oder Geschmackssinn ist ein Kontaktsinn, vermittelt durch den Mund und die Zunge. Er besteht aus Sinneseindrücken wie diesen: bitter, süß, sauer und salzig. Diese Sinneseindrücke können erinnert oder konstruiert werden. Hervorragende Köche haben dieses System besonders entwickelt.

Sprachmuster und Repräsentationssysteme

Die Sprachmuster der Menschen korrelieren in hohem Maße mit ihren primären Repräsentationssystemen. Worte, die wir benutzen, um etwas über ein Thema oder eine Idee zu sagen (das heißt, die „Prädikate", die wir benutzen), zeigen unser in diesem Moment dominierendes Kodierungssystem. Das ist nicht verwunderlich, weil unsere Worte eng an unsere Gedanken gebunden sind. Hier einige Beispiele von verbalen Mustern bzw. Prädikaten der Haupttypen der Repräsentationssysteme:

Visuell	**Auditiv**	**Kinästhetisch**
sehen	zuhören	berühren
blicken	klingeln	fühlen
Sicht	hören	Schlag
Rückblick	sprechen	anfassen
neblig	diskutieren	spüren
klar	Echo	Eindruck

Um zu illustrieren, wie diese Prädikate in Formulierungen verwendet werden: Eine visuelle Person könnte ihr Verständnis eines Gedankens zum Ausdruck bringen, indem sie sagt: „Ich sehe, was Sie meinen", während eine auditive Person sagen könnte: „Es hört sich richtig für mich an", und ein kinästhetischer Mensch drückt das gleiche aus, indem er sagt: „Es fühlt sich für mich richtig an."

Wenn wir Menschen nach ihren dominanten Repräsentationssystemen klassifizieren, müssen wir uns immer bewußt sein, daß wir unser Verständnis des Funktionierens des Denkens einschränken, weil *alle* unsere Sinneskanäle die ganze Zeit über aktiv sind. Wir werden uns nur des Kanals bewußt, auf den wir zu jedem Zeitpunkt unsere *Aufmerksamkeit* richten.

Während ich beispielsweise an einem kühlen, klaren, einsamen Morgen in meinem Hinterhof sitze und dies schreibe, bin ich völlig in Anspruch genommen vom Denken und Notieren der Dinge auf einen gelben Block. Aber ist das wirklich alles, was ich tue? Nein. Während ich mich entspanne, bemerke ich eine sanfte, kühle Brise auf meiner Haut, und ich höre das Zwitschern von Vögeln und das entfernte Donnern eines Düsenflugzeugs. Jedesmal, wenn ich mit den Augen zwinkere, sehe ich das Bild des Gartens, die roten, gelben, violetten, orangefarbenen und weißen Blüten der Blumen gegen den Hintergrund des grünen Grases und der Palmen. Ich sehe die Kolibris in der Luft tanzen. Ich rieche auch einen Hauch des Dufts von Jasmin am Gitter. Und obwohl ich ernsthaft beschäftigt bin, jetzt über Metamedizin zu schreiben, bin ich mir meines inneren Dialogs bewußt, der sagt: „Wie wunderschön."

Wir betätigen zu jedem Zeitpunkt alle unsere Repräsentationssysteme bei der Verarbeitung von Erfahrung. Daß es so scheint, als würden wir jeweils nur das eine *oder* das andere System betätigen, liegt nur daran, daß wir diesen Kodierungsprozeß (Denkprozeß) im Bewußtsein so *wahrnehmen*, als würde nur *ein* System zu einer bestimmten Zeit, in einem linearen Zeitrahmen auftreten. Da uns dies so erscheint, wird das Repräsentations- oder Kodiersystem, das wir im Bewußtsein haben, zu dem im gegebenen Moment *dominanten* Repräsentationstyp. Die anderen (all die Information, die sie beinhalten, eingeschlossen) werden in die unbewußten Teile des Gehirns verbannt, das heißt zu allem, dessen wir uns nicht bewußt sind. Es ist dann leicht verständlich, was für eine mächtige Schatzkammer von Information das Unbewußte ist und welch großes Potential außerhalb des wissentlichen Bewußtseins zur Verfügung steht.

Charakteristiken der Repräsentationstypen

Menschen des visuellen Repräsentationstypus kodieren Information, indem sie sich hauptsächlich auf das Sehen oder die Vorstellung verlassen. Da das Sehen ein sehr schneller Prozeß der Sammlung von Sinnesdaten ist, pflegen diese Menschen ein schnelles Sprechtempo zu haben und hoch in der Brust zu atmen. Sie benutzen visuelle Ausdrücke und Sprachmuster.

Die auditiven Typen sind die Musiker unter unseren Mitmenschen. Wie etwas klingt und der Rhythmus oder die Tonlage sind für diese Menschen bei der gedanklichen Verarbeitung sehr wichtig. Sie vertrauen auf den Klang. Sie führen Selbstgespräche im inneren Dialog, und sie lieben es zu reden. Diese Menschen atmen im mittleren Bereich der Brust, und ihre Stimmen klingen für sie angenehm.

Die kinästhetischen Typen verlassen sich auf das Gefühl – external auf Berührung, internal auf Emotion –, um die Realität zu verstehen. Sie atmen tiefer in den Bauch. Ihre Sprache ist langsamer als die der anderen beiden Typen, weil sie Zeit brauchen, um für die Verbalisierung ihrer Gedanken ihre Gefühle zu überprüfen. Sie haben zu ihren Emotionen leichter Zugang und werden deshalb als sehr empfindsame Menschen angesehen.

Die Einteilung der Menschen in visuelle, auditive und kinästhetische Typen ist, obwohl sehr einschränkend, trotzdem nützlich, um zu erkennen, welches das dominante Denkmuster ist. Das gewährt uns einen Zugang zu dem Fenster der Weltwahrnehmung (oder der Denkart) eines Menschen. Jeder Versuch, das eigene Selbst auf *einen* Kodierungsmodus einzugrenzen oder darauf, ausschließlich *ein* Repräsentationssystem beim Denkprozeß anzuwenden, wird die Einschränkung der Selbstentfaltung zur Folge haben.

Wir können unsere Wahrnehmung der Welt erweitern, indem wir Information durch *alle* Repräsentationssyteme verarbeiten. Das gibt uns mehr Wahlmöglichkeiten und deshalb mehr Stärke in jeder gegebenen Situation.

Indem wir unsere Aufmerksamkeit auf die Denkprozesse, die Abfolge von Repräsentationen und Sprachmustern, richten, können wir die Strategie entdecken, die, wenn man ihr folgt, ein bestimmtes Verhalten bei den Menschen hervorruft. Zur Illustration: Eine ungeheuer fettleibige Patientin war in meine metamedizinische Gewichtskontrollklinik überwiesen worden, weil sie erfolgreich jede erdenkliche Gewichtsreduktionsmethode aus neuerer Zeit vereitelt hatte. Sie nannte als ihr Hauptziel, daß sie sich gut fühlen möchte, wenn sie andere Menschen kennenlernt. Ich bat sie, mir zu erzählen, was üblicherweise passiert, wenn sie neue Leute trifft.

„Nun“, begann sie, und ihre Augen sahen nach links oben, „sie schauen mich an.“ Dann sahen ihre Augen horizontal nach rechts: „Und ich weiß, was sie sich sagen – daß ich widerlich bin“, fuhr sie fort. Dann sahen ihre Augen nach rechts unten. Sie starrte für einen Moment geradeaus mit defokussierten Augen, und dann sah sie wieder nach rechts unten und sagte: „Und ich weiß, daß sie recht haben.“

Ihre Augenzugangshinweise offenbaren die Denkprozesse dieser Patientin, wenn sie Menschen neu kennenlernt. Sie sieht sie oder erinnert sich, sie zu sehen. Dann hört sie sie in ihrer Vorstellung sagen, daß sie widerlich sei, und bekommt ein negatives Gefühl.

Dieses überprüft sie, indem sie sich ein Bild von sich macht, und sie geht zurück zu ihren negativen Gefühlen. Sie ist sich normalerweise nur ihrer Gefühle bewußt, wann immer sie daran denkt, neue Leute kennenzulernen. Ihre grundlegende Strategie ist Ve-Ak-K, das heißt visuell erinnert – auditiv konstruiert – kinästhetisch. In dieser Strategie beginnt sie, indem sie visuell *führt.* Sie konstruiert auditiv. Sie *repräsentiert* kinästhetisch und hat ein visuelles *Rückfrage-*(Kontroll-)System, das sie benutzt, um zu bestätigen, daß ihre Gefühle angemessen sind. Unser Rückfragesystem ist die Instanz, mit der wir entscheiden, ob das, was wir ins Bewußtsein geholt haben, zutrifft oder nicht. Indem sie diese Sequenz unterbrach, eliminierte sie das Problem, neue Leute kennenzulernen.

Die Strategie einer Person zu kennen erlaubt es Ihnen nicht nur, ihr zu helfen, eine Beschränkung zu überwinden, sondern es kann auch ein nützliches Instrument dafür werden, sie zu sinnvollen Verhaltensweisen zu führen. Die erfolgreiche Strategie einer Person bei einer bestimmten Aufgabe kann von anderen gelernt oder bei anderen „installiert“ werden. Diese Idee, nützliche Strategien zu *modellieren* (nachzubilden), wurde mit großem Nutzen im Sportlertraining angewendet, und sie kann in der Bildung von außerordentlichem Wert sein. Nehmen Sie als Beispiel das Buchstabieren. Man hat erkannt, daß gute Buchstabierer eine zweistufige Strategie haben. Sie visualisieren das Wort, das sie buchstabieren, und sie überprüfen kinästhetisch, ob es korrekt ist, indem sie an der Mittellinie des Rumpfes ein Gefühl dafür bekommen. Wenn dies allen Kindern vermittelt wird, wird niemand Probleme mit dem Buchstabieren haben. Stattdessen wird uns früh beigebracht, die Worte auditiv „nachzuhören“.

Worte bilden den Inhalt des Denkens. Was sind Worte? Sie sind einfach Symbole für Begriffe. Wie eine Landkarte nicht das Gebiet ist, das sie darstellt, ist das Wort nicht der bezeichnete Gegenstand. Es ist ein allgemein akzeptiertes Symbol oder Lautzeichen für die Idee oder das Ding, das bezeichnet wird. Worte werden zu Sprache zusammengefügt. Worte und Sprache sind die symbolischen Vehikel, die die Menschen benutzen, um Gedanken auszudrücken.

Weil jeder Gedanke von jeder Person aus ihrem Blickwinkel (in gefilterter Version) verstanden oder wahrgenommen wird, wird es zur Notwendigkeit herauszufinden, was ein anderer Mensch mit seiner Mitteilung wirklich meint.

Bandler und Grinder haben ein Modell zur Präzisierung der Kommunikation (Anm. d. Ü.: das „Metamodell der Sprache") entwickelt. Für NLP-Kurse wurde dieses Präzisionsmodell genial vereinfacht und auf fünf Fragen reduziert. Als die „Fünf Zeiger" bezeichnet, führen diese Fragen zu spezifischer, konkreter, sinnesbezogener Information. Stellen Sie sich vor, daß ich Ihnen begegnen und sagen würde: „Er hat mich verletzt." Damit Sie klar verstehen könnten, was ich meine, müßten Sie genauer wissen, wie ich „verletzt" wurde und auf wen sich „er" bezieht. Zum beschleunigten Lernen und zur praktischen Anwendung sind die Fünf Zeiger den Fingern der *rechten* Hand zugeordnet. Die Finger der *linken* Hand stehen für die Fragen, die die Zeiger klären sollen.

Rechte Hand: Erster Zeiger – die unspezifischen Substantive sind dem Zeigefinger zugeordnet. Zweiter Zeiger – die unspezifischen Verben gehören zum Mittelfinger. Dritter Zeiger – Regeln, gekennzeichnet beispielsweise durch „sollte", „sollte nicht", „muß" und „kann nicht", sind dem Ringfinger zugeordnet. Vierter Zeiger – Generalisierungen oder Verallgemeinerungen gehören zum kleinen Finger: alle, jeder und nie. Der fünfte Zeiger dient der Veränderung von Komparativen ohne Vergleichsbasis, wie beispielsweise: besser, zu viel, zu viele und zu teuer. Diese sind dem Daumen zugeordnet.

Die entsprechenden Finger der *linken Hand* nehmen die Fragen auf. Also ist die den unspezifischen Substantiven zugehörige Frage beim linken Zeigefinger: Wer oder was genau? Beim linken Mittelfinger ist die Frage zu den unspezifischen Verben: Wie denn genau? Beim linken Ringfinger sind die entsprechenden Fragen für Regeln: Was würde passieren, wenn? und: Was bewirkt oder hindert? Die Fragen beim kleinen Finger zu den Generalisierungen sind: Alle? Jeder? Nie?

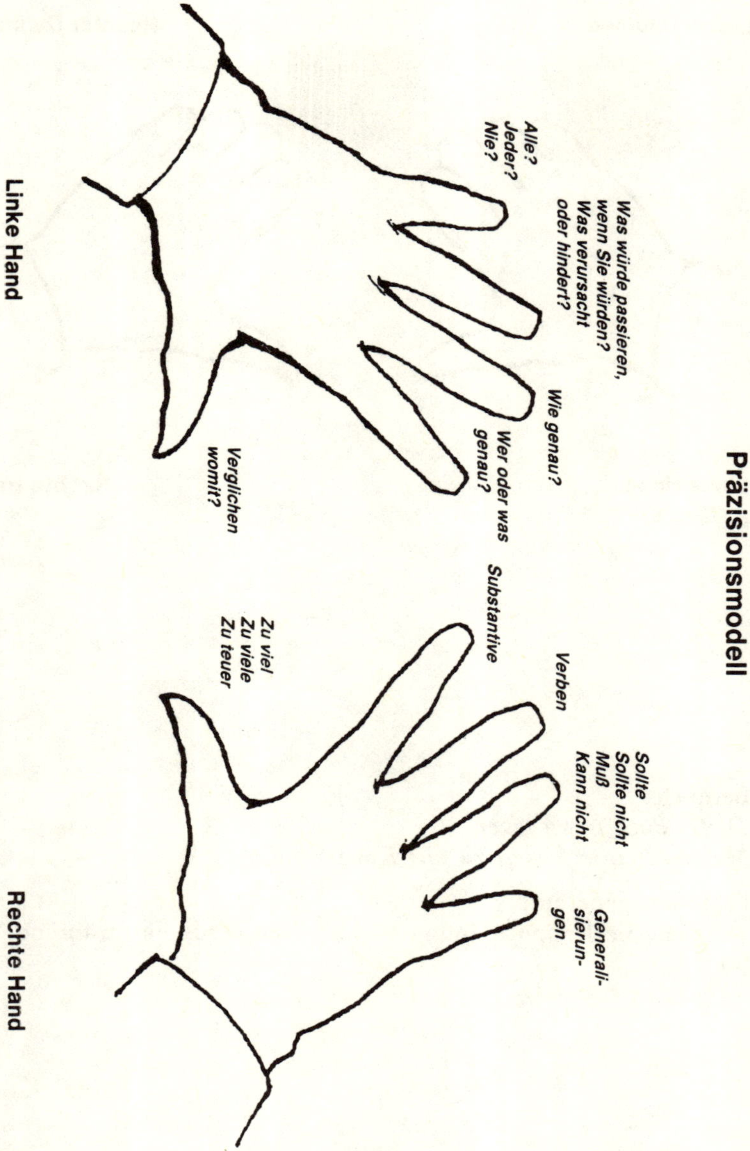

(Grundlage: das „Meta-Modell" der Sprache; vgl. Anhang 1 in: Leslie Cameron-Bandler, *Wieder zusammenfinden*, Paderborn 1983)

Linker Daumen **Rechter Daumen**

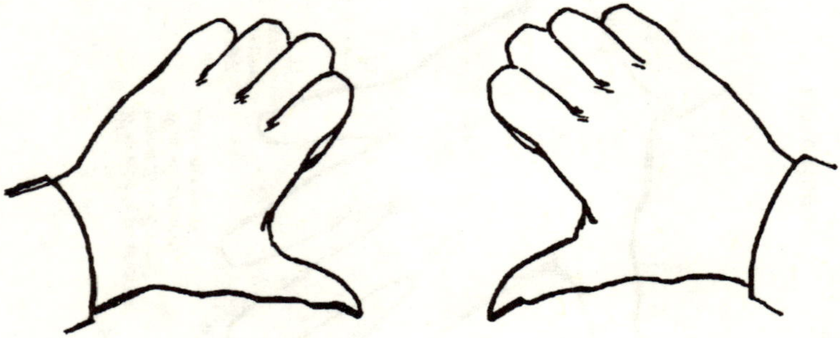

Linke Hand
Verglichen womit?

Rechte Hand
zu viel
zu viele
zu teuer

Beispiele:
Dieses Buch ist zu teuer.
Metamedizin erfordert zu viel Konzentration.

Präzisionsgenerator:
Behalten Sie Rapport, Integrität und Neugierde bei, während Sie fragen:
Verglichen womit?

Linker Zeigefinger **Rechter Zeigefinger**

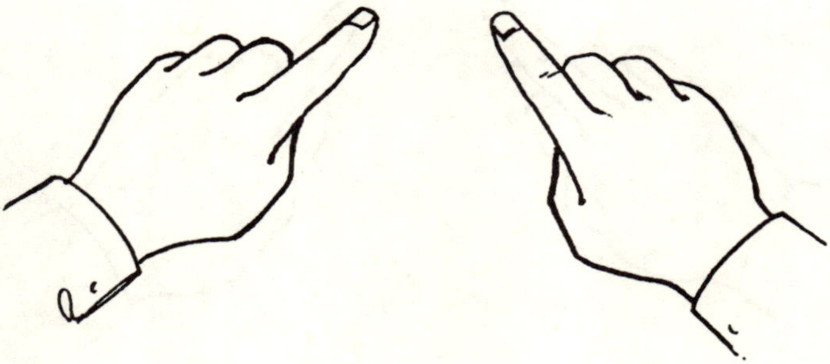

Linke Hand **Rechte Hand**

Wer oder was genau?
Wer sagt das? Für wen?

Substantive

Beispiele:
Sie mögen mich nicht.
Es ist schwierig, sich zu verändern.

Präzisionsgenerator:
Behalten Sie Rapport, Integrität und Neugierde bei, während Sie fragen:
Wer genau mag Sie nicht?
Wer sagt, daß es schwierig ist, sich zu verändern?
Für wen ist es schwierig, sich zu verändern?

Linker Mittelfinger **Rechter Mittelfinger**

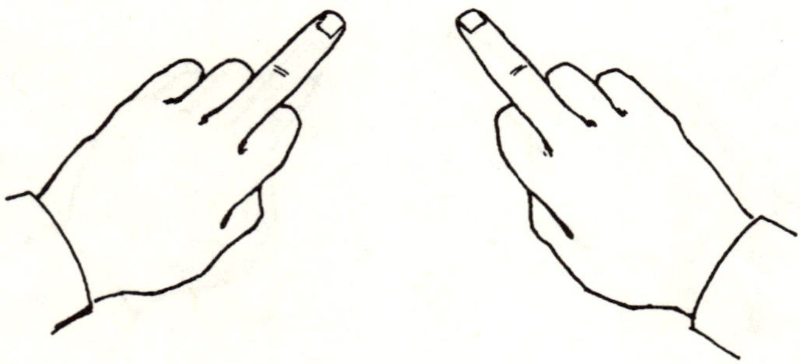

Linke Hand **Rechte Hand**

Wie genau? *Verben*

Beispiele:
Meine Arbeit ärgert mich.

Präzisionsgenerator:
Behalten Sie Rapport, Integrität und Neugierde bei, während Sie fragen:
Wie genau ärgert Ihre Arbeit Sie?

Linker Ringfinger **Rechter Ringfinger**

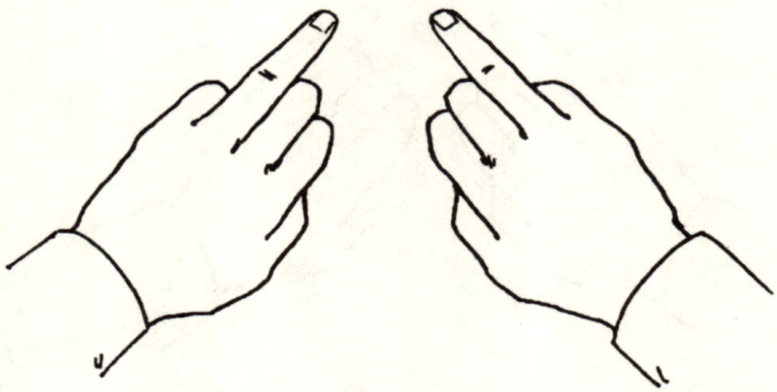

Linke Hand

Was würde passieren,
wenn Sie würden?
Was hindert Sie?
Was verursacht?

Rechte Hand

sollte / sollte nicht
muß / darf nicht
kann / kann nicht

Beispiele:
Ich sollte nicht so dreist sein.
Ich kann keine neue Sprache lernen.

Präzisionsgenerator:
Behalten Sie Rapport, Integrität und Neugierde bei, während Sie fragen:
Was würde passieren, wenn Sie es wären?
Was hindert Sie, eine neue Sprache zu erlernen?

Linker kleiner Finger **Rechter kleiner Finger**

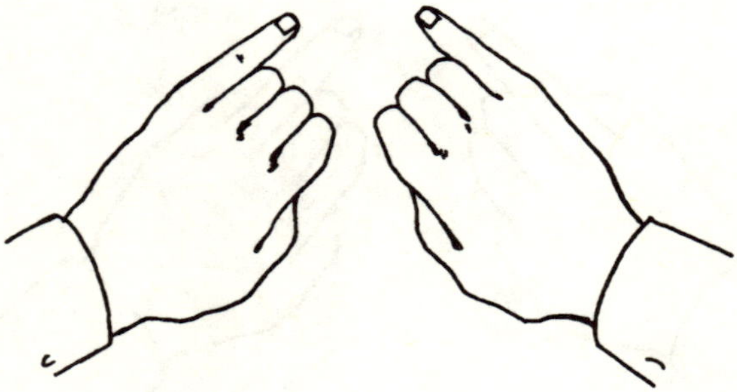

Linke Hand **Rechte Hand**

Alle?
Jeder?
Nie?

Generalisierungen

Beispiel:
Ich werde nie respektiert.

Präzisionsgenerator:
Während Sie Rapport, Integrität und Neugierde beibehalten, fragen Sie:
Nie? Hat Ihnen schon einmal jemand Respekt entgegengebracht?

Die Zeiger können uns, wenn sie geschickt benutzt werden, während der Rapport aufrechterhalten wird, die Tür zu den Gedankeninhalten einer anderen Person öffnen. Das bewahrt uns davor, nach der Illusion zu handeln, daß die Worte anderer Menschen für diese dieselbe Bedeutung hätten wie für uns.

Im folgenden Kapitel dieser Arbeit werden wir erforschen, wie die drei Komponenten unserer Persönlichkeitsstruktur – Glaube, Emotionalität und Mentalität (Denkart) – zusammenwirken, um das Drama zu entwickeln, das wir als unseren Lebenslauf (einschließlich des Leidens) erfahren.

Von den drei Aspekten der Persona haben wir die Mentalität oder das Denken als die Funktionsweise unseres wissenden Bewußtseins *(conscious awareness)* beschrieben. Oft personifizieren wir die Mentalität oder das Denken und bezeichnen es als Ich. Es ist die rationale, analytische Seite an uns, mit der wir Veränderungen unserer Emotionen und unseres Glaubens vornehmen. Von den drei Aspekten unserer Persönlichkeit ist Glaube der vom wissenden Bewußtsein entfernteste. Wir sind uns im allgemeinen der meisten unserer Glaubensannahmen nicht bewußt. Sie können so in den hintersten Winkeln des Geistes versteckt sein, daß die meisten Menschen denken, daß es unmöglich ist, Überzeugungen zu verändern. Entdecken oder identifizieren wir sie erst einmal, können Glaubenssätze leicht verändert werden, weil wir die meisten erwerben, ohne uns dessen bewußt zu sein. Als Kinder absorbieren wir buchstäblich die Glaubenseinstellungen derer, die uns am nächsten stehen: die unserer Eltern, unserer Familienmitglieder und die der Gleichaltrigen. Wir akzeptieren und kodieren diese Glaubenssätze, weil wir unseren Eltern und Freunden vertrauen müssen, um zu überleben. Unsere rationalen und analytischen Denkprozesse scheinen in diesem Stadium nicht genügend konzentriert zu sein, um ihre schützende Fragefunktion auszuüben. Unglücklicherweise erwerben die in unsere Gesellschaften hineingeborenen Menschen aufgrund der in den meisten Kulturen der Welt herrschenden gewohnheitsmäßigen Negativität früh ein Kern-Glaubenssystem, das von Negativität durchsetzt ist.

Die Aufgabe der Metamedizin bei der Behandlung von Krankheiten ist es, die negativen Kernüberzeugungen aufzudecken, die der Krankheit zugrundeliegen, und sie zu verändern, indem sie die

Denkprozesse benutzt, um ressourcenreichere Überzeugungen an ihrer Stelle zu installieren. Das ist die Kraftquelle der Metamedizin, wenn sie das Leiden dazu benutzt, ein erfolgreicheres und fröhlicheres Leben zu schaffen.

Wenn wir das Wissen davon, was Denken ist und wie es funktioniert, anwenden, sind wir jetzt ausgerüstet, um dieses universelle Instrument zu nutzen, ein höheres Leben auf der Erde hervorzubringen, indem wir Leiden umdefinieren und eliminieren.

Bevor ich illustriere, wie Leiden nicht nur geheilt, sondern auch genutzt wird, um einem Menschen eine höhere Art, das Leben zu erfahren, zu ermöglichen, ist es wichtig, daß wir den Leidensprozeß aus der Perspektive der Metamedizin sehen und verstehen.

Kapitel 6

Das metamedizinische Modell von Leidensprozessen

Leiden war das einzige,
was mir das Gefühl gab zu leben.

Pop-Song

Die meisten Erwachsenen bemerken ihren Körper nur, wenn sie Schmerzen haben. Die Freude an einem gesunden Körper ist etwas, was den meisten Menschen auf der Welt sehr fremd ist. Wir erwarten zu leiden. Sogar im Sport, wo die höchste Kraft des menschlichen Geistes und Körpers ausgedrückt und gefeiert wird, ist eine beliebte Redewendung oder Überzeugung: „Kein Schmerz – kein Gewinn" (*„no pain, no gain"*).

Beginnen Sie zu erkennen, welch tiefe Resonanz die Negativität im menschlichen Geist findet? Der Kreislauf der Negativität hat sich über Tausende von Jahren menschlicher Existenz wiederholt. Wenn Sie daran zweifeln, überprüfen Sie es in den Geschichtsbüchern. Erinnern Sie sich also unserer Gewohnheit der Negativität, wenn ich sage, daß die Menschen Leiden als ein Mittel des Lernens benutzen, und Sie nach dem Grund fragen. Negative Wesen werden so lange eine Tendenz haben, negative Mittel zu benutzen, bis sie satt und müde sind. Dann könnten sie es vorziehen, sich zu ändern und positive Mittel zu benutzen, um dieselben Resultate zu erzielen. Solange wir jedoch das Leiden weiter benutzen, wollen wir das Beste daraus machen.

Wir wissen jetzt, daß wir mit Wahlfreiheit ausgestattete Geschöpfe sind und daß wir unserer selbst mächtig werden, wenn wir Verantwortung für diese Wahl und ihre Auswirkungen übernehmen. Lassen Sie uns untersuchen, was eine Krankheit ist, so daß wir mit ihr umgehen können, sie verstehen und uns befähigen, sie zu benutzen, um uns in ein freudevolleres Leben einzustimmen. Hier meine Lieblingsdefinition einer Krankheit: Eine Krankheit ist ein Symptom von Be-*schwer*-nis, *Un-ausgeglichen*-heit (*dis-ease*) in der Persona.

Betrachten Sie folgende wahre Geschichte. Unter den Freunden, die ich auf einem Joggingpfad hier in der Gegend kennengelernt hatte, war eine temperamentvolle Frau Ende Dreißig, die ich Eva nennen will. Ich lief ziemlich oft eine Meile mit ihr, tauschte Höflichkeiten aus, entschuldigte mich dann normalerweise und lief schneller, weil ich es zu dieser Zeit nicht leiden konnte, während des Laufens zu reden. Allmählich brachte mich Eva dazu, langsamer zu werden und auf dem Weg etwas mehr zu plaudern. Zu meiner Überraschung stellte ich fest, daß mir das gefiel.

Eines Tages traf ich Eva gehend statt laufend an, und ich hielt an, um zu fragen, ob sie sich verletzt habe.

„Oh, es ist mein Rücken", erklärte sie. „Es bringt mich noch um!"

„Warst du bei einem Arzt, um danach sehen zu lassen?" fragte ich.

„Ja", antwortete sie lustlos. „Ich ging zum orthopädischen Chirurgen, und er verordnete mir Bettruhe."

„Warum gehst du dann hier draußen spazieren?"

„Ich muß Abstand von meinen Kindern bekommen", erklärte sie. „Die machen mich verrückt."

„Teenager-Schwierigkeiten?" mutmaßte ich.

„Ja, ich wünschte, sie würden mir nicht so auf dem Rücken herumtanzen", seufzte sie.

Danach sah ich Eva viele Wochen lang nicht mehr. Eines Abends im späten Frühjahr traf ich sie in ihrer Wohngegend. Ich war schockiert über das, was ich sah. Sie war ausgezehrt und ging mit einer Stütze. Ein verhärmter Ausdruck hatte die Freude ersetzt, die sie sonst ausstrahlte. Es war, als ob sie über Nacht eine alte Frau geworden wäre. Sie erzählte, daß sie eine Rückenoperation hinter sich habe. Ich fragte, ob sie viel körperliche Schmerzen habe, und sie sagte nein. Sie erzählte, daß ihre Familie sich nach ihrer Operation sehr bemüht habe, ihr zu helfen. Ich ermutigte sie, weiterhin zu laufen und sich darauf zu konzentrieren, sich völlig zu regenerieren, während sie sich von jeglichen Sorgen fern halten sollte. Wochen später war sie in der Lage, regelmäßig ohne Stütze Spaziergänge zu machen.

Etwa ein Jahr später traf ich Eva während eines frühmorgendlichen Laufs und fragte sie, wie es ihr gehe.

„Das Leben ist beschissen", erklärte sie. „Alles geht schief. Mehrere meiner Angehörigen sind im Krankenhaus, und ich kann meine neue Arbeit nicht ausstehen und..."

„Und dein Rücken schmerzt wieder", fügte ich hinzu. Sie hielt plötzlich an und starrte mich an.

„Woher wußtest du das?" fragte sie überrascht. „Ich meine, wie wußtest du von meinem Rücken?"

„Komm schon Eva, gib deinem Rücken eine Erholung", redete ich ihr gut zu. „Nimm die Last von deinem Rücken." Wir gingen einige Meter still weiter, dann hielt sie an und faßte meine rechte Schulter.

„Du hast absolut recht, Vida. Ich muß es leicht nehmen", gab sie zu. „Ich kann nicht die Last von allen tragen."

„Natürlich nicht", stimmte ich zu. „Und wenn du es tust, wird dein Rücken zusammenbrechen. Nebenbei bemerkt, respektierst du andere Leute vielleicht nicht genügend, um sie ihre eigenen Probleme selbst lösen zu lassen?"

„Du hast recht", sagte sie und nickte. „Es hilft ihnen nichts, daß ich mir Sorgen mache."

„Was ist mit deinem neuen Job? Was wirst du diesbezüglich tun?"

„Oh, ... das", sagte sie düster. „Ich denke, daß ich ihn kündigen und sehen werde, ob ich nicht etwas finden kann, was ich mag."

„Das ist die richtige Einstellung!" rief ich aus und feuerte sie an.

Sie umarmte mich, und ich las in ihrer Umarmung eine Botschaft tiefer Dankbarkeit. Wenige Wochen später traf ich sie wieder, und sie war eine verwandelte Frau. Es war offensichtlich, daß sie das Leben wieder genoß. Sie hatte ihr Rückenproblem bewältigt. Wenn sie nie eine Chance gehabt hätte zu entdecken, was es mit dem Leiden ihrer „Rückenkrankheit" auf sich hatte, hätte sie sich wahrscheinlich weiteren Rückenoperationen unterziehen müssen. Jede Operation wäre zeitweilig erfolgreich gewesen und hätte ihr Linderung ihrer Krankheit verschafft. Aber allmählich hätte kein Chirurg mehr eingewilligt, sie am Rücken zu operieren, und sie wäre mit dem Etikett einer „chronischen Rückenpatientin" versehen worden. Ihre Ärzte und Therapeuten, frustriert darüber, daß sie ihr keine dauerhafte Erleichterung verschaffen konnten, hätten sie herumgeschoben, von einer Schmerzklinik in die andere. Und wenn sie unvermeidlicherweise zu ihrem ursprünglichen Arzt zurückverwiesen worden wäre, hätte er sich buchstäblich unter dem Tisch verkrochen und eine sehr kreative Entschuldigung dafür erfunden, warum er sich nicht um sie kümmern könne. Es ist Evas Verdienst, daß sie die Kontrolle über ihr Leiden übernahm und das verhinderte, was eine Horrorgeschichte geworden wäre.

War nun Evas Rückenfunktionsstörung oder Rückenkrankheit real? Natürlich war sie das. Ihre Wirbelsäule war pathologisch, und hochentwickelte radiologische Untersuchungen bestätigten dies. Anderenfalls hätte der orthopädische Chirurg keine Operation angeordnet. Was verursachte die Pathologie, die Funktionsstörung in ihrer Wirbelsäule? Nun, wir könnten Bände über das übliche medizinische Szenarium schreiben, von der Familiengeschichte und der genetischen Prädisposition bis zu möglichen vergangenen und gegenwärtigen Verletzungen. Aber die Tatsache bleibt, daß es Eva war und nicht irgend jemand anders mit einer ähnlichen Prädisposition, die an der Rückenfunktionsstörung litt. Warum sie? Weil es ihre Wahl war. Schieben Sie Ihr Urteil für einen Moment auf, während wir diesen Gedanken durcharbeiten. Sie traf diese Wahl offensichtlich nicht bewußt. Ein Arzt oder sonst jemand mit ausreichenden Kenntnissen in Metamedizin kann Zugang zu ihrer Welt gewinnen – zu ihren internalen Denkprozessen – und sie auf diese unbewußte Wahl aufmerksam machen.

Machen wir eine Pause und betrachten noch einmal die Definition von Leiden. Beschwerden (*disease*) sind genau, was das Wort sagt – Be-*schwer*-den (*dis-ease*). Das bedeutet, daß die Persona oder die Persönlichkeit es mit all dem, was sie ist, *nicht leicht* hat (*is not at ease*). Noch einmal, die Persönlichkeit besteht aus Glaubenseinstellungen, Emotionalität und Mentalität oder Denken. Alles, was die Leichtigkeit, Ausgewogenheit (*ease*) des Ausdrucks dieser Triade (Dreiheit) stört, wird im Körper als Leiden reflektiert, das wir Krankheit nennen.

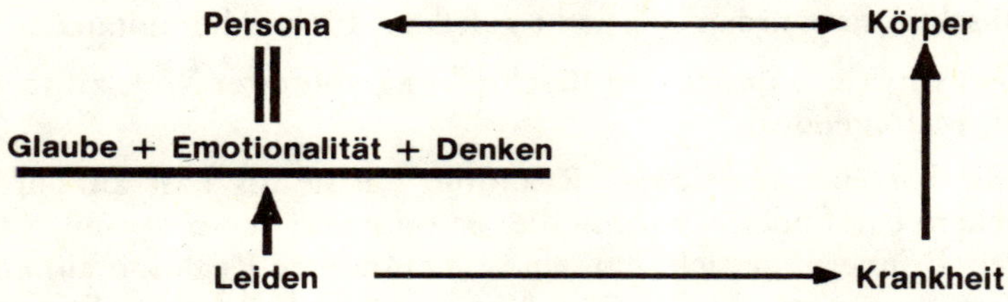

Erinnern Sie sich als Rückblick auf die Zusammensetzung der Persona, daß Glaube der Entwurf dessen ist, was wir im Leben erfahren. Er ist die erste, grundlegende Stufe der Persona-Struktur-Triade und kommt vor Emotion. Erinnern Sie sich auch, daß Emotion als energetische Reaktion auf einen Glauben beschrieben wurde. Es ist die Energie, die den Glauben zur physischen Manifestation bringt. Emotion kommt vor Denken oder Mentalität. Deshalb scheinen unsere Gefühle oder Emotionen ziemlich oft irrational zu sein, weil, obwohl wir eine Idee gründlich verstehen mögen, unsere Gefühle dazu ohne Kontakt zum Verstand bleiben. Zum Beispiel kann ein Ehemann Beweise dafür haben, daß seine Frau treu ist, aber er hat dennoch Eifersuchtsgefühle (die wirklich negative Emotionen sind), wann immer sie einen anderen Mann anlächelt. Er kann seine Eifersucht nicht erklären, weil Emotion dem Verstand, der Rationalität oder dem Denken nicht unterworfen ist. Er müßte in seinen Emotionen Veränderungen vornehmen, um aufzuhören, sich eifersüchtig zu fühlen. Hinter dieser Emotion steht ein Glaube, daß er minderwertig ist und deshalb die ungeteilte Zuneigung seiner Frau nicht haben kann. Die Eifersuchtsgefühle sind dann eine Reaktion auf der Grundlage dieses Glaubens.

Kommen wir nun auf die Fallstudie von Eva zurück. Ihre Sprache ist ziemlich explizit bezüglich des Leidens in ihrer Persona. Allgemein gesagt gibt es keine Fehler in der zwischenmenschlichen

Kommunikation, denn die Sprache beschreibt das, was im Gehirn vor sich geht. Wir erfahren: daß sie Rückenprobleme hat, daß es Probleme mit ihren Kindern gibt und daß sie eine emotionale Reaktion auf sie hat.

„Sie machen mich verrückt", sagte sie. Sie stellte fest: „Ich wünschte, sie würden mir nicht auf dem Rücken herumtanzen."

Was Eva uns durch ihre Beschreibung von ihrer Welt zu sehen gibt, ist folgendes:

Sie hat eine emotionale Reaktion, die sie als Last auf ihrem Rücken empfindet. Warum die emotionale Be-*schwer*-nis (*dis-ease*)? Erinnern Sie sich, daß eine Emotion eine Reaktion auf eine Überzeugung ist. Was ist ihre Überzeugung bei diesem Beispiel? Wir wollen prüfen, was sie in ihrem Körper erlebt, denn das wird uns die Spur zu ihrem Entwurf oder ihren Glaubensannahmen weisen. Das Unterstützungssystem ihres Körpers, ihre Wirbelsäule, gerät aus der Ordnung. Metaphorisch kann man sagen, daß ihr Rücken unter einer Last gebeugt wird. Wir fangen an, eine Idee davon zu bekommen, daß sie eine Überzeugung hat, daß sie die Last anderer Menschen tragen muß. Ob sie sich dessen bewußt ist oder nicht, daß sie einen solchen Glauben hat, spielt keine Rolle. Das Entscheidende ist, daß ein solcher Glaube in ihr steckt, denn er ist es, der sich manifestiert.

Ihre gegenwärtige Krankheit, die anatomische Funktionsstörung ihrer Wirbelsäule, wurde mit Operation und physikalischer Therapie geheilt. Diese anfängliche Rückenkrankheit war ein Symptom des eigentlichen Leidens, das aber ein größeres Bild oder ein größerer Zusammenhang ist. Die Krankheit, die wirklich nur ein Symptom ist, wurde geheilt, aber wurde auch Heilung des Leidens erreicht? Nein. Eine Zeitlang war Evas Rücken in Ordnung. Dann kamen andere Mitglieder ihrer Familie ins Krankenhaus, und sie nahm deren Last auf sich und aktivierte dabei wieder eine negative emotionale Reaktion. Daß sie wieder anfing, Rückenprobleme zu bekommen, stand von vornherein fest.

Nachdem ich sie darauf hingewiesen hatte, daß sie beschließen könne, andere Menschen ihre Probleme selbst lösen zu lassen, veränderte sie sich und hörte auf, sich die Probleme anderer Leute einzuhandeln, mit anderen Worten, sie erneuerte ihren Entwurf und ließ den Part, der Familienesel zu sein, weg.

Mit einer Veränderung des Glaubens hatte sie eine Heilung des Leidens auf dem grundlegenden Niveau erreicht. Indem sie eine Arbeit annahm, die sie begeisterte, stimmte sie sich auf ihre ureigene Schwingungsenergie oder Emotion für die vollkommene Entfaltung ihres Selbst ein. Die vollkommene Entfaltung des Selbst bedeutet, das Leben zu leben, das Sie leben müssen, um das bestmögliche Wesen zu sein, das in Ihren Möglichkeiten als Mensch liegt. Mit anderen Worten, schlicht der/die zu sein, der/die zu sein Sie bestimmt sind.

Wenn wir in der Metamedizin auf eine Krankheit stoßen, benutzen wir sie als Hinweis, um die Be-*schwer*-den (*dis-ease*) zu entdecken, weil jede Krankheit zuerst ein Ergebnis des Leidens im Geist ist, bevor es im Körper manifestiert wird. Wir wenden unsere medizinischen Fertigkeiten an, um den Körper zu heilen, während wir die Person mit dem Leiden anleiten, sein/ihr Leben zu heilen. Erst in dem Sinn, daß sie dem einzelnen erlaubt, die Fähigkeit zur vollkommenen Entfaltung des Selbst wiederzugewinnen, erhält Gesundheit wirklich die Bedeutung der Abwesenheit von Leiden.

Wenn Leiden nur den Mangel an Ausgeglichenheit, Wohlgefühl, Leichtigkeit (*lack of ease*) in den Fundamenten der Persönlichkeit bedeutet – wie kommt es, daß es so viele Krankheiten gibt? Diese Frage wird mir oft gestellt, und manchmal, nach einer im Bauch stattfindenden Überlegung, muß ich ehrlich sein und sagen: „Wir müssen viele Krankheiten haben, damit die Welt nicht von umherziehenden Banden hungriger Ärzte terrorisiert wird.“

Doch nun ernsthaft: Die Menschen manifestieren Leiden in so vielen Formen, weil jedes Individuum einen einzigartigen Standpunkt einnimmt, eine einzigartige Ausdrucksweise ist. Mit anderen Worten, die Menschen nehmen die Welt entsprechend ihren einzigartigen Denkmustern verschieden wahr. So haben sie die Fähigkeit, die Grundidee von Leiden in vielen Formen in Übereinstimmung mit ihren ureigenen Denkformen und ihrer emotionalen Schwingungsenergie auszudrücken. Welche Individuen welche Art von Leiden entwickeln, ist ein faszinierendes Untersuchungsgebiet sowohl für den medizinischen Beruf als auch für die breite Öffentlichkeit. Ich bin nicht unempfänglich für diese Faszination der Frage, wer welches Leiden entwickelt und aus welchem Grund.

Ich habe aufgrund dieser Idee ein erzählerisches Werk geschrieben („*Metamed. AIDS: Rousing the Gods*"), um meine Gedanken über die AIDS-Epidemie zu erforschen.

In dem Kapitel des vorliegenden Buches über Emotion habe ich kurz die Einteilung von Individuen entsprechend ihrer habituellen emotionalen Lage und der Krankheit, an der zu leiden diese Gruppen neigen, diskutiert. Für eine Weile hielt die Kontroverse über die Existenz der Personen mit Typ-A-Verhalten (und welche Krankheiten in ihre spezielle Domäne fallen) das medizinische Establishment bei Unterhaltung. Wenn wir die Menschen nach den Krankheiten, zu denen sie neigen, gruppieren und etikettieren müssen, ist es vielleicht sinnvoller, sie in Kategorien von persönlicher Kraft zu betrachten.

Als Rückblick: Es gibt Krankheiten derer, die ihrer Kraft nicht vertrauen. Diese Menschen streben danach, Macht über sich und andere zu bekommen, um sich stark zu fühlen. Sie glauben nicht, daß sie stark genug sind, um alles, was sie wünschen, zu erhalten, ohne sich oder andere zu verletzen. Die bevorzugten Krankheiten dieser Menschen sind Bluthochdruck, Herzleiden, Krankheiten des Verdauungstraktes und Kopfschmerzen.

Dann gibt es die Gruppe derer, die sich weigern anzuerkennen, daß sie überhaupt irgendwelche Macht haben. Diese Menschen leugnen ihre Macht und weigern sich, jegliche Verantwortung dafür zu übernehmen. Sie zeigen Hoffnungslosigkeit und Hilflosigkeit. Während sie sich der Verzweiflung hingeben, gibt das Immunsystem ihres Körpers die Barrieren auf, die es gegen die Invasion von Organismen, die Infektionen verursachen, aufgebaut hat. So kommt es, daß diese Menschen zu Krankheiten des Immunssystems wie rheumatischer Arthritis neigen. Sie „mögen" auch Karzinome, eine weitere Krankheit, die durch den Mangel an Kontrolle auf der zellulären Ebene charakterisiert ist.

Zwischen diesen beiden Extremen liegen verschiedene Abstufungen von Persönlichkeitstypen und ihnen zugehörigen Krankheiten. Letztlich muß anerkannt werden, daß Leiden aus negativen Elementen in einem oder mehreren der drei Aspekte der Personastruktur resultieren. Die drei Elemente der Persönlichkeit oder Persona sind das, was Verhalten in erster Linie verursacht. Jedes

Verhalten, das ein Mensch zeigt, hat seinen Glauben, seine Emotion oder sein Denken zur Quelle. Es kann auch von diesen allen oder einer Kombination der drei herrühren.

Krankheiten sind strikt persönliche Angelegenheiten. Sie sind maßgefertigt, könnte man sagen. Selbst wenn Krankheiten als die gleichen diagnostiziert werden, erfährt jedes Individuum die Krankheit in unterschiedlicher Weise. Als praktizierende Mediziner lernen wir früh, daß die klassischen Symptome und Zeichen einer Krankheit nur ein Durchschnitt der vorkommenden Symptome sind, die unsere Patienten aufweisen. Selten, wenn überhaupt, sehen wir einen „Lehrbuch"-Fall von irgend etwas.

Das Leiden jeder Person tritt für einen spezifischen Zweck auf, der sich auf den Weg bezieht, den in diesem Leben zu gehen sie gewählt hat. Was ist dieser Weg? Der Weg ist eine Metapher für das Leben, das jemand leben muß, um das bestmögliche Wesen zu werden, das in seinen/ihren Möglichkeiten als Mensch in dieser Welt liegt. Ein Mensch, der diesen Weg geht, kann beschrieben werden als jemand, der die vollkommene Entfaltung des Selbst erreicht.

Das metamedizinische Programm zur Gewichtskontrolle, das wir in unserem ambulanten chirurgischen Zentrum durchführten, bestätigt, daß das wirkliche, tiefere Leiden für alle Personen verschieden ist, die an derselben Krankheit leiden. Die Krankheit oder Symptomatologie, um die es hier geht, ist Fettleibigkeit. Jeder Teilnehmer hat mehr als doppelt so viel Prozent des für sein Geschlecht, Alter und Aktivitätsniveau akzeptablen Körperfetts. Die Teilnehmer dürfen sich für das Programm anmelden, nachdem sie die meisten der geläufigen Gewichtsreduktionsmaßnahmen ausgeschöpft haben und gescheitert sind bei dem Bemühen, anhaltende Gewichtsabnahme zu erreichen. Ihre typische Geschichte besteht aus Zyklen von Gewichtsabnahme durch ein restriktives Diätreglement, gefolgt von Gewichtszunahme, ziemlich oft in höherem Maß als die Gewichtsabnahme am Ende des Diätreglements. Von allen Teilnehmern wird verlangt, daß sie eine schriftliche Zustimmung geben, die volle Verantwortung für ihren Fortschritt und ihre Ergebnisse zu übernehmen. Diese letzte Maßnahme ist ihre Erklärung der Selbstbestimmung, Selbstermächtigung (*self-empowerment*).

Nach der ersten vollständigen physischen Untersuchung absolvieren wir mit ihnen die ersten Metamedizin-Sitzungen. In der ersten Metamedizin-Sitzung betreten wir die Welt des Patienten, um mit ihm zu entdecken, worum es bei dem Leiden geht. Sobald wir auf vorhandene emotionale Barrieren stoßen, gehen wir zum Glaubenssystem und nehmen angemessene Veränderungen vor.

Wenn die negativen Glaubensannahmen (Entwürfe), die im Spiel sind, geändert wurden, ändert sich das ganze Bild. Der/die einzelne hat sich schöpferisch als eine Person gestaltet, die kein Gewichtskontrollproblem mehr hat. Der tatsächliche Gewichtsverlust, der folgt, ist nur ein Nebenprodukt der positiven Änderungen in der Persönlichkeit und im daraus resultierenden Lebensstil.

Das einfachste Leiden, dem ich bei dem Programm begegnet bin, ist eine negative Überzeugung, die das mittlere Lebensalter (die Lebensmitte) als das Ende des energetischen Lebens darstellt. Ein typisches Beispiel ist ein Mann, mit dem ich kürzlich zu tun hatte. Dieser Mensch stellte praktisch den Regelwiderstand seiner (emotionalen) Energie auf Null. Seine Hauptbeschwerde war Energiemangel. Er behauptete, daß er den ganzen Tag schlafen würde, wenn er dürfte. Mit nur einer Glaubensänderung stieg sein Enthusiasmus für das Leben, und mit einer täglichen Rate von einem Pfund verlor er an Gewicht.

Das mitleiderregendste Leiden, dem wir bei dem metamedizinischen Programm zur Gewichtskontrolle begegneten, war das einer Frau, die unter Schuldgefühlen litt. Bitte erkennen Sie, daß nicht Haß das Gegenteil von Liebe ist. Schuld ist das Gegenteil von Liebe. Schuld ist das Gefühl, Liebe absolut nicht zu verdienen. Bei Haß anerkennt man immerhin, daß man etwas verdient, nur daß man damit in negativer Weise umgeht. Die Emotion des Hasses resultiert aus einem Wissen um Selbstwert, der aus irgendeinem Grund durchkreuzt oder geleugnet wird. Mit dem Leiden an Schuldgefühlen glaubte diese Frau, daß sie keiner Liebe wert sei, und ihre emotionale (Energie-)Struktur war vollkommen negativ. Sie war unfähig, sich an irgendwelche positiven Gefühle oder Ereignisse in ihrem Leben zu erinnern. Interessanterweise war ihre Vorstellung von sich selbst und ihrem Leben die einer amorphen Masse. Ihre „Freßtouren“ waren nur dazu da, ihr völliges Leugnen von Kraft und ihr Aufgeben von Kontrolle zu verstärken. Erinnern

Sie sich, daß Liebe die höchste Emotion, das höchste Energieniveau ist. Sie genoß es nicht, zu essen, es war nur eine der verschiedenen Aktivitäten in ihrem Leben, die ihre vollständige und hoffnungslose Negativität reflektierten. Es war ihr Glaube an die Existenz Gottes, der uns den ersten Durchbruch in ihre Welt brachte, um die Veränderungen zu bewirken, die in diesem Fall entscheidend waren.

Das einzige gemeinsame Element, das ich bei dem Leiden jedes Teilnehmers des metamedizinischen Programms zur Gewichtskontrolle gefunden habe, ist der Grad der Selbstablehnung. Könnte es sein, daß Mangel an Selbstannahme hinter dieser Art von Störung steht? Das wäre ein interessantes Untersuchungsthema.

Wie ich schon gesagt habe, ist die effektivste Weise, ein Leiden in der Person zu heilen, sich mit dem Kern des Problems, dem negativen Glaubenssystem, zu befassen. Ich habe einige Möglichkeiten beschrieben, wie wir aufdecken, was die verursachenden negativen Glaubensannahmen sind. Die meisten Menschen fragen sich aber weiter, was die Quelle dieser unerwünschten Glaubensvorstellungen ist. Ich habe mich das auch gefragt und suche immer noch jedesmal nach einer Antwort, wenn ich merke, daß ich immer noch einen weiteren Glaubenssatz ändern muß, um einen miserablen Umstand loszuwerden. Woher kommen diese negativen Glaubenshaltungen?

Kleine Kinder und Babys sind sehr sensibel für die emotionale Energie ihrer Umgebung. Sie absorbieren natürlicherweise die Glaubensannahmen und Befürchtungen der Menschen, die um sie sind, besonders die ihrer Eltern, denen sie unbedingt vertrauen müssen, um zu überleben. Wenn ein Kind auf Dauer mit Zweifel und Furcht gefüttert wird, wird ein starkes negatives Glaubenssystem die Grundlage seiner Erfahrung im Leben. Wenn ein Kind, während es aufwächst, die folgenden Einstellungen hört oder aufschnappt: „Das Leben ist hart; nur die Reichen können erfolgreich sein; du bist nicht klug genug; du bist nicht schön genug; du mußt dein Lehrgeld zahlen, wenn du etwas Wertvolles erreichen willst...“, sieht ein Kind die Welt durch Linsen, die von Furcht und Zweifel getrübt sind. Ist es dann noch verwunderlich, daß dieses Kind ein Leben der Anstrengung und des Leidens erfahren wird?

Bitte beachten Sie, daß Furcht negativer Glaube und daß Zweifel Vertrauen in negative Glaubensannahmen ist. Die Menschen werden entweder das manifestieren, was sie glauben, oder das, was sie fürchten. Glaube und Furcht formen die Entwürfe der Realität aus, die wir erfahren, wobei Furcht das genaue Gegenteil des Glaubens ist.

Die negativen Glaubenssysteme, die wir früh im Leben als Resultat dessen ausbilden, daß wir in Zivilisationen leben, die von gewohnheitsmäßiger Negativität durchdrungen sind, bleiben uns und werden unbewußt zur Quelle der negativen Ereignisse, unter denen wir leiden. Während wir erwachsen werden, lernen wir zu urteilen und uns die Urteile anderer Menschen in unserer Umgebung anzueignen, besonders die unserer Freunde und Autoritätspersonen. Bedenken Sie folgende Erlebnisse:

Als ich als Kind in der Grundschule war, hatte eine Gruppe von Kindern Schwierigkeiten mit Mathematik. Unser Lehrer, ein liebevoller, weiser Mann, sagte ihnen, daß er ihnen, wenn sie nach der Schule dableiben könnten, das Geheimnis verraten würde, wie man in Mathematik gut ist. Das machte sie neugierig, und sie konnten kaum warten, bis die Schulglocke zum Schulschluß läutete.

„Mathe ist leicht", flüsterte er, nachdem er, wie um sich zu versichern, daß sie mit ihm allein waren, einen verstohlenen Blick zur geschlossenen Tür geworfen hatte.

„Es ist nur ein Spiel", fuhr er fort. „Alles, was ihr tun müßt, ist, die Regeln zu lernen und sehr sorgfältig aufzupassen – sehr sorgfältig." Dann führte er sie durch Addition und Subtraktion, indem er die Zahlen durch Tier- und Gemüsenamen ersetzte. Es machte so großen Spaß.

In einem anderen Klassenzimmer der Zweitkläßler war meine Freundin Ifeoma eine von einer Gruppe von Kindern, die nach der Schule dabehalten wurde, weil sie ihren Mathematiktest nicht bestanden hatten. Ihr Lehrer sagte ihnen, daß sie in Mathematik schlecht seien, und um es mit ihren eigenen Worten zu sagen: „Er strafte uns, indem er uns seitenweise Mathematikaufgaben machen ließ." Für den Rest unserer Schulzeit mied Ifeoma alle Kurse, die Mathematik erforderten. Sie glaubte, daß sie dazu nicht fähig sei.

Meine Freunde in der ersten Gruppe machten in jener Zeit alle Mathematikkurse mit als Herausforderung, um herauszufinden, wie wirklich gut sie werden konnten, weil sie glaubten, daß Mathematik nur ein Spiel war.

Ich sehe eine ganze Menge junger Männer und Frauen in unseren Ambulanzen, die an hohem Blutdruck leiden. Die meisten von ihnen sagen mir, daß sie nicht überrascht sind zu entdecken, daß sie Hypertonie haben. Wenn ich sie frage warum, höre ich meistens die gleichen Erklärungen: Es war ihnen gesagt worden, daß sie Hypertonie in der Familie hätten. Sie glaubten, daß es nur eine Frage der Zeit sei, bis sie Hypertonie entwickelten. Eine junge Frau in den Zwanzigern hatte seit einigen Jahren ab und zu unter Hypertonie gelitten. Ihr Arzt pflegte ihr periodisch Medikamente gegen Hypertonie zu geben, um den hohen Blutdruck unter Kontrolle zu halten. Ihr Blutdruck fiel dann unter den Normalwert, und er ließ sie die Medikamente absetzen. Bei einem Gespräch sagte sie mir folgendes: „Ich habe immer gewußt, daß es nur eine Frage der Zeit ist, bis ich einen hohen Blutdruck haben würde. Meine Großmutter sagte, daß alle Frauen in meiner Familie dies zu erwarten hätten."

Ich schaute ihr in die Augen, zog eine Augenbraue hoch und fragte: „Hat sie Ihnen nicht gesagt, daß Sie ihn erst als sehr alte Frau zu erwarten hätten?" Danach blieben ihre Blutdruckwerte normal. Derart ist die Macht des Zweifels. Der leiseste Zweifel wird das Glaubenssystem eines jeden unterminieren. Alles, was ich tat, war, ein wenig Zweifel in den Glauben zu säen, den sie von ihrer Großmutter übernommen hatte.

Auch noch als Erwachsene können wir Glaubensvorstellungen ahnungslos übernehmen. Kürzlich wurde eine junge Frau namens Elaine, deren Nierentransplantat versagt hatte, zu meinem Mann geschickt (der Gefäßchirurg ist), um einen vaskulären Zugang für die Dialyse legen zu lassen. Ich war die Anästhesistin dieser Patientin während der Operation. Ich fing an, mich für sie zu interessieren, und fragte sie, ob sie es vorziehen würde, für den Rest ihres Lebens nicht mehr von den Dialysemaschinen abhängig zu sein. Sie schaute mich mit einem merkwürdigen Blick an, lächelte und sagte: „Ja, Frau Doktor, aber wie kann ich das?" Ich lud sie zu einer Metamedizin-Sitzung ein.

Ich verwandte einige Zeit darauf, Zugang zu ihrer Welt zu bekommen, indem ich sie über ihr Leben reden ließ, und ich lernte eine ganze Menge über sie. Offenbar versagten ihre Nieren während einer tragischen Schwangerschaft, und sie wurde zur Dialyse angeschlossen. Kurze Zeit später hatte sie das Glück, eine Spenderniere zu erhalten, und sie hatte eine Nierentransplantation. Sieben Jahre später wies diese Niere ebenfalls Anzeichen eines Versagens auf, und an diesem Punkt bekamen wir mit ihr zu tun – indem wir den vaskulären Zugang für die Dialyse legten.

Ich ließ sie die Einzelheiten der Umstände beim ursprünglichen Nierenversagen und der Transplantation erzählen. Einer der Vorfälle, die sie mir erzählte, geschah am Tag vor ihrer Nierentransplantation. Sie erzählte, daß sie in das Labor des Krankenhauses zu Bluttests hinuntergegangen war. Auf ihrem Weg vom Labor zurück zu ihrem Zimmer fuhr sie im Aufzug mit einer älteren Frau im Rollstuhl. Die Frau fragte, weswegen sie im Krankenhaus sei, und sie sagte, daß sie wegen einer Nierentransplantation da sei.

„Oh, ich bekam auch einmal eine Spenderniere", erzählte ihr die Frau. „Sie versagte nach sieben Jahren." Elaine hielt inne und starrte auf den Boden.

„Und wie haben Sie sich da gefühlt?" fragte ich.

„Wissen Sie, es ist komisch, Frau Doktor", sagte sie, und Neugier verengte ihre Augen: „Seit dieser Zeit gibt es die fixe Idee mit den sieben Jahren – ‚sieben Jahre' fällt mir immer wieder ein. Ich höre mich dauernd sagen ‚sieben Jahre'."

„Wie lange, dachten Sie, würde Ihre Niere halten?" fragte ich sie abrupt.

„Ich wußte nicht, wie lange sie halten würde – ich habe den Arzt nicht gefragt", antwortete sie zögernd.

„Was haben Sie sich selbst gesagt, wie lange Sie sie behalten könnten?" beharrte ich.

„Nun, ich sagte, ich würde sie wahrscheinlich sieben Jahre lang haben", sagte Elaine und zuckte mit den Achseln. „Fünf Jahre, vielleicht... ja, sieben Jahre höchstens."

Ich überprüfte die Einzelheiten ihrer Nierentransplantation und der Zeit, als sie anfing, Zeichen des Nierenversagens zu registrieren. Es waren genau sieben Jahre!

Ich überprüfte die medizinischen Meßwerte und fand heraus, daß die transplantierte Niere intakt war; sie produzierte immer noch angemessene Urinmengen. Sie erfüllte allerdings nicht ihre Funktion, die Nebenprodukte des normalen Körpermetabolismus adäquat auszufiltern. Deshalb machte ich mit ihr in der Metamedizin-Sitzung Überzeugungsveränderung und arbeitete mit ihr ihre *Time Line* therapeutisch durch. Wir arbeiteten miteinander eine Meditation aus, die ihre Ressourcen stärkte. Dann drang ich darauf, daß sie ihre Blutuntersuchungen im Labor nach einer Woche wiederholen sollte.

Als ich sie eine Woche später wiedersah, war sie lebhaft. Sie berichtete überglücklich, daß sich ihr Kreatininspiegel (ein wichtiger Indikator für die Nierenfunktion) auf mysteriöse Weise verbessert und daß sie sich noch nie so energiereich gefühlt habe. Als ich sie das letzte Mal sah, hatte sie an Gewicht zugenommen und erzählte mir, daß sie plane, sich eine Arbeit zu suchen und ein Haus zu kaufen. Sie hob ihren Unterarm, zeigte auf den Dialysezugang, den wir ihr gelegt hatten, und sagte: „Ich werde das nicht mehr brauchen."

Wenn ich irgendwelche Zweifel an der Fähigkeit der Menschen gehabt hatte, sich durch ihre Glaubenshaltungen dazu zu programmieren, erfolgreich zu sein oder zu versagen, hat diese wahre Geschichte diesen Zweifel gründlich ausgelöscht. Immer wieder stellen wir fest, daß jedes Leiden oder jede Krankheit mit größeren, zentralen Problembereichen im Leben des einzelnen zu tun hat; normalerweise sind dies Angelegenheiten seines Glaubenssystems.

Was ist mit Babys und Kindern? Wie ich gesagt habe, sind die sehr Kleinen außerordentlich sensibel für die Umgebung, in die sie hineingeboren sind. Sie absorbieren die Glaubenseinstellungen, Ängste und Zweifel. Es ist, wie wenn sie die Regeln der Gesellschaft, in die sie hineingeboren sind, telepathisch erlernen würden, und sie werden diesen Glaubenshaltungen anhängen, auch wenn sie sich dabei verbrennen.

Viele Menschen erheben Einspruch und sind ziemlich aufgebracht, wenn vorgebracht wird, daß sie negative Glaubensvorstellungen hegen könnten, die zu ihren Krankheiten führen. Sie können sich nicht vorstellen, daß sie möglicherweise bei ihrem eigenen Leiden die Hand im Spiel haben. Mütter kleiner Kinder sind diesem Gedanken gegenüber ziemlich intolerant, weil sie im allgemeinen ihre Babys und Kinder lieben. Bitte berücksichtigen Sie, daß das Vorhaben, schädliche Glaubenseinstellungen aufzudecken, nicht beabsichtigt, irgend jemand für schuldig zu erklären. Die einzige Intention beim Identifizieren negativer Glaubensannahmen ist, daß wir sie dann ändern oder durch positive ersetzen können.

Was ist, wenn man nicht in der Lage ist, die negativen Glaubensvorstellungen zu identifizieren, die das Leiden verursachen? Wir können das Leiden dennoch auflösen. Erinnern Sie sich, daß ich gesagt habe, daß zu den Glaubenseinstellungen vorzudringen der direkteste Weg ist, den Leidenszustand zu verändern. Es ist nicht der einzige Weg. Wir können die Elemente der Personakomponenten bis zur nächsten Stufe durcharbeiten, dem Reich der Emotionen.

Leiden im physischen Körper wird in der Mehrzahl der Fälle als ein Gefühl in unser Bewußtsein reflektiert. Sei es Depression, Traurigkeit, Energiemangel oder Schmerz – Leiden wird als ein Grad negativer emotionaler Energie erfahren. Dieses Phänomen hat seit Beginn der Geschichtsschreibung das Interesse des medizinischen Berufs überall in der Welt gefesselt. Heilende Hexen ohne Wissen über die menschliche Anatomie oder die moderne medizinische Technologie haben sich zur Diagnose und Heilung von Leiden auf die Manipulation von Emotionen verlassen. In der westlichen Zivilisation verließ sich der herkömmliche Hausarzt, der keinen oder geringen Zugang zur medizinischen Technologie hatte, darauf, mit dem emotionalen (Energie-)Klima der Familie für die Lösung bei Leidenszuständen zu arbeiten. Sogar unsere gegenwärtigen spirituellen Heilungspraktiken finden im Bereich der Emotion statt. Typischerweise wird das emotionale (Schwingungs-) Energieniveau auf eine Ebene gehoben, die mit der Fortdauer des Leidens nicht vereinbar ist. Bei religiösen Praktiken wird (auf dieser Ebene) vom einzelnen ein Glaube an die heilende Kraft eines höheren Geistes anstelle seiner unbewußten, schädlichen negativen Glaubenseinstellungen angenommen.

Sind diese Praktiken gut? Ich weiß es nicht. Sind sie wirksam? Unbedingt, sie alle haben ihre Berechtigung. Sie sind nur verschiedene Wege zum gleichen Ziel, und so sollte es sein. Denn wenn es nur einen Weg gäbe, gäbe es nur eine Person, es gibt aber Millionen von uns Menschen in der Welt. Alle diese Wege erkennen die Wichtigkeit emotionaler Energie und Gesundheit an, und sie haben alle Gültigkeit.

Zahlreiche Studien haben gezeigt, daß ein Abfall des emotionalen Energieniveaus einen Menschen für Leiden prädisponieren kann und vielleicht sogar das Leben der Person verkürzen könnte. Es ist bewiesen, daß Männer und Frauen, deren Partner/in gestorben ist, kürzere Lebensspannen haben als solche, die ihre Partner/innen haben. Es ist auch gezeigt worden, daß, wenn diese hinterbliebenen Partner/innen wieder heiraten oder sich auch nur ein Haustier zum Verhätscheln anschaffen, ihnen dies dazu verhilft, ihr Leben zu verlängern.

Babys, die menschliche Liebe entbehren, gedeihen nicht und sterben vielleicht sogar. Überall in der Welt wurden Studien gemacht über kleine, isolierte Gebiete mit Sozietäten, in denen ein hoher Grad an Integration zwischen den Mitgliedern der Sozietät ist. Man hat berichtet, daß die Mitglieder dieser Sozietäten sich gegenseitig typischerweise viel anfaßten und umarmten, einander ein hohes Maß bedingungsloser Akzeptanz entgegenbrachten und ständig Freude ausstrahlten. Es wurde festgestellt, daß es nahezu keine Leiden oder Krankheiten unter diesen Gruppen von Menschen gab.

Man kann von den Emotionen der Menschen wahrhaftig sagen, daß sie die Macht haben, sie zu töten oder sie am Leben zu erhalten. Das emotionale Energieniveau kann deshalb als sehr gutes Barometer des physischen Wohlbefindens dienen.

In unserem metamedizinischen Programm zur Gewichtskontrolle ist nahezu jeder Aspekt des verschriebenen Reglements entwickelt worden, um ein höheres emotionales Lebensenergieniveau hervorzurufen oder zu unterstützen. In den Sitzungen, die auf die erste metamedizinische Sitzung folgen, werden die Teilnehmer nicht gefragt, wieviel Gewicht sie verloren haben oder ob sie weniger Nahrung zu sich nehmen. Ich bitte sie, jegliche Veränderung zu beschreiben, die sie bei ihren Gefühlen gegenüber ihrer Arbeit, ihrer Familie und ihren Freunden registriert haben. Sie berichten im allgemeinen, daß sie für alles mehr Energie haben. Selbst diejenigen, denen ihre Arbeit nicht gefallen hatte, gewannen neues Interesse daran, die Arbeit auf die schnellste Weise zu erledigen. Sie sind aufmerksam und strahlen Freude aus. Und natürlich verlieren sie auch an Gewicht und fühlen sich wundervoll.

Die Betonung ihrer Einstellung – ihres emotionalen Energieklimas – basiert auf dem Wissen, daß das Aktivitätsniveau einer Person von ihrem Energieniveau abhängt. In Energieterminologie ausgedrückt: jemand wird nur *jene* Schwingungsfrequenz der Energie als wirklich, als wirksam erfahren, die mit seinem emotionalen Niveau korrespondiert. Die zukünftige medizinische Technologie kann Wunder bewirken, indem sie dieses Wissen anzapft.

Haben die Teilnehmer des metamedizinischen Programms zur Gewichtskontrolle einmal einen höheren emotionalen Energiezustand erreicht, sind sie nicht mehr die, die sie waren. Sie haben sich in Menschen verwandelt, die nicht länger ein Übergewichtsproblem haben können. Deshalb ist die Gewichtsabnahme eine Selbstverständlichkeit. Die verschriebenen Ernährungsprogramme sind ein Ritual, das ihr Glaubenssystem unterstützt.

Leiden, das auf der emotionalen Ebene wahrgenommen wird, wird im allgemeinen als ein Zustand gestörten Gleichgewichts erfahren. In Balance zu sein bedeutet, daß die Menschen auf ihrem wahren Weg sind, das bestmögliche Wesen zu sein, das in ihren Möglichkeiten als Mensch in diesem Leben liegt. Es zeigt, daß jemand sein wahres Selbst ist. Aus diesem Grund hält es uns ziemlich oft gesund und glücklich, auf einem Gebiet zu arbeiten, das uns begeistert. Man weiß, daß sich Herzrhythmusstörungen normalisieren, wenn solche Patienten ein Hobby aufnehmen, das sie lieben, oder eine Arbeitsstelle kündigen, die sie gehaßt haben. Die gegenwärtigen Vorstellungen über die schädigenden Auswirkungen von Streß haben ihre Wurzeln in dieser Idee.

Kürzlich wurde ich gebeten, eine Krebspatientin zu besuchen, die sowohl an hartnäckigem Erbrechen als auch an Hypertonie sowie gefährlichen Herzrhythmusstörungen litt. Sie war in ihrem Krankenhauszimmer an die Herzmonitoren angeschlossen. Ich befand mich zwischen zwei Operationen und hatte sehr wenig Zeit für sie, also steuerte ich direkt ihre emotionale Energie an. Ich fand heraus, daß diese Patientin früher, vor langer Zeit, Künstlerin war und daß sie auf diese Fähigkeit sehr stolz war. Ich benutzte diese Tatsache, um ihr emotionales Energieniveau in Balance zu bringen, und als ich den Herzmonitor beobachtete, sah ich, wie ihr Puls auf einen normalen Wert sank und all die Rhythmusabnormitäten verschwanden. Ich ankerte diesen Zustand und lenkte ihre Aufmerksamkeit darauf. Sie hörte auf zu erbrechen und wurde am nächsten Tag aus dem Krankenhaus entlassen.

Indem Sie auf Ihr emotionales Energieniveau achten und es in Balance halten, können Sie sich ein Leben der Gesundheit und Freude sichern. Wie also erreicht man emotionale Balance?

„Ich kann nichts dafür, wie ich mich fühle!" klagen viele Leute, und sie haben recht. Sie werden ihre Emotionen nicht kontrollieren können, *solange* sie nicht die Verantwortung für sie übernehmen, solange sie nicht anerkennen, daß jede/r es *wählt*, sich so zu fühlen, wie sie/er sich fühlt. Wenn wir diesen Schritt machen, sind wir auf dem Weg, die Emotionen zu wählen, die wir bevorzugen, oder die Emotionen durch unser Denken zu verändern, die wir nicht wollen. Niemand anderes kann Sie dazu bringen, irgendwelche Emotionen zu fühlen, die zu fühlen Sie nicht einverstanden sind.

Betrachten wir nun wieder emotionale Balance. Wenn jemand emotionale Balance erlangt, stimmt er mit seinem wahren Selbst überein, das als seine ureigene Energieschwingung beschrieben werden kann. Wir kommen zu emotionaler Balance, indem wir zu jedem beliebigen Zeitpunkt das tun, was uns begeistert. Begeisterung ist das Signal, das uns wissen läßt, daß das, war wir tun, in Übereinstimmung mit dem ist, was wir tun müssen, um wirklich der zu sein, der wir sind. Das ist die Bedeutung des Ratschlags: „Folge deinem Herzen."

Denken bedeutet Leben – Denken macht den Menschen.

A. B. Alcott

Denken ist die Aktivität, die das Leiden in der Persönlichkeit überträgt in die physische Krankheit, die wir im Körper erfahren. Denken oder Mentalität ist das „Handeln" der Persona, und Leiden kommt Abnormitäten im Denken gleich.

Uns sind psychiatrische Störungen als Leiden der Mentalität vertraut – gestörtes Denken. Die meisten dieser mentalen Störungen werden nur bemerkbar oder evident, weil wir anderen, die wir uns für normal halten, die Fähigkeit haben, innerhalb derjenigen Vorstellung davon, was die Welt sei, auf die sich unsere Gesellschaft geeinigt hat, zu bleiben. Denen, die wir als „gestört" bezeichnen, fehlt die Strategie, dies zu tun, oder wenn sie sie haben, wenden sie diese nicht effektiv an. Aus diesem Grund sind die NLP-Techniken so außerordentlich erfolgreich dabei geworden, diese Patienten wieder zu „normalem" Verhalten zu bringen. Und dennoch ignoriert der größte Teil des medizinischen Berufsstandes die Tatsache, daß es die Wissenschaft und Methodologie des Neurolinguistischen Programmierens gibt!

Selbstverständlich müssen Sie nicht geisteskrank sein, um die Rolle zu verstehen, die das Denken für die Gesundheit und die Krankheit spielt. Es wird geschätzt, daß gut und gerne 80 Prozent der Krankheiten erwachsener Menschen das Ergebnis des Mißbrauchs von Essen, Alkohol, Drogen, Tabak usw. sind. Mit anderen Worten, diese Krankheiten sind Leiden des menschlichen Verhaltens, die aus negativem und fehlerhaftem Denken resultieren. Alle Traumata, Ernährungskrankheiten wie Fettleibigkeit und Krankheiten des Verdauungstraktes, die meisten Infektionskrankheiten, viele Arten von Krebs, Herz- und Gefäßkrankheiten und viele andere Störungen hängen direkt mit negativem Denken zusammen. Die übrigen 20 Prozent sind das Ergebnis nichtoptimalen Denkens subtilerer Art. Es kann nicht anders sein, denn:

Wie du denkst, so ist es.

Alte Weisheit

Der tatsächliche Verlauf einer Krankheit ist zu einem großen Teil durch das Denken des Patienten bestimmt. Die Patienten, die jegliche Verantwortung für ihr Leiden ablehnen, werden es vermeiden, die Kraft ihres Denkens während ihrer Krankheiten zu bemühen. Diese Menschen werden passiv und von allen sie umgebenden Menschen abhängig. Indem sie sich weigern zu denken, liefern sie sich effektiv dem Wüten des Leidens aus, weil sie keinen Schritt unternommen haben, den grundlegenden, verursachenden Faktor, ihr negatives Glaubenssystem, neu zu entwerfen.

Menschen, die in positiven Begriffen über ihr Leiden denken, unternehmen damit die ersten wirksamen Schritte, um sich selbst zu heilen. Und das bedeutet die Zurückweisung von Negativität. Sie können ein positives Glaubenssystem nur mit positiven Gedanken aufbauen. Durch das Zurückweisen der Negativität befinden sie sich auf dem Weg, ihr negatives Glaubenssystem, den verursachenden Faktor jedes Leidens, zu verändern. Aus diesem Grund erreichen diese Menschen Heilung bei Krankheiten, die als unheilbar gelten, wie gewissen Krebsarten und sogar AIDS.

Das Denkmuster und ebenso der Inhalt des Denkens bestimmen, welche Auswirkungen das Leiden auf den Körper während einer Krankheit haben wird. Zwei Ärzte hatten eine Herzattacke. Einer ist ein Chirurg Mitte Fünfzig, und der andere ist ein Herzspezialist, der gerade fünfundvierzig geworden ist. Der Chirurg, den ich Sam Riley nennen will, wurde wütend, als man ihm den Verlauf und die Prognose seiner Krankheit beschrieb.

„Ich kenne diesen ganzen Scheiß!" schrie er Doktor Adams, den Chef der Kardiologischen Abteilung des Krankenhauses, an. Sam verbrachte dann seine Zeit damit, die junge Intensiv-Schwester, die ihm zugeordnet war, mit seinen wütenden Forderungen in Schrecken zu versetzen. Schließlich meldete sich Ida, eine strenge ältere Schwester, und bot an, sich um Sam zu kümmern. Die ersten Tage über beobachtete sie, wie Sam sich in Wutanfälle hineinsteigerte. Am Anfang bot sie ihm einfach gefäßerweiternde Medikamente an. Dann, als er eines Tages wütend wurde und vor Schmerz fast umkippte, stand Ida nur da und beobachtete ihn.

„Verflucht nochmal, stehen Sie hier nicht bloß herum", keuchte er und griff mit seiner rechten Hand nach der Nitroglyzerintablette.

„Sie können den Schmerz selbst abstellen", sagte Ida klipp und klar. „Mittlerweile sollten Sie wissen, daß Sie sich einen Splitter holen, wenn Sie gegen die Faser angehen."

Sam fiel in sein Kissen zurück und erlaubte seinen Tränen, frei zu fließen. „Schwester Ida hat recht", dachte er. Er dachte über sein Leben und das Leben seiner Patienten nach. Er kam zu dem Schluß, daß jeder Schmerz, sowohl physischer als auch emotionaler, vom Widerstand kommt. Er sah, daß Schmerz nicht ohne Reibung zustande kommt. Er lehnte eine Empfehlung zur Bypass-Operation am Herzen ab und bat um Entlassung aus dem Krankenhaus.

„Ich möchte einige Zeit damit verbringen, meine Kinder kennenzulernen", sagte er zu Doktor Adams.

„Du wirst deine Kinder nicht dadurch kennenlernen, daß du stirbst", schalt Adams. „Sam, sei kein Dummkopf!"

„Mach' dir keine Sorgen. Ich werde noch lange Zeit da sein", versicherte ihm Sam.

Sam ging nach Hause, schloß seine Praxis und verwandte die nächsten sechs Monate darauf, Entspannung zu erlernen und zu erreichen. Er beschäftigte sich mit Aktivitäten, die sein Interesse fanden, stellte fest, daß er sich weniger Sorgen machte, und war überrascht zu entdecken, daß das Leben wirklich ziemlich leicht und die Welt schön war. Er wurde ein glücklicherer Mensch und begann eine neue Karriere in Sportmedizin.

Das andere Opfer einer Herzattacke, der Herzspezialist Allen Jacobs, war genau das – ein Opfer. Vom ersten Tag seines Herzanfalles an war er von Furcht gelähmt. Die Laboruntersuchungen, besonders die Untersuchungen über die das Herz betreffenden Enzyme beherrschten die Art, wie er über seine Krankheit dachte und fühlte. Eines Tages kam ein Assistenzarzt in sein Zimmer und verkündete, daß Jacobs' Enzymspiegel auf normale Werte falle. Jacobs' Gesicht hellte sich auf, und an diesem Morgen wusch und kleidete er sich selbst an, ohne Hilfe der Schwestern. Seine Stimmung war sonnig, und er begann, seine Diagnose in Zweifel zu ziehen. Er war auf dem Weg, Doktor Adams zu suchen und ihn dafür zur Rede zu stellen, bei der Aufnahme ins Hospital eine angemessene Differentialdiagnose seines Zustandes unterlassen zu haben, als auf der Schwesternstation eine Laborantin an ihn herantrat.

„Doktor Jacobs, ich wurde gebeten, Ihre Kardialenzyme zu überprüfen", sagte sie, und fügte rasch hinzu: „Es tut mir wirklich leid, aber ich muß neue Blutproben bekommen."

„Warum?" fragte Jacobs, und starrte die junge Frau zornig an.

„Die Maschine war nicht richtig eingestellt. Alle Meßwerte waren heute morgen ungewöhnlich niedrig", sagte sie zu ihm.

Jacobs brach in einen Stuhl zusammen und mußte in sein Zimmer zurückgefahren werden. Er stimmte passiv einer Herzoperation zu und blieb nach der Operation mutlos. Er nahm seine kardiologische Praxis nie mehr auf, da er jede normale Tätigkeit, intellektuelle eingeschlossen, als Gefahr für sein Herz-Kreislauf-System ansah. So war er damit zufrieden, seine Versicherungssumme für Arbeitsunfähigkeit zu kassieren und zu Hause umhegt zu werden. Er kam seither mehrfach ins Krankenhaus wegen Beschwerden, die von einem Schnupfen bis zu Hämorrhoiden reichten, deren Symptome er zu lebensbedrohlichen Ausmaßen steigerte. Als ich ihn zuletzt sah, fühlte ich die Anwesenheit fortgeschrittener Senilität, und dabei war der Mann noch nicht einmal fünfzig Jahre alt. Der Kontrast zwischen diesem Bild von Jacobs und der energiegeladenen, vibrierenden, jugendlichen Figur von Sam Riley beweist, daß Denkmuster Himmel oder Hölle in unserem Körper erzeugen.

Die Bedeutung, die wir einer Krankheit zuschreiben, bestimmt in hohem Maß, was diese Krankheit ist. Mit anderen Worten, die Inhalte unserer Gedanken definieren das Leiden. Nirgends ist dies auffälliger als bei der Variationsbreite von Schmerztoleranz zwischen einzelnen Menschen oder sogar zwischen kulturellen Gruppen in einer Gesellschaft.

Mein Mann Norman und ich arbeiteten einmal in einem kleinen Krankenhaus in meiner Heimatstadt in Westafrika. Wir taten unentgeltlich Dienst als chirurgisches Team für jeden aus meiner Stadt und den umliegenden Städten und Dörfern. Da es in dem Krankenhaus kein Anästhesiegerät gab, führten wir alle Operationen, sowohl große als auch kleine, unter Lokalanästhesie durch. Es war eine aufregende Zeit – so vieles mit so wenigem zu tun.

Wir waren erstaunt darüber, wie kreativ wir werden konnten, wenn unsere Fertigkeiten gebraucht wurden. Mein Mann, ein in Amerika gebürtiger Chirurg, war erstaunt über die Widerstandsfähigkeit meines Volkes.

Einmal sagte Norman einem Patienten nach einer besonders schwierigen Bruchoperation, daß er möglicherweise ziemlich starke Schmerzen haben werde, und instruierte ihn sorgfältig, daß er einige Wochen lang keine schweren Gegenstände heben solle. Der Patient dankte ihm und ging. Ich werde nie den Ausdruck äußersten Erstaunens auf Normans Gesicht vergessen, als er aus dem Fenster blickte und sah, wie sein frischoperierter Patient sich eine schwere Last Süßkartoffeln auf den Kopf hob und zum Markt abmarschierte.

„Das kann ich nicht glauben!" rief Norman aus, „diese Leute sind keine Menschen."

„Was ist los, Doktor?" fragte mein Vater, der ihm bei der Operation assistiert hatte.

Mein Mann erklärte, daß die Wirkung der kleinen Menge Lokalanästhetikum, die wir für die Operation verwendet hatten, vollständig nachgelassen habe, noch ehe der Patient entlassen worden war, und daß er erwartet hatte, daß der Patient beim Aufstehen solche Schmerzen hätte, daß er es nie in Betracht ziehen würde, irgend etwas zu heben.

„Haben diese Menschen keine Schmerzen, Papa?" fragte er meinen Vater.

„Oh doch, sie haben welche", versicherte ihm mein Vater. Ich lachte und erklärte meinem Vater, daß die Patienten in den Vereinigten Staaten aufgefordert werden, Schmerzen nach einer Operation zu vermeiden.

Unsere Leute haben Schmerzen genau wie jeder andere, sagte ich zu Norman. Nur denkt dieser Mann nicht, daß das etwas Schlechtes ist. Er erwartet, daß seine Wunden ihn wissen lassen, daß etwas Gutes – eine Heilung – in seinem Körper stattfindet, und in gewisser Weise schaut er mit Dankbarkeit auf seinen Schmerz. Du wirst ihn nie sich über den Schmerz beklagen hören, weil er den Schmerz als seinen Freund sieht und deshalb der Schmerz nicht im normalen Sinn des Wortes schmerzhaft ist.

Und es war für den Mann nicht schmerzhaft, weil er Schmerz nicht in dieser Weise, als etwas Unerfreuliches oder etwas zu Vermeidendes wahrnahm. Er nahm die Empfindung, die wir Schmerz nennen, als genau das, als Empfindung. Für ihn bedeutet Schmerz die Empfindung, daß Heilung, ein positives Ereignis, stattfindet. Deshalb widersteht er ihm oder bekämpft ihn nicht. Er integriert ihn in sich und fließt mit ihm. Deshalb lebt er in Frieden und relativer Ruhe. Die Operationswunde dieses Mannes heilte, ohne daß er auch nur einmal eine Aspirintablette gegen Schmerzen nahm. Tatsächlich wäre ihm nie in den Sinn gekommen, daß es irgendeine Notwendigkeit für ihn gäbe, irgendwelche Medikamente gegen Schmerzen zu nehmen.

Durch unsere Gedanken erzeugen wir die Reibung, den Widerstand gegen unser natürliches Selbst, die wir als Leiden und Schmerz erfahren, wie der Refrain des Liedes sagt:

Jetzt, da ich keine Zeit für den Schmerz habe,
brauche ich den Schmerz nicht...

Pop-Song

Und wenn Sie sich jetzt entschieden haben, etwas zu unternehmen – etwas zu ändern, lesen Sie weiter.

Kapitel 7

Die Methodologie der Metamedizin

Das Erfolgsgeheimnis des Anwenders von Metamedizin ist die vollständige Ausrichtung auf den Patienten. Diese integrierte Konzentration auf das Wohlergehen des Patienten läßt keinen Raum für Beschränkungen wie Vorurteil, Habgier, Arroganz und Ignoranz.

Flexibilität sowohl in der Wahl der metamedizinischen Mittel als auch im Gebrauch der medizinischen Technologie ist eine notwendige Fertigkeit für den *ärztlichen Heiler.* Mit anderen Worten, wenn ein Mittel Wirkung zeigt, benutzen wir es. Wenn es nicht wirkt, wählen wir ein anderes, bis wir das Mittel finden, das der Aufgabe gerecht wird.

Da Metamedizin moderne, um den menschlichen Bewußtseinsfaktor erweiterte Medizin ist, sind alle in ihr anwendbaren Mittel dazu bestimmt, die medizinische Technologie darin zu unterstützen, stärkende, wirksame und oft spektakuläre Resultate zu erzielen. Die detaillierte Beschreibung der modernen medizinischen Therapie würde den Rahmen dieser Arbeit überschreiten, weil dieses Buch kein medizinischer Fachtext sein soll.

Das menschliche Gehirn ist das grundlegende Instrument der Persönlichkeit (der Persona) für Veränderung und damit für Heilung. Das Konzept, das wir Mentalität nennen, die Denkkomponente des Gehirns, ist das spezifische Agens zur Veränderung in jedem Aspekt der Person.

Ich habe dargelegt, daß es die erste Handlung des ärztlichen Heilers ist, Zugang zu der Welt des Patienten zu gewinnen. Die Welt des Patienten ist seine einzigartige Sichtweise. Einfach erklärt bedeutet sie die Art und Weise, wie der Mensch denkt oder Erfahrung internal repräsentiert. Erinnern Sie sich, daß ich im Kapitel über „Denken" die universelle Sprache der Augenbewegungsmuster dargestellt habe; die „Augenzugangshinweise", die Verben und die prozeßbeschreibenden Wörter, die Menschen benutzen, lassen ihre Denkprozesse erkennen. Erinnern Sie sich auch, daß ich die Tatsache dargelegt habe, daß wir, indem wir Menschen veranlassen, ihre Erfahrung genau zu beschreiben, die Inhalte der Erfahrung an und für sich betrachten können. Indem wir das tun, beugen wir unserer natürlichen Neigung vor, diese Erfahrung zu interpretieren. Auf diese Weise werden wir unsere eigene Interpretation des Ereignisses nicht mit dem verwechseln, was die Menschen für das Ereignis halten. Wenn das Wissen um diese Parameter des Denkprozesses angewendet wird, wird es zum Schlüssel, um Rapport zu jedem beliebigen Individuum zu erreichen.

Warum ist es notwendig, zu jemandem Rapport herzustellen? Weil Menschen diejenigen, die ihnen gleichen, mögen und ihnen vertrauen. Das einzige Gebiet, in dem das allgemein akzeptierte Gesetz „Gegensätze ziehen sich an“ nicht funktioniert, sind menschliche Beziehungen. Wir neigen nicht dazu, uns Menschen gegenüber zu öffnen, die uns unähnlich sind. Wir meiden sie unbewußt oder schließen sie aus unserer Privatsphäre aus. Und wenn wir uns durch rationale Argumente dazu bringen, unsere Seelen diesen nicht zu uns passenden anderen gegenüber zu entblößen, stellen wir fest, daß wir uns bewußt anstrengen müssen, dies zu tun. Es ist kein einfaches Verfahren.

Die Erklärung dieses Phänomens bezieht sich auf die Tatsache, daß wir Menschen Energieformen sind. Erinnern Sie sich, daß das, was Energie differenziert oder verschiedene Energiemuster voneinander unterscheidet, ihre Amplituden und Schwingungsfrequenzen sind. Das einzigartige Schwingungsmuster, das Individuen voneinander unterscheidet, kann als ihr ureigenes Schwingungsenergiemuster betrachtet werden. Bei Menschen ist der Emotionalitätsaspekt der Persönlichkeitsstruktur die ureigene Schwingungsenergie des Individuums. Wie ich im ersten Abschnitt dieses Buches beschrieben habe, kommt Emotion (Energiebewegung) in der Hierarchie der Persona vor Denken und bleibt deshalb sehr oft außerhalb des bewußten Gewahrseins. Anders ausgedrückt: Emotion ist größtenteils ein unbewußtes Phänomen.

Ähnliche Schwingungsfrequenzen erkennen einander. Mit anderen Worten, wir können nur in derjenigen Frequenz leicht „funktionieren“, mit der wir uns identifizieren. Wir können eine

Energieeinheit einer uns völlig fremden Schwingungsfrequenz nicht erkennen oder uns in sie einstimmen. Aus diesem Grund identifizieren wir uns unbewußt mit Menschen, die uns ähnlich sind, und sehr oft sind wir nicht in der Lage, den Grund anzugeben, warum wir es vorziehen, uns mit diesen Menschen zu befassen. Das Geheimnis von Rapport, Intimität oder Harmonie ist die Duplizierung oder annähernde „Nachbildung" des (emotionalen) Schwingungsenergiemusters eines anderen Individuums.

Um dies zu erreichen, müssen wir einem Menschen seine Weltsicht *spiegeln*, ihr entsprechen und sie reflektieren. Deshalb sprechen wir zu dem Individuum, indem wir die Sprache verwenden, die seinen Augenmustern und prozeßbeschreibenden Wörtern zu entnehmen ist. Zusätzlich spiegeln wir die größeren physiologischen Körperaktivitäten wie Atemfrequenz und Körperhaltung, und *gleichen* uns ihnen taktvoll *an*.

Dieses letztere Vorgehen kann zu außergewöhnlichen Ergebnissen führen. Bei einem unserer Trainingsseminare ließen wir jeweils zwei Personen Paare bilden. Einer von ihnen, den ich als Person A bezeichnen will, wurde instruiert, sich zu entspannen und an etwas zu denken, bevorzugt an ein bestimmtes vergangenes Ereignis. Der andere, Person B, wurde in einem 45-Grad-Winkel zu Person A positioniert. Person B wurde angewiesen, As Atmungsmuster nachzuahmen, und seine Gliedmaßen und Haltung wurden in gleicher Weise wie die von A arrangiert. Er wurde angewiesen, seine Augen und seinen Gesichtsausdruck gleich wie A zu halten und seinen Gedanken freien Lauf zu lassen. Nach einigen Minuten wurde das Angleichen und Spiegeln abgebrochen. Person B wurde gebeten, ihre innere Wahrnehmung zu beschreiben. Zu Person As großem Erstaunen beschrieb sie genau das, worüber A nachgedacht hatte! Nun, erinnert das an „Telepathie"? Fast.

Angleichendes und spiegelndes Verhalten darf nie auf Imitation reduziert werden. Das Ich-Bewußtsein oder äußere, wissende Bewußtsein der Menschen hat ein eingebautes Alarmsystem, das sie wissen läßt, wann jemand sie Bewegung um Bewegung kopiert. Man muß es mit großem Respekt und großer Einfühlung in den gespiegelten Menschen tun. Mit anderen Worten, Sie müssen aufrichtiges oder glaubhaftes Interesse an dem Menschen zeigen, um die effektivsten Ergebnisse zu erzielen. Wir erreichen dies, indem wir „über Kreuz“ spiegeln. Das geschieht, indem man *einen* nonverbalen Kanal durch einen anderen ersetzt. Zum Beispiel können Sie Handbewegungen verwenden, um sich jemandes Atmung anzugleichen. Sie können auch ihr Sprechtempo benutzen, um sich der Atmung der Person anzugleichen. Beides wird zu den gleichen Ergebnissen führen, wenngleich es vielleicht nicht so wirkungsvoll ist, wie Atmung durch Atmung zu spiegeln – das heißt mit demselben System zu spiegeln. Tatsächlich ist Über-Kreuz-Spiegeln ein etwas ungefährlicheres Vorgehen. Können Sie sich vorstellen, jemanden zu spiegeln, der einen asthmatischen Anfall hat? Auf diese Weise werden Sie womöglich nicht sehr lange leben!

Um zu testen, ob Sie sowohl das verbale als auch das nonverbale Verhalten ausreichend angeglichen und gespiegelt haben, versuchen Sie, das gespiegelte Individuum zu „führen“. Führen bedeutet, bei dem Individuum Verhalten zu erzeugen, indem man ihm ein eigenes Verhalten zum Angleichen anbietet. Ändern Sie zum Beispiel, nachdem Sie sich einem Individuum eine Zeitlang angeglichen und es gespiegelt haben, Ihre Körperhaltung und sehen Sie, ob er/sie hinreichend folgt.

Wenn das Führen erfolgreich ist, werden Sie folgende Information haben:

a) Sie haben erfolgreich die Welt der anderen Person betreten.
b) Sie haben das unbewußte Vertrauen des/der anderen, weil Sie seiner/ihrer (emotionalen) Schwingungsfrequenz entsprochen haben.
c) Die Person ist nun bereit, Ihnen zu erlauben, sie zu neuem Verhalten, neuen Entscheidungen und Wahlen zu führen.

Der Metamediziner, der die Kunst des Neurolinguistischen Programmierens beherrscht, wird all dies normalerweise während der Befragung des Patienten über die medizinische Vorgeschichte seiner Krankheit zuwege bringen. Es gibt einige Ärzte, die dies unbewußt ohne NLP-Training tun. Diese Ärzte verlassen sich auf bedingungslos gegebene Liebe, um sich auf der Identitätsebene dem Patienten anzugleichen, und der Patient vertraut ihnen instinktiv vollkommen.

Wenn der ärztliche Heiler sich dem Patienten erfolgreich angeglichen, ihn nachgeahmt und geführt hat, hat er sich nun mit der Weltsicht des Patienten in Übereinstimmung gebracht. Ich werde, da Sie mit ihr bereits vertraut sind, die Fallgeschichte, die im ersten Kapitel dieses Buches dargestellt ist, verwenden, um zu illustrieren, wie der Metamediziner Rapport benutzt, um einem Patienten zur Heilung zu verhelfen.

Erinnern Sie sich, daß Doktor Norman zu Beginn den Patienten Elmer Wenzel ermutigte, frei über sein Leben auf der Farm im allgemeinen zu sprechen. Er hatte es nicht eilig damit, zu der Sache zu kommen, deretwegen Elmer da war, das heißt zu seiner Krankheit – einem blutigen Zwölffingerdarmgeschwür.

Doktor Norman hielt die Zeit, die er darauf verwendete, Elmer zuzuhören, wie er sich über seine Farm ausließ, für äußerst wertvoll. An diesem Punkt, als der Patient sich sicher und entspannt fühlte, während er über etwas anderes als seine Krankheit sprach, gab er entscheidende Informationen über sich.

Der Arzt nutzte die Zeit, um sich anzugleichen und Elmer zu führen, und erlangte ganz leicht Rapport. Zu dem Zeitpunkt, als er tatsächlich zu der Krankheitsgeschichte Elmers kam, hatte er ein genaues Wissen darüber, wie Elmers Gehirn Information verarbeitete. Mit anderen Worten, er wußte, auf welche Weise Elmer dachte.

Doktor Norman entdeckte auch die Aktivität, die Elmer am meisten begeisterte oder interessierte. Es war „die Zeit am Wels-Teich totschlagen“, wie sich Elmer ausdrückte. Das war es, was er am meisten genoß. Warum war diese Information so wichtig?

Erstens: Doktor Norman lernte, daß diese Aktivität, das heißt Arbeit, die sich auf den Fischteich bezog, das wäre, was Elmer mit seiner ureigenen (emotionalen) Schwingungsenergie in Einklang bringen würde. Er würde sich auf diese Aktivität verlassen, um Elmers emotionale Energie auf eine Höhe emporzutreiben, die ihn entweder heilen oder es Elmer möglich machen würde, die Ursache seiner Krankheit – sein Leiden – wahrzunehmen.

Doktor Norman benützte geschickt Elmers „Betriebssprache“ – sein Repräsentationssystem, das größtenteils visuell-kinästhetisch war, um ihn dazu zu bringen, sich bereitwillig den medizinischen

Verfahren zu unterziehen, die sich auf seinen spezifischen Krankheitstypus bezogen. Der Arzt ging das übliche medizinische Diagnostik- und Therapieverfahren durch. Er tat dies gewohnheitsmäßig, wenn er auch sicher war, daß Elmer einfach durch eine Veränderung im dahinterstehenden Glaubenssystem, das der verursachende Faktor bei diesem Leiden war, gesund werden konnte. Seine Entscheidung, die übliche medizinische Vorgehensweise bei der Therapie in Anspruch zu nehmen, war strikt auf einen tiefen Respekt vor Elmers Glauben an die moderne Medizin gegründet. Es war in erster Linie dieser Glaube, der Elmer in die Praxis des Arztes geführt hatte.

Doktor Norman benutzte in eleganter Weise Elmers Überzeugungsstrategie, um ihn anzustoßen, die Arbeit zu wählen, die er liebte. Erinnern Sie sich, daß Elmer den Glauben seiner Eltern übernommen hatte, daß die Unterhaltung eines Wels-Teichs keine einem Mann angemessene Arbeit sei. Wie wir sahen, war diese Überzeugung die Ursache seines Leidens.

Der Arzt ging diesem verursachenden Glauben in subtiler Weise nach, indem er Elmers Entscheidungsfindungsstrategie herausfand. Er erhielt sie, indem er Elmer fragte, wie er entschieden habe, in seine Praxis zu kommen. Elmer antwortete, daß er sich, nachdem er den dritten Auswurf gesehen und unter diesem Anfall sehr gelitten hatte, gesagt habe, daß er gehen und Doktor Norman aufsuchen müsse. Seine Entscheidungsstrategie dabei war: visuell-kinästhetisch-auditiv digital oder V-K-Ad. Also stellte Doktor Norman Elmer die ressourcenreichste Wahlmöglichkeit in diesem *Format* vor: „Und wenn Sie sehen, wie gut das für Sie ist, wie gut Sie sich fühlen werden, können Sie sich sagen, daß Sie das Richtige tun."

Es war, wie wenn Elmer selbst seine Entscheidung ausgesprochen hätte, weil dies die Art ist, wie Elmer Entscheidungen trifft. So rastete diese Wahl an der richtigen Stelle in Elmers Gehirn ein.

Als Elmer begann, Zeit am Wels-Teich zu verbringen und die Arbeit zu tun, die er liebte, hob seine emotionale Erregung seine Energiefrequenz auf ein Niveau, auf dem er nicht länger ein Energiewesen war, das ein Leiden haben konnte, das sich als Zwölffingerdarmgeschwür manifestierte. Sein rascher Erfolg bei dem Wels-Unternehmen ist der Beweis für seine Glaubensveränderung.

„Angenommen, Elmer hätte sich zwar danach gesehnt, den Wels-Teich zu unterhalten, aber er hätte seine Überzeugung nicht aufgeben können, was dann?“ fragen Sie vielleicht.

Wenn er gewünscht hätte, diese Veränderung zu machen, und dabei Schwierigkeiten gehabt hätte, hätte Doktor Norman NLP-*Submodalitäten*veränderungen verwenden können, um die Überzeugung in eleganter Weise zu ändern. Dies erwies sich als unnötig durch Elmers bewußte Wahl der neuen Überzeugung, für seinen Lebensunterhalt die Arbeit zu tun, die er liebte.

Bitte beachten Sie, daß Doktor Norman während des gesamten Vorgangs Elmer in einem *ressourcenreichen Zustand* hielt, weil er die Bedeutung positiver emotionaler (Energie-)Zustände für den Heilungsprozeß und die Gesundheit zu schätzen weiß. Als Elmer bei ihrer ersten Begegnung eine Welle negativer Emotion zeigte, als er überwältigt war, während er über den Einfluß der Regierung auf seine Farm sprach, unterbrach der Arzt dieses Muster mit einem Witz. Elmer lachte, und das zentrierte ihn. Mit anderen Worten, das brachte seinen Energiezustand auf den Balance-Nullpunkt zurück. Doktor Norman ankerte auch eine Anzahl positiver Emotionen des Lachens auf seine Schulter. Er ließ Elmer mit diesen *Ankern* einen „Schritt in die Zukunft“ machen, um sicherzustellen, daß der Gedanke an seine Baumwollfarm nicht länger negative Emotionen bei Elmer auslösen würde. Beachten Sie, daß der Arzt dies, noch bevor Elmer die Praxis verließ, testete und damit bestätigte, daß es funktionierte.

Alle metamedizinischen Instrumente Doktor Normans waren darauf gerichtet, Elmers emotionale Energie auf seine wahre, ureigene Schwingungsfrequenz auszurichten, und in diesem Zustand war er nicht länger eine Person, die Geschwüre hatte. Mehr noch, in diesem Zustand gelang ihm seine wahre Verwirklichung im Leben, und so wurde er zu einem produktiven, gesunden und glücklichen Menschen.

Oft werden Menschen, die an etwas leiden, was als lebensbedrohende Krankheit gilt, buchstäblich vor Furcht gelähmt. Wir sehen dies manchmal bei Frauen, die Brustkrebs haben. Einige dieser an Brustkrebs Leidenden fürchten sich so, daß sie die Existenz des Leidens leugnen und mental davor weglaufen. Ich mußte tatsächlich physisch hinter einer Frau herlaufen, die an Brustkrebs litt.

Ihr Chirurg hatte ihr behutsam erklärt, daß ihre Brustbiopsie Karzinome anzeigte, und hatte ein therapeutisches Vorgehen entworfen. Sie hörte dem Arzt ruhig zu und zeigte keinerlei Emotion. Sie stimmte der vorgesehenen Brustoperation zu. Allem Anschein nach war sie eine mutige und intelligente Frau, aber ihr Arzt war davon nicht völlig überzeugt. So bat er mich, sofort nach ihr zu sehen. Als ich im Untersuchungsraum ankam, entdeckte ich, daß sie gegangen war. Ich blickte aus dem Fenster und sah sie die Straße hinunter gehen, und ich nahm die Verfolgung auf.

Ich lief ihr nach und holte sie ein. Ich stellte mich vor, und sie schaute mich mit glasigen Augen und einem eisigen Lächeln an. Ich brachte sie zum Chirurgischen Zentrum zurück und hielt es für notwendig, eine Angstneutralisierungsmaßnahme durchzuführen, bevor sie effektiv kommunizieren konnte. Diese Maßnahme wird im Kapitel über „Geistige Magie" beschrieben.

Wenn die Furcht nicht mehr im Weg steht, verwenden wir die Rapportmethode, um die Welt des Patienten zu betreten, damit wir seine mentalen Prozesse, sein emotionales Klima und, besonders wichtig, seine Glaubenssysteme betrachten können.

Im Fall dieser Patientin, die für eine Brustoperation vorgesehen war, war es so, daß sie, nachdem sie ihre Furcht verloren hatte, in der Lage war, ein gewisses Maß emotionaler Balance wiederzugewinnen. Wie wenn ein Schleier von ihren Augen genommen worden wäre, entfaltete sich vor ihr kristallklar das ganze Drama ihres Leidens. Sie erzählte mir, daß, als sie zweiundzwanzig Jahre alt war, entdeckt wurde, daß ihre Mutter Brustkrebs hatte. Sie begann die Angst zu nähren, daß sie auch Brustkrebs entwickeln würde. Ihre Furcht eskalierte bis zu einem Punkt, an dem ein Teil von ihr wußte, daß sie Brustkrebs haben würde und daß es nur eine Frage der Zeit sei. Als die Furcht unkontrollierbar wurde, verbannte sie einfach den Gedanken aus ihrem Bewußtsein. Sie vermied regelmäßige Brustuntersuchungen und Mammographien.

Während der Angstneutralisierungsmaßnahme hatte sie auch ihre Wut abreagiert, und nun sprach sie ruhig und in distanzierter Weise über ihre Erfahrung, mit Furcht zu leben. Wie Sie sich vielleicht erinnern, ist Furcht der polare Gegensatz zu Glauben. Sie ist ins Negative gewendeter Glaube. Meine Aufgabe war es, diesen negativen Glauben in Glauben an etwas Positives zu verändern.

Deshalb ließ ich sie eine Vision von sich selbst ohne Brustkrebs entwerfen und ließ sie dieses Selbst erleben. Sie machte also einen „Schritt in die Zukunft“, in eine Zeit nach ihrer Operation und nach vollständiger Wiederherstellung. Ihr neues Selbstbild wurde ihr neuer Glaube.

Vor der Operation freute sie sich schon darauf, ihr Haus mit Musik und Lachen zu erfüllen. Sie erholte sich bemerkenswert schnell von der Operation. Ihre Brust erschien nach der Operation sogar schöner als je zuvor. Sie strahlte Gesundheit aus, und wir fühlten Dankbarkeit dafür, ihre Freude zu teilen.

Ich habe festgestellt, daß es nie zu spät ist, den metamedizinischen Ansatz bei scheinbar hoffnungslosen Situationen während Krankheiten anzuwenden. Ich wurde einmal gebeten, einer extrem gebrechlichen alten Frau, die an fortgeschrittenem Bauchspeicheldrüsenkrebs litt, eine Anästhesie zu geben. Diese Frau, die ich Rosa nennen will, war zweiundachtzig Jahre alt und hatte viel an Gewicht verloren. Sie lag auf einer Bahre im Flur vor dem Operationssaal des Krankenhauses, als ich sie zum ersten Mal traf. Sie hatte sich in die fötale Stellung zusammengerollt und lag mit dem Gesicht zur Wand des Korridors. Die Schwestern hatten mir gesagt, daß sie sich verbal nicht mitteile und daß sie keine Ahnung von dem habe, was vor sich ging. Ich hob vorsichtig die Decke von ihrem Gesicht, lehnte mich zu ihrem Ohr hinüber und verkündete: „Ich bin das Schönste, was Sie je sehen werden, und ich bin hier, um Sie glücklicher zu machen, als Sie es jemals waren.“

Sie wandte langsam ihren Kopf und schaute mich an. Dann sagte ich ihr, wer ich war – ihre Anästhesieärztin. Sie begann, sich abzuwenden, und ich machte eine Bemerkung über die Schönheit in ihren Augen. Sie lächelte scheu. Nachdem ich Rapport zu ihr aufgebaut hatte, bat ich sie, mir zu sagen, was sie über ihre Krankheit und die geplante Operation wisse. Sie gab zu, daß sie wußte, daß sie viel Gewicht verloren hatte und es nötig hatte, essen zu können, um an Gewicht zuzunehmen. Sie leugnete jegliches Wissen um ihren Krebs. Ich nahm Rebellion und einen gewissen Trotz in ihrer Rede wahr.

„Sie sind ein kleines, gemeines Dreckstück, genau wie ich, nicht wahr?“ provozierte ich sie, indem ich ihr behutsam auf die Schulter klopfte. Sie brach in Lachen aus. Sie setzte sich in ihren Kissen hoch und erzählte mir mehrere Geschichten über ihre Kämpfe mit Krankheiten.

„Und ich kriegte sie auch jedes Mal in den Griff", schloß sie und ließ sich in ihr Kissen fallen.

„Warum ihnen dann nicht auch diesmal die Hölle heiß machen?" fragte ich. „Sie haben doch nicht etwa vergessen, wie Kämpfen geht, oder doch?"

Ich sah, wie ihre Augen aufleuchteten und ihre Atmung sich vertiefte. Ich brachte sie dazu, über ihre glücklichsten Zeiten zu erzählen, und ankerte ihre ressourcenreichsten Zustände. Sie verstand, daß es der Körper war, der sich selbst heilte. In schneller Folge erzählte sie mir, daß sie Frustrationen und chronischen Unglücksgefühlen erlegen war. Sie sagte, daß das Schlimmste, was sie sich angetan hatte, war, daß sie Furcht und morbidem Denken erlaubt hatte, ihr tägliches Brot zu werden.

„Diese Nervosität muß jetzt aufhören, weil ich jetzt keine Zeit mehr für diese Dummheit habe", schloß sie.

Als wir sie auf dem Operationstisch liegen hatten, erzählte sie mir, wie sie es liebte, sich in schöne Kleider zu werfen, und wie sie immer die beste Tänzerin in ihrer Nachbarschaft gewesen war. Ich sagte ihr, daß ich sie in ihren hübschen Kleidern sehen wolle und daß sie so schnell wie möglich aus dem Krankenhaus heraus müsse, um mir ihre Kleider zu zeigen. Ich drängte sie, mir zu sagen, wie bald sie das Krankenhaus verlassen würde. Nach einer Pause sagte sie mir, daß sie das in sieben Tagen tun werde.

Als wir sie für die Anästhesie vorbereiteten, verbarg sie ihr Gesicht in den Händen, und ich dachte zuerst, daß sie weinte. Dann erst bemerkte ich, daß sie kicherte.

„Was ist so lustig, Rosa?" fragte ich überrascht. Sie sagte, daß sie vergessen habe, daß sie ihr Gebiß nicht trug, und daß es ihr peinlich sei, ohne es gesehen zu werden! Wir lachten und versicherten ihr, daß sie ohne es hübsch aussehe. Sie lachte, bis sie unter Vollnarkose ohne Bewußtsein war.

Ihr Bauchspeicheldrüsenkrebs war zu fortgeschritten, und nur die sogenannten lindernden Maßnahmen wurden vorgenommen, um Blockierungen zu umgehen. Nichtsdestoweniger erholte sie sich in bemerkenswerter Weise von der Operation. Ihr Chirurg hatte metamedizinische Fertigkeiten und wendete diese an, um das Bewegungsvermögen ihres Verdauungstraktes innerhalb eines Tages wiederherzustellen. Innerhalb von achtundvierzig Stunden nahm sie wieder Nahrung zu sich. Nach genau sieben Tagen wurde sie aus dem Krankenhaus entlassen.

Ich sah sie in der darauffolgenden Woche während ihres postoperativen Besuchs in unserem Zentrum. Sie zeigte mir ihr hübsches Kleid, von dem sie sagte, daß sie es für mich trage. Ich fragte sie, wie es ihr zu Hause gehe. Sie sagte, daß sie sich über die Leute, die zu Hause für sie sorgten, aufrege.

„Warum sorgen Sie dann nicht selbst für sich?" fragte ich sie.

„Ich bin immer noch zu schwach", erklärte sie.

„Unsinn", gab ich zurück, „Sie waren immer stark und Sie haben genügend Kraft, um alles zu tun, was Sie wirklich tun wollen. Also, warum bringen Sie nicht einfach Ihr Hinterteil hoch und sorgen selbst mal zur Abwechslung für Ihre Familie?"

Später an diesem Abend sah ich sie im hiesigen Lebensmittelgeschäft, und ich konnte kaum glauben, daß es dieselbe gebrechliche, schwache Frau war, mit der ich zwei Stunden vorher gesprochen hatte. Sie bewegte sich mit Leichtigkeit, schob einen Einkaufswagen von Gang zu Gang und suchte und wählte ihre Lebensmittel aus. Sie grüßte fröhlich andere Einkaufende. Schließlich ging ich auf sie zu, um zu verifizieren, daß das, was ich sah, tatsächlich real war. Sie umarmte mich und antwortete auf die Frage, die in meinen Augen stand: „Ich wußte, daß ich in Ordnung sein würde. Alles, was ich brauchte, war: Sie zu sehen."

„Nun, dafür müssen Sie mich nicht sehen. Alles, was Sie tun müssen, ist, immer daran zu denken, daß Sie die Chefin dieser gesamten lebendigen neunzig Pfund sind", sagte ich zu ihr.

Rosa wird wohl schließlich die Wahl treffen, aus diesem physischen Leben mit Hilfe des Krebses überzusetzen, aber sie wird es ohne Furcht tun. Sie wird es in voller Selbstbestimmung, mit erhobenem Kopfe tun.

Metamedizin ist Medizin als Kunst und Wissenschaft, praktiziert im Kontext des vollkommenen bewußten Gewahrseins des

Menschen, das wir als Persönlichkeit oder Persona erkennen. In dem mit „Metaphysiologie“ überschriebenen Kapitel dieses Buches haben wir gesehen, wie der menschliche Körper ein wesentlicher Teil dieses Persönlichkeitskomplexes ist. Die Beschreibung des Körpers als physischer Teil des äußeren wissenden Bewußtseins oder als Fokus ist dasselbe, wie wenn man sagt, daß der Körper die physische Repräsentation des Geistes ist. Die Gültigkeit dieser Einheit oder integrierten Sichtweise bleibt erhalten, auch wenn wir für die Zwecke der Beschreibung Unterscheidungen zwischen dem Geist und dem Körper vornehmen. Bitte machen Sie sich klar, daß wir Menschen gelernt und funktioniert haben, indem wir Unterscheidungen, Trennungen und Grenzziehungen oder Abteilungen in alles und in jede Idee eingeführt haben, seit wir angefangen haben, uns die Zeit linear vorzustellen. Ob das gut oder schlecht ist, weiß ich nicht. Ich weiß aber, daß es für uns bis zu einem gewissen Grad funktioniert. Wir haben jedoch entdeckt, daß die integrierte Herangehensweise an menschliche Krankheit, das heißt die metamedizinische Technik, wirksamere Resultate hervorbringt.

Wenn der ärztliche Heiler mit einem Gebrechen oder einer Krankheit konfrontiert ist, richtet er deshalb seine Aufmerksamkeit, beginnend beim Erfragen der Krankheitsgeschichte bis zur Stellung der Diagnose und Verschreibung einer Behandlung, auf die gesamte Person. Das ist meilenweit von dem entfernt, was im allgemeinen in der Schulmedizin als angemessene professionelle Vorgehensweise bei Diagnose und Behandlung vermittelt wird. Wir werden gelehrt, den Patienten dazu zu bringen, zur Sache zu kommen – zu beschreiben, was weh tut, ohne in ein Gespräch abzuschweifen, das nicht auf das betreffende Organ oder den Teil, der die Fehlfunktion hat, bezogen ist. Die professionelle Einstellung, die bei einem zukünftigen Arzt gefördert wird, ist die, sich vom Leben des Patienten zu distanzieren.

Ich erinnere mich, als Medizinstudentin im dritten Jahr schwer getadelt worden zu sein, weil ich mit einem psychiatrischen Patienten eine Unterhaltung führte, statt mich herauszuhalten und nur zuzuhören. Ich habe diesen Glauben an Nicht-Kommunikation sogar in diesen frühen Jahren nicht geteilt. Ich dachte, daß dem Patienten besser gedient wäre, wenn er mit einem Barkeeper reden würde. Dieser Patient würde so wenigstens einen Drink und eine Reaktion von einem anderen Menschen bekommen. So wie es aber ablief, ist er wahrscheinlich noch verrückter geworden, weil er denken mußte, daß er nur zu sich selbst spreche! Eine Sache weiß ich aus Erfahrung, daß es entschieden mehr Spaß macht, die Aufmerksamkeit auf die Persönlichkeit zu richten, als auf Körperteile. Wenn Sie das tun, werden Sie fasziniert sein zu entdecken, daß Menschen seltsamer sind, als ein Dichter sie erfinden könnte, und mächtiger als jegliche von der Menschheit erfundenen Elixiere.

Um eine effektive Arbeit darin zu leisten, die Aufmerksamkeit auf die gesamte Energieeinheit, genannt Person oder Mensch, zu richten, muß der Heiler oder ärztliche Heiler an jede solche Interaktion herangehen mit: Integrität, Neugier, Aufgeschlossenheit und Verhaltensflexibilität.

Lassen Sie uns einen Blick auf jedes dieser Attribute werfen, um ihren Wert zu erkennen.

Integrität

In der Metamedizin steht Integrität für Integriertsein. Dies bedeutet die Anerkennung der Ganzheit, gesunden Verfassung und Vollständigkeit der grundlegenden Energieeinheit, die eine Person ist. Erinnern Sie sich, daß Energie weder geschaffen noch zerstört werden kann. Sie kann nur umgewandelt werden.

Diejenigen, die mit Integrität praktizieren, erkennen an, daß sie so stark wie nötig sind, um alles, was sie wollen, zu erhalten, ohne sich oder jemand anderem weh zu tun, um dies zu erreichen. Sie erkennen auch an, daß jeder andere diese Eigenschaft besitzt. Sie respektieren diese Tatsache bei anderen Menschen – ob diese ihre Kraft kennen oder nicht.

Aus diesem Grund muß der Arzt, der mit der metamedizinischen Methodologie praktiziert, nicht Gott spielen. Diese Ärzte haben kein Bedürfnis, den Patienten oder die Mitarbeiter davon zu überzeugen, daß sie mächtig seien, um sie dazu zu bringen, sich mächtig zu fühlen. Diese Ärzte werden Ihnen gegenüber Empathie zeigen, weil sie sich mit der Energie identifizieren können, die Sie sind. Beachten Sie, daß ich „Empathie“, nicht „Sympathie“ gesagt habe. Die ärztlichen Heiler werden sich disziplinieren und eine beträchtliche Distanz zur Sympathie halten, weil Sympathie in gewisser Weise ein Zeichen von Respektlosigkeit ist.

Wie das? Nun, nehmen wir an, ich entscheide mich, meine Integrität zu vergessen und anzufangen, mit der armen Mrs. Jones, die unter diesen fürchterlichen Schmerzen leidet, zu sympathisieren. Ich sage tatsächlich: „Mrs. Jones, Sie Arme. Sie sitzen in der Patsche." Wenn Mrs. Jones es besser weiß und ihre eigene Kraft anerkennt, wird sie sich vielleicht darüber ärgern.

„Na dann vielen Dank, Sie Dummkopf!" könnte sie sagen. „Vielen Dank für Ihren Glauben und Ihr Vertrauen in meine Kraft, mich selbst zu heilen!"

Empathie zu zeigen ist dagegen eine ressourcenreichere Einstellung. Empathie motiviert den heilenden Arzt, die Patienten dabei anzuleiten, ihre eigene Kraft anzuerkennen und an sie zu glauben. Dieser Prozeß kann ziemlich einfach und schnell sein. Nachfolgend eine einfache Art, wie ich Patienten in diesen Gedanken einführe.

„Mary", beginne ich, „sagen Sie, heilt Ihr Körper, wenn Sie einen blauen Fleck bekommen oder sich schneiden?"

„Natürlich tut er das", antwortet sie.

„Was, denken Sie, läßt ihn genesen?" frage ich.

„Ich weiß nicht", könnte sie antworten. „Er heilt einfach, das ist alles." Oder sie könnte sagen: „Ich weiß nicht. Ich vermute, daß Gott ihn heilen läßt."

„Sind wir uns einig, daß die Kraft zu heilen in Ihrem Körper ist, gleichgültig wie sie dahingekommen ist?" frage ich.

„Ja, das ist wahr", stimmt sie zu.

„Und es ist Ihr Körper. Also gehört diese Kraft zu Ihnen, oder nicht?"

„Sicher. Ich habe nie in dieser Weise darüber nachgedacht, aber Sie haben recht, Frau Doktor."

An diesem Punkt fahre ich fort und sage ihr, daß das einzige, was wir als Ärzte tun, sei, Bedingungen zu schaffen, die es dem Körper erlauben, sich selbst zu heilen. Wie schnell und wie gut der

Körper sich heile, hänge gänzlich von ihr ab. Von diesem Punkt an wird ihre Neugier bestimmen, wieviel von ihrer Selbst-Mächtigkeit sie anzuwenden lernt. Zumindest beginnt sie, ihre Verantwortung für ihr Vorankommen und ihre Heilung zu erkennen.

Die Qualität der Integrität ist die motivierende Kraft hinter dem Antrieb des Arztes, durch Rapport Zugang zur Welt des Patienten zu erlangen.

Neugierde und Aufgeschlossenheit

Diese Qualitäten sind ein natürliches Produkt des Heilens mit Integrität. Wenn ich den Patienten anschaue und weiß, daß der *natürliche Zustand* dieses Menschen Gesundheit und Freude ist, werde ich sofort neugierig herauszufinden, warum er/sie bewußt oder unbewußt etwas anderes gewählt hat.

Also höre ich, während Joe Jones mir von seinen explosiven Kopfschmerzen und seiner Unfähigkeit zu schlafen erzählt, mit mehr als nur den normalen Ohren der Ärztin zu. Ich höre mit allen meinen Sinnen zu, weil ich weiß, daß ich meine diagnostische Arbeit nicht auf die übliche Differentialdiagnostik von Kopfschmerzen und Schlaflosigkeit beschränken werde. Ich werde die Entscheidungen betrachten müssen, die er grundsätzlich mit seinen Krankheiten trifft; was ihre Zwecke sind und wie sie ihm dienen. Um dies zu tun, muß ich Zugang zu Joe Jones' Welt – zu ihm selbst – bekommen. Ich mache freizügig Gebrauch von der NLP-Methodik, um Rapport zu ihm herzustellen – was es ihm leicht macht, mich zu seiner Realität zuzulassen.

Um Joe Jones' Welt klar zu verstehen, muß ich aufgeschlossen sein. Das bedeutet einfach, daß ich mein *Urteil* über die Person, die Joe Jones ist, und über seine Lebensumstände suspendieren muß. Anderenfalls werde ich kein klares Bild von Joes Leben bekommen, weil ich es durch mein eigenes Vorurteil darüber – mein eigenes Urteil – vernebeln würde. Bitte verwechseln Sie diese Art von Aufgeschlossenheit nicht mit dem traditionellen medizinischen Urteil. Medizinisches Urteilen ist eine objektive wissenschaftliche Weise, beobachtete Daten, die sich auf eine Krankheit beziehen, auszuwerten. Aufgeschlossenheit in der Metamedizin andererseits besagt letztlich, daß Sie die Perspektive des Patienten – seine Realität – gelten lassen. Sie werden sie nicht abwerten, indem Sie sie aburteilen. Erinnern Sie sich, daß die Sichtweise dieses Menschen ihm bisher geholfen hat, anderenfalls wäre er nicht am Leben. Sie mag ihm allerdings in einer Weise geholfen haben, die er eigentlich nicht bevorzugt. Ob sie ihm positiv einen Dienst getan hat – so wie er es bevorzugen würde – oder negativ – auf schmerzhafte Weise –, nichtsdestoweniger hilft sie ihm dennoch. Meine Aufgabe ist es, diesem Menschen dabei zu helfen, andere Entscheidungen zu treffen, die ihn in den natürlichen Zustand von Gesundheit zurückversetzen. Um dies angemessen zu leisten, brauche ich Flexibilität in meinem Verhalten.

Verhaltensflexibilität

Das persönliche Urteil zu suspendieren erlaubt es einem, die Dinge aus vielen Winkeln oder Perspektiven zu sehen und mit großer Verhaltensflexibilität zu reagieren, um ein erwünschtes Ziel zu erreichen. Im Fall von Joe Jones ist das Ziel, ihn von der Krankheit zu befreien und ihm dabei zu helfen, zu einem natürlichen Gesundheitszustand zurückzukehren. Ich werde, was ich tue, so lange ändern, bis wir an diesem Ziel ankommen.

Es ist offensichtlich, daß Joe Jones' Glaubenssystem, wenn er konventionelle medizinische Hilfe aufsucht, indem er zu einem Arzt geht, die Überzeugung enthält, daß die medizinische Wissenschaft seinen Zustand erleichtern wird. Ich respektiere das und handle dementsprechend. Nach einer angemessenen Einarbeitung, die neurologische und radiologische Untersuchungen beinhalten kann, werde ich je nach Diagnose medizinische oder chirurgische Therapien verschreiben oder empfehlen.

Dann werde ich Joe mitteilen, daß die Behandlung die Schmerzen (die Krankheit) vielleicht erleichtern, das Problem aber nicht heilen wird. Und denken Sie, daß dadurch Joes Interesse geweckt sein wird? Jede Wette! Besonders nachdem ich ihm mittels Richard Bandlers NLP-Submodalitäten-Techniken beibringe, seinen Zustand zu verändern, um sich zu fühlen, wie er möchte.

Joe Jones' Neugierde wird ihn dazu bringen, die Frage zu bedenken, wozu die Kopfschmerzen und ihre fürchterlichen Auswirkungen in seinem Leben gut sind. Aber hören Sie selbst:

„Sie wissen jetzt jedenfalls, daß Sie lieber keine Kopfschmerzen hätten", regte ich an.

„Überflüssige Feststellung", sagte Joe zu sich selbst, aber zu mir sagte er: „Natürlich weiß ich, daß ich diese Schmerzen nicht möchte. Wissen Sie, ich bin kein Masochist."

„Ich dachte nicht, daß Sie einer sind", sagte ich. „Wenn Sie diese Krankheit in den Griff bekommen wollen, müssen Sie sie als erstes in Besitz nehmen. Ich meine damit, daß Sie sie als etwas betrachten, was von Ihnen ausgegangen ist."

„Zum Teufel, Frau Doktor, ich würde mir selbst keine Kopfschmerzen machen. Warum sollte ich so etwas tun?"

„Sie würden im Dunkeln nicht gegen die Wand rennen, aber Sie tun es dennoch", konterte ich.

„Ich sehe, was Sie meinen, Frau Doktor", sagte er, nachdem er etwas nachgedacht hatte, „aber ich sehe nicht, warum ich den Kopfschmerz hierher getan habe", sagte er und zeigte auf seine Schläfe.

„Wenn Sie eine Sache in Ordnung bringen wollen", sagte ich, „ist es wichtig, daß Sie diese Sache zuerst in Besitz nehmen, weil Sie nichts ändern können, was Ihnen nicht gehört. Es kommt nicht darauf an, ob Sie sie mögen oder hassen; akzeptieren Sie sie einfach als Ihre eigene. Nur dann werden Sie sie besitzen, und das gibt Ihnen die Macht, mit ihr umzugehen, wie Sie wollen." Joe nickte nachdenklich.

„Verurteilen Sie also Ihre Kopfschmerzen nicht und beurteilen Sie sich nicht, als ob Sie etwas Falsches täten. Es gibt hier keinen Anlaß für Schuldgefühle. Betrachten Sie sie einfach und wissen Sie, daß sie für Sie irgendeinen Zweck erfüllen. Dann werden wir sehen, ob Sie etwas anderes wählen können, womit Sie in angenehmerer Weise denselben Zweck erfüllen können. Mehr noch, Sie können sich entscheiden, diesen Zweck für völlig überflüssig zu erklären, und dann werden Sie die Kopfschmerzen oder irgendwelche anderen Substitute nicht brauchen. Was werden Sie wählen, Joe?"

„Ich würde am liebsten diese Art von Zweck überhaupt nicht haben“, sagte Joe emphatisch.

„In Ordnung. Also, als Sie vorhin Ihren Zustand von Langeweile in Begeisterung und Freude verändert haben, was machte das mit ihren Kopfschmerzen?“ fragte ich.

„Oh, ich habe die Kopfschmerzen überhaupt nicht mehr gefühlt“, antwortete er.

„Gut. Denken Sie, daß Sie vielleicht überhaupt keine Kopfschmerzen mehr haben werden, wenn Sie diese Gefühle aufrechterhalten können?“ sagte ich und löste einen Anker aus, den ich auf seinem Handgelenk eingerichtet hatte.

„Es könnte schon sein“, sagte er strahlend.

„Was von dem, was Sie den Tag über tun, begeistert Sie am meisten? Was von den Dingen, die Sie tun, interessiert Sie am meisten?“

„Nicht viel“, antwortete Joe klagend. „Außerdem, selbst wenn mich etwas interessiert, bin ich darin ein Versager. Ich bin in nichts gut.“

„In nichts?“ frage ich.

„Nun, in nichts, das es wert wäre“, erklärte er.

„Was von den Dingen, die Sie tun könnten und die es nicht wert sind, mögen Sie am meisten?“ fragte ich.

„Oh, Modelle von Autos, Flugzeugen, Lastwagen – von allem, was überhaupt fährt – zu bauen. Ich liebe es genauso, sie zu entwerfen, wie sie herzustellen.“

„Joe, wer hat Ihnen gesagt, daß diese Dinge es nicht wert sind, getan zu werden?“ frage ich neugierig.

„Ich weiß nicht“, sagt Joe. „Es könnten meine Eltern gewesen sein, nehme ich an.“ Und Joe blickte traurig.

Ich führte Joe durch eine Glaubensveränderung. Dann führte ich ihn über seine *Time Line*, wo er Veränderungen in seiner Vergangenheit und Zukunft vornahm (siehe das Kapitel über „Instrumente“).

Wochen später kam Joe wieder bei mir vorbei. Er erzählte mir, daß seine Kopfschmerzen weg seien und daß er Maschinenbau studiere und in seinem alten Job nur Teilzeit arbeite, um Geld für seinen Lebensunterhalt zu verdienen. Er sagte, daß er noch nie so glücklich gewesen sei, und dankte mir dafür, daß ich „sein Leben gerettet" habe.

„Nein, danken Sie Ihren Kopfschmerzen dafür", sagte ich amüsiert.

„Dann ging es bei den Kopfschmerzen also *darum*", und eine Welle von Offenbarung hellte Joes Augen auf.

Beachten Sie, daß es, um das Ergebnis vollständiger Heilung des Individuums und die Befreiung von der Krankheit zu erreichen, für mich, die ärztliche Heilerin, notwendig war, meine Fertigkeit und mein Handeln den Bedürfnissen des Glaubenssystems des Patienten, seiner Emotionen und Denkprozesse entsprechend aufeinander abzustimmen und abzuwägen. Wenn Joe nicht darauf vertraut hätte, Medikamente gegen seine Kopfschmerzen zu nehmen, nachdem die Diagnose keine physiologischen Hinweise als Ursache der Krankheit aufzeigte, hätte ich ihn gelehrt, wie er die Bedeutung dessen, was er als Schmerz beschrieb, verändern kann. Das könnte ihm genausoviel Erleichterung bringen wie irgendein Medikament, weil es für ihn ein glaubwürdiges Mittel wäre, den Schmerz zu lindern.

Ein entscheidender Schritt für den Patienten im Heilungsprozeß ist die Annahme der Verantwortung für das Auftreten des Leidens. Dies ist der Akt der Erklärung persönlicher Machtübernahme – der/die Patient/in beginnt zu erkennen, daß er/sie größer ist als das Leiden, die Krankheit. Nachdem er/sie diesen Akt vollzogen hat, kann er/sie beginnen, die Lektionen oder die Botschaft zu lernen, die in erster Linie der Sinn des Leidens sind.

Es ist wichtig, daß der Patient das Leiden nicht verurteilt oder abwertet oder sich dafür verdammt, daß er das Leiden gewählt hat. In dieser Wahl ist keine Schuld beteiligt. Diese ganze Angelegenheit – das Leiden, die Krankheit – ist nur ein weiteres, berechtigtes Mittel, das wir Menschen zum Lernen wählen. Wir könnten jede Krankheit als Spiegel wählen, der uns unsere Glaubensannahmen und Entscheidungen reflektiert, damit wir entscheiden können, ob sie das sind, was wir wollen. Wenn wir diese Entscheidungen oder Glaubensvorstellungen nicht wollen, ersetzen wir sie durch bessere. Das ist alles.

Sobald dies getan ist, wird es für den Leidenszustand keinen Grund geben anzudauern. An diesem Punkt wird jedes Mittel, an das wir am stärksten glauben – Medikamente, Operationen oder bildhafte Vorstellungen – die Krankheit heilen.

Manchesmal wird der Patient vielleicht von der Mächtigkeit der Botschaft des Leidens überwältigt sein und sich entscheiden, die physische Existenz zu verlassen, um sich damit zu befassen. Oder der Patient wird vielleicht die Heilung akzeptieren und sich dennoch entscheiden, aus dem körperlichen Bewußtsein auszutreten, wenn er fühlt, daß die Zwecke, zu denen er körperlich existiert, erfüllt sind. Der physische Tod ist nur eine Veränderung der Energieform. Erinnern Sie sich, daß der Mensch, wie alle Energie, nicht zerstört werden kann. Der Mensch kann nur die Zustandsformen bewußter Existenz transformieren. Ein sterbender Patient braucht dieses Wissen. Das bedeutet auch Heilung.

Außer dem Besitz eines grundlegenden Verständnisses der menschlichen Persönlichkeitsstruktur, der menschlichen Anatomie, Physiologie und metamedizinischer Leidensprozesse müssen diejenigen, die Metamedizin praktizieren, von einem breiten Spektrum von Instrumenten zum Erreichen von Heilung Gebrauch machen. Die metamedizinischen Instrumente umfassen die ganze Technologie der modernen Medizin genauso wie andere Methodologien, etwa Neurolinguistisches Programmieren (*Time Line*-Therapie eingeschlossen), Imagination von Energiezuständen, Hypnose, Meditation, Entspannungsmethoden und positive Affirmationen. Die metamedizinischen Instrumente sind aber nicht beschränkt auf die heute bekannten. Die zukünftigen metamedizinischen Instrumente sind so grenzenlos wie die menschliche Vorstellungskraft.

Kapitel 8

Die Instrumente der Metamedizin

Imagination stellt die Dimension dar, in der sich die Aktivität der Gedanken abspielt. Sie ist der unbegrenzte Projektionsraum, in dem wir alles gedanklich entwerfen, auch alle Instrumente, Krankheit und Heilverfahren für die Krankheit, Gesundheit, Gedeihen und Glück.

Bevor ich mit der Beschreibung der verschiedenen Instrumente beginne, die in der Metamedizin verwendet werden, ist es sinnvoll, das Thema „Realitäten" zu erforschen.

Realitäten

Im Kapitel 5 über Denken habe ich dargelegt, daß das Gehirn zwischen imaginierter und tatsächlicher Erfahrung nicht unterscheidet, wenn beides in denselben Sinneskanälen und mit derselben Intensität gezeigt oder wahrgenommen wird. Beide Erfahrungen, die vorgestellte und die tatsächliche, werden bei derselben Person eine identische physiologische Reaktion hervorrufen. Machen Sie folgende Übung:

Nehmen Sie eine frische, feste Zitrone. Fühlen Sie die Beschaffenheit ihrer Schale, während Sie sie mit ihren Fingern umfassen und untersuchen. Legen Sie sie auf einen Teller und schneiden Sie sie auf. Sehen Sie, wie der Saft herausfließt. Jetzt drücken Sie sie an ihre Lippen und lecken den Saft mit Ihrer Zunge. Sie fühlen, wie Ihre Lippen sich zusammenziehen, während die Säure auf Ihre Geschmacksknospen trifft.

Jetzt spülen Sie Ihren Mund so lange mit klarem Wasser aus, bis Sie die Zitrone nicht mehr schmecken können. Entspannen Sie sich und schließen Sie die Augen. Sehen Sie jetzt *in Ihrer Vorstellung* eine Zitrone, untersuchen Sie sie, schneiden Sie sie auf und sehen Sie den Saft herausfließen. Drücken Sie sie an Ihre Lippen und schmecken Sie den Saft, während Sie ihn lecken. Registrieren Sie, daß sich Ihre Lippen zusammenziehen, während Sie die Säure schmecken.

Wenn Sie die Übung in Ihrer Vorstellung mit gleich intensiver Aufmerksamkeit gemacht haben wie die tatsächliche Übung, ziehen sich Ihre Lippen bei der Vorstellung genauso zusammen, wie sie es taten, als Sie tatsächlich die Zitrone geschmeckt haben. Wenn man Vergleiche von Submodalitäten nutzt, kann man bei der obigen Imaginationsübung noch größere Präzision erreichen. (Über Submodalitäten erfahren Sie später mehr.) Welche Erfahrung ist nun real? Für unseren physiologischen Körper sind beide real. Sowohl die tatsächliche als auch die vorgestellte Erfahrung riefen im Körper dieselbe Reaktion hervor. Deshalb sind beide Ereignisse real. Die einzige Unterscheidung, die der Zuordnung wegen gemacht werden muß, ist folgende: das tatsächliche Ereignis oder Erlebnis wird physische Realität genannt, während das vorgestellte Ereignis nichtphysische Realität ist. Machen Sie nun noch den nächsten kleinen Schritt und erkennen Sie, daß alle Realitäten gleichermaßen Gültigkeit (Berechtigung, Wirksamkeit) haben.

Physische und nichtphysische Realität sind aber nicht nur gleichermaßen gültig, sie können auch in beliebiger Abfolge und zu jeder Zeit gespeichert und genutzt werden, wie der bewußte oder unbewußte Geist sie wählt. Erfahrungen in diesen Realitäten werden auf den physischen Körper physiologische Wirkungen haben. Klingt das gespenstisch? Eigentlich nicht. Wenn Sie verstehen, daß der Körper mehr oder weniger dieselbe Einheit darstellt wie das Gehirn, insofern er die sensorischen Verbindungen und den Versorgungsmechanismus des Gehirns bildet, wird Sie dies nicht überraschen. Wenn Sie dieses Wissen zulassen, werden Sie verstehen, daß der physische Körper *inbegriffen* ist im Geist, dem elektromagnetischen Energiefeld Ihres menschlichen Bewußtseins.

Aus diesem Grund ist Metamedizin *keine* Technologie, die den Geist *über* den Körper stellt. Metamedizin erkennt vielmehr an, daß Geist und Körper denselben Komplex darstellen, wobei der Körper im (Geist-)Bewußtsein enthalten ist. Diese Struktur, dieses grundlegende Anordnungsmuster bildet den Schlüssel zu den sogenannten Wunderheilungen, die kraft metamedizinischer Techniken geschehen.

Ich habe bereits erwähnt, daß die Instrumente, die in der Metamedizin angewendet werden können, sowohl die überwiegend physischen Instrumente der modernen medizinischen Technologie als auch diejenigen Instrumente oder Methoden beinhalten, die sich hauptsächlich auf die direkte Aktivität des Denkens stützen. Diese zuletzt genannten Instrumente, die ich Mentale Technologie (MT) nennen möchte, stützen sich hinsichtlich ihrer Effektivität auf die Tatsache, daß alle Realitäten gültig sind. Ressourcen, die in einer Realität enthalten oder aufweisbar sind, können in eine andere Realität übertragen werden.

Ein Beispiel dafür ist das NLP-Modell der Allergiebehandlung. Der Patient im *dissoziierten* Zustand (nichtphysischer Realitätszustand) besitzt Ressourcen, die dem physischen Patienten (physische Realität) fehlen: die physiologischen Komponenten eines normal funktionierenden Immunsystems. Der an Allergien Leidende hat ein fehlerhaftes Immunsystem. Wir werden die Einzelheiten der an den physiologischen Barrieren der Immunreaktion beteiligten Komponenten nicht erörtern. Jedenfalls zeigt der Patient im dissoziierten Zustand nicht die allergische Reaktion, unter der der physische Patient leidet.

Ein NLP-Practitioner (Anwender) erzählte einmal von einem Psychiater, der an schweren allergischen Reaktionen auf Zwiebeln litt. Der Practitioner ließ ihn im dissoziierten Zustand unter Hypnose eine Zwiebel essen. Er zeigte nicht die geringste Reaktion. Seine Frau war Zeugin des Ereignisses. Später erzählte man dem Arzt, daß er unter Hypnose keinerlei Allergie auf die Zwiebel gezeigt habe, was seine Frau bestätigte. Der Arzt wurde wütend. Er konnte nichts ertragen, was sein Denken als Widerspruch zu bestehenden medizinischen Glaubenssätzen beurteilte.

Der physische Patient wird die Ressourcen benötigen, die im dissoziierten Zustand vorhanden sind, um nicht die spezifische allergische Reaktion zu bekommen. Im Modell der Allergiebehandlung erwirbt der physische Patient die Ressourcen seines (nichtphysischen) dissoziierten Selbst, und das führt zur Heilung der Allergie.

Ist das wahr? Jede Wette! Bis heute hat das NLP-Modell der Allergiebehandlung eine Heilungsrate von über 80 Prozent für diagnostizierte Fälle von Allergie. Das in der Medizin sonst übliche

Verfahren der Desensibilisierung erreicht nicht annähernd diesen Erfolg. Denjenigen, denen diese Praktik nicht ganz geheuer vorkommt und die nichts damit zu tun haben wollen – es sei denn, sie können den Prozeß in konventioneller medizinischer Terminologie verstehen –, versichere ich, daß das Phänomen als ein bestimmter Typ der Desensibilisierung beschrieben werden kann. Allerdings ist diese „Kreuz-Desensibilisierung" in zwei Zuständen (zwei Realitäten) viel wirkungsvoller als Desensibilisierung in einem einzigen (physischen) Zustand.

Der Ansatz der Metamedizin benutzt so viele Wege wie möglich, um ein vorgegebenes Ziel – die Heilung – zu erreichen. Deshalb wird sie auch mit viel höherer Wahrscheinlichkeit dort ankommen.

Dissoziation – Assoziation

Zu dem Gedanken, daß verschiedene Realitäten Gültigkeit haben, gehört die Fähigkeit des Menschen, sich selbst aus verschiedenen Perspektiven zu betrachten. Dies wird mit dem Begriff *Dissoziation* bezeichnet. Wir dissoziieren uns von einer Erfahrung oder einem Ereignis, indem wir uns selbst in dieser Erfahrung oder diesem Ereignis aus einer anderen Perspektive sehen.

Erinnern Sie sich an ein peinliches Ereignis. Erleben Sie es noch einmal. Achten Sie darauf, ob Sie all die schlechten Gefühle wieder wachrufen. Ein Beispiel könnte eine ausgelassene Party sein, an der Sie mit Ihren besten Freunden teilgenommen haben. Betrachten Sie alles, wie wenn Sie einen Film über dieses Ereignis betrachten würden. In der kritischen Szene des Films sehen Sie sich selbst, wie Sie sich lächerlich machen. Jetzt stellen Sie fest, daß Sie vielleicht nicht mehr so viel Verlegenheit wegen dieser Szene empfinden. Sie sind von dieser Erfahrung dissoziiert, das heißt, Sie sind physisch nicht an dieser Erfahrung beteiligt; Sie sehen sie nur als unbeteiligter Zuschauer.

Lassen Sie uns noch einen Schritt weitergehen oder vielmehr einen Schritt zurückgehen. Stellen Sie sich nun vor, Sie würden noch von einer anderen Stelle aus, zum Beispiel von der Decke des Raumes, beobachten, wie Sie den Film betrachten.

Haben Sie bemerkt, daß Sie sich nun von der gesamten Erfahrung völlig abgelöst fühlen? Aus dieser Perspektive können Sie, ohne Verlegenheit zu empfinden, beobachten, wie Sie sich auf der Party lächerlich machen. Sie wissen zwar, daß Sie es selbst sind, daß *Sie* diese lächerlichen Dinge tun, aber das berührt Sie nicht. Es ist so, als ob das gesamte Ereignis einer ganz anderen Person widerfahren würde.

Wir können uns also von unseren Handlungen oder Erfahrungen dissoziieren, um sie objektiv zu betrachten. Anders ausgedrückt, wir entfernen uns aus der Realität des Ereignisses oder der Erfahrung, so daß wir von einem günstigen Aussichtspunkt aus damit umgehen oder eine Bewertung vornehmen können. Diese Fertigkeit ist nützlich, weil sie es unwahrscheinlicher oder sogar unmöglich werden läßt, daß wir uns von den Urteilen und daraus resultierenden Entkräftungen beherrschen lassen, die uns daran hindern, mit der Erfahrung in einer positiveren und stärkenden Weise umzugehen. Die Dissoziation von einer unerfreulichen Erfahrung erlaubt es, daß die Erfahrung objektiv betrachtet wird, so daß die Lehre daraus gezogen werden kann, die es ermöglicht, aus dieser Erfahrung herauszuwachsen, ohne den ganzen Gefühlsballast herumzuschleppen, der normalerweise damit verbunden ist.

Zum Beispiel kommen Menschen, die eine unglückliche Beziehung erlebt haben, etwa eine schwierige Ehe, aus dieser Verbindung mit negativen Gefühlen von Bitterkeit, Wut, Reue und Schuld heraus. Diese negativen Gefühle, die meist nicht unter ihrer rationalen Kontrolle sind, halten sie davon ab, die positiven Möglichkeiten zu erkennen, die in einer derartigen Erfahrung liegen. Wenn Sie von der Erfahrung oder Erinnerung dieses Ereignisses dissoziieren, wird es Ihnen möglich sein, die ganze Beziehung ohne die behindernden, negativen Gefühle zu untersuchen. Während Sie alles von diesem neutralen Boden aus betrachten, werden Sie vielleicht anfangen, neugierig darauf zu werden, warum Sie sich zu solch einer Beziehung überhaupt hingezogen gefühlt haben. Dann können Sie etwas darüber lernen, wie Sie über sich selbst denken oder welche negativen Glaubenssätze Sie über sich selbst haben. Nachdem Sie diese Glaubensannahmen identifiziert haben, können Sie sie in positive verwandeln und anfangen, sich selbst besser zu behandeln. Das Ergebnis ist, daß Sie beim nächsten Mal eine befriedigendere Beziehung anknüpfen können. Wären Sie in den Gefühlen der negativen Erinnerung geblieben, wären Sie nicht in der Lage, diese Gelegenheit zu persönlicher Veränderung zu erkennen, und Sie würden vielleicht von einer unerfreulichen Beziehung zur nächsten in einem nie endenden Kreislauf gehen.

Ich benutze Dissoziation häufig, um bei Patienten unseres ambulanten chirurgischen Zentrums Schmerzen zu lindern. Für nahezu jede chirurgische Maßnahme ist es normalerweise notwendig, die Haut und mehrere Gewebeschichten mit einer Subkutanspritze zur Injektion von Medikamenten oder zum Legen eines intravenösen Katheters, der zur Infusion von intravenösen Flüssigkeiten und zur Medikation während der Operation dient, zu durchstechen. Sehr oft begegne ich Menschen, die eine krankhafte Angst vor „Nadeln“ haben. Es gibt sie in jedem Alter, in jeder Größe und Gestalt. Ich habe einen kräftig gebauten „Macho“-Mann beim Anblick einer auf seinen Unterarm gerichteten Nadel in Ohnmacht fallen sehen. Ich habe auch ein zartes dreijähriges Mädchen gesehen, das, ohne mit der Wimper zu zucken, beobachtete, wie eine intravenöse Infusionsnadel in ihren Unterarm gelegt wurde. Bei den Menschen, die „Nadeln" nicht ertragen können, wende ich Dissoziation an.

Ich beginne normalerweise damit, sie zur Entspannung anzuleiten. Dann bitte ich sie, sich vorzustellen, wie sie die Prozedur von der Decke des Operationssaales aus, wo es ihnen gut geht und sie sicher sind, beobachten. Von dort aus können sie beobachten, was vor sich geht. Indem ich Submodalitäten ihres dominanten Sinneskanals verwende, teste ich, ob sie die Instruktion durchgeführt haben. Danach ist der Patient normalerweise in der Lage, den Veneneinstich oder die Injektionsprozedur mit einem Minimum an Angst und Unbehagen zu ertragen.

Da ich glaube, daß das Leben Spaß macht, lasse ich ziemlich oft die Patienten sich amüsieren, während sie im dissoziierten Zustand sind. Ich erinnere mich an eine Großmutter, Mrs. Wells, bei der eine Augenoperation zur Entfernung eines grauen Stars und Implantation einer künstlichen Linse vorgesehen war. Die meisten Augenoperationen werden hier unter Betäubung der Nerven durch lokale Anästhesie durchgeführt. Die entscheidende Betäubung, die für diese spezielle Operation vorgenommen wird, nennt man retrobulbäre Betäubung. Eine lange Nadel wird vom vorderen Teil des unteren Augenlids in den hinteren Teil der Augenhöhle geführt, und die Anästhesielösung wird dorthin gebracht, um das Auge zu betäuben. Da niemand bei klarem Verstand stillhalten würde, wenn er eine lange Nadel auf seinen Augapfel zusteuern sieht, schläfern wir diese Menschen im allgemeinen für kurze Zeit ein, um die Nervenbetäubung vorzunehmen.

Ich konnte Mrs. Wells keine Medikamente geben, um sie ruhigzustellen, ganz zu schweigen davon, sie mit einigen starken Substanzen einzuschläfern, weil sie sowohl an schwerem Nierenversagen litt, als auch unter anderen medizinisch gefährlichen Symptomen. Ihr Organismus hätte die Medikation nicht in angemessener Weise verarbeiten können, so daß es gefährlich gewesen wäre, ihr intravenös Medikamente zu geben. Wir sagten die Operation aber nicht ab, weil sie sie unbedingt wollte und uns ersuchte, ihr „neue Augen" zu geben. Sie war bettlägerig, und eines der wenigen Vergnügen, die ihr geblieben waren, war fernzusehen. Als ihr grauer Star schlimmer und ihre Sicht immer verschwommener wurde, konnte sie nicht mehr fernsehen und war ziemlich verärgert darüber. Also mußte ich etwas unternehmen.

Während ich in ihre Welt gelangte, indem ich die Rapportmethode verwendete, entdeckte ich, daß die Erinnerungen, die sie in den positivsten emotionalen Zustand versetzten, die Zeiten waren, die sie mit ihrer Enkelin verbrachte. Ich ankerte diesen Zustand an seinem Höhepunkt (später mehr über Anker). Dann ließ ich sie wie gewöhnlich den Vorgang in einem dissoziierten Zustand beobachten, aber dieses Mal ließ ich sie sich an die allerschönste Zeit, die sie mit ihrer Enkelin verbracht hatte, erinnern. Ich wies sie an, in diese Erinnerung so hineinzugehen, daß sie sie wiedererlebte, und als sie in dieser Erinnerung voll assoziiert war, löste ich den Anker aus.

Die Schwestern erzählten später davon, wie seltsam es war, diese Frau lächeln zu sehen, als die retrobulbäre Nadel an ihrem Augapfel anlangte. Mehr noch, sie hielt auf Verlangen ihr Auge offen für die Injektion. Sie sah so glücklich aus, daß ich es für das Beste hielt, sie sich während des ganzen chirurgischen Eingriffs freuen zu lassen.

Später, während ihres postoperativen Besuchs, fragte ich sie, was sie von der Augenoperation noch wisse. Sie wußte nicht viel davon. Sie sagte: „Wissen Sie, Frau Doktor, meine Familie machte sich Sorgen um mich."

„Warum?" fragte ich sie.

„Nun, sie sagten, daß ich mich nach der Operation zwei Tage lang ziemlich seltsam verhielt. Sie sagten, daß ich über alles, was jemand tat, lachte. Sie müssen gedacht haben, daß ich etwas getrunken hatte."

Dann fiel mir ein, daß ich vergessen hatte, die *Anker* zu *kollabieren* und sie in ihre normale Realität zurückzubringen, aber ich machte mir nicht die Mühe, ihr das zu erklären. Ich sagte nur, daß es in Ordnung war, daß sie Spaß gehabt hatte.

Dissoziation ist ein sehr wichtiges Instrument, das oft in NLP-Modellen für Veränderungsarbeit verwendet wird. Das erste Mal, daß ich die Kraft dieses Instruments am Werk sah, war während der Heilung einer Höhenphobie mit dem NLP-Modell. Der Vorgang dauerte nur fünf Minuten, und dieser Mensch war von seiner Höhenangst geheilt. Er fuhr mehrere Male erfolgreich im Aufzug herauf und herunter, um seine Heilung zu demonstrieren.

Anschließend nahm ich mir fünf Minuten, um mich selbst von einer lebenslangen Schlangenphobie zu heilen, indem ich dasselbe Modell benutzte. Bis zu diesem Zeitpunkt hatte ich Tierhandlungen und die Reptilienabteilung in jedem Zoo gemieden, weil der Gedanke daran, eine Schlange zu sehen, mich vor Furcht lähmte. Ich verwendete das NLP-Modell, um mich von dieser krankhaften, unvernünftigen Angst zu befreien. Nach der Heilung ging ich in eine Tierhandlung und schaute mir zum ersten Mal in meinem Leben eine Schlange an. Ich war überrascht, was für schöne Geschöpfe Schlangen sind! Ich bin verblüfft, daß die konventionelle Psychiatrie immer noch darauf besteht, sich auf langwierige, teure und ineffektive Analysen zur Beherrschung von Phobien zu verlassen, obwohl sich die NLP-Methodologie im Erreichen von dauerhafter Heilung als weit überlegen erwiesen hat. Die enorme Kraft von Dissoziation wurde für mich augenfällig demonstriert, als ich und mehrere andere sie benutzten, um barfuß über ein zwölf Meter breites Band rotglühender Kohlen zu gehen, ohne uns irgendeine Spur von Verbrennung zuzuziehen.

Die therapeutische Kraft der Dissoziation (Dis-Assoziation) in der NLP-Methodologie für Veränderungsarbeit wäre unvollständig ohne die Verwendung der *Assoziation.* Assoziation, beispielsweise in einem erinnerten, vergangenen Erlebnis assoziiert zu sein, bedeutet, daß man aus den eigenen Augen herausschaut, hört, was man damals hörte, und die Gefühle fühlt, die man damals fühlte, als ob die Ereignisse, die im Gedächtnis gespeichert sind, noch einmal geschehen würden. Mit anderen Worten, die Person erlebt die Ereignisse aus dem Gedächtnis noch einmal. Der dissoziierte (dis-assoziierte) Zustand liefert ein Mittel, eine vergangene oder zukünftige Erfahrung objektiv zu betrachten, um die Lehren und anderen Ressourcen, die sie vielleicht enthält, wahrzunehmen. Um tatsächlich über die kognitive Wahrnehmung dieser Ressourcen hinauszugehen und sie physisch für die Verbesserung des Lebens des einzelnen zu integrieren, wird es notwendig, den einzelnen voll in den neuen Zustand zu assoziieren und zu ankern, der jetzt die neuen Ressourcen enthält.

Ankern, wie es im NLP verwendet wird, ist die zweckgerichtete Anwendung eines bestimmten Stimulus, um jedes Mal, wenn der Stimulus angewendet wird, eine bestimmte Reaktion hervorzurufen. Ein Beispiel: Sie gehen mit jemandem aus, den Sie lieben. Es ist ein romantischer Abend, und Sie hören zusammen ein Liebeslied, das in Ihnen beiden ein tiefes, warmes Gefühl aufkommen läßt. Jedes Mal, wenn Sie dieses Lied im Radio hören, bekommen Sie diese warmen Gefühle wieder. Dieses Lied ist dann der Anker für diese erfreuliche Erinnerung.

Ein Anker ist ein sensorischer Stimulus, der mit einer spezifischen Reaktion (Reaktionskette) oder mit einem Zustand (mit Zuständen) gekoppelt ist. Der sensorische Stimulus kann entweder internal sein, ein Gefühl oder ein erinnertes Bild, oder external, etwa eine Berührung oder ein gehörter Klang. Anker erklären die meisten unserer automatischen Verhaltensweisen. Menschen, die regelmäßig zu Mittag essen, werden automatisch hungrig, wenn sie auf die Uhr schauen und sehen, daß es Mittagszeit ist. Kirchgänger werden ehrfurchtsvoll, wenn sie Kirchenglocken läuten hören. Wenn jemand Ihre Hand berührt, bekommen Sie ein Gefühl von Trost oder Nähe, besonders wenn Sie Kummer haben. Ein großer Teil der amerikanischen Wirtschaft, die Werbung, basiert auf Ankern. Das Erblicken eines gelben Torbogens zwingt Kinder und Erwachsene gleichermaßen sehr oft dazu, für einen Hamburger in ein McDonald's-Restaurant zu gehen, auch wenn sie nicht besonders hungrig sind.

Warum funktionieren Anker? Das Gehirn lernt mit zunehmender Geschwindigkeit durch Assoziation. Wenn ein gegebener Stimulus, etwa eine bestimmte Berührung an einem bestimmten Körperteil, eine bestimmte Reaktion auslöst, etwa ein Lächeln, dann wird jeder solche Stimulus dieselbe Art von Reaktion hervorbringen. Mit anderen Worten, jedes Mal, wenn Sie in dieser Weise an derselben Stelle Ihres Körpers berührt werden, werden Sie ein Lächeln fühlen, ohne darüber nachzudenken. Die Effektivität eines Ankers beim Auslösen einer vorgegebenen Reaktion hängt von der Intensität des Zustandes ab, in dem die ursprüngliche Reiz-Reaktions-Verbindung auftrat. Wenn wir also Anker therapeutisch nutzen, wird es wichtig, daß der einzelne völlig in den Zustand assoziiert wird, den wir ankern wollen. Wenn ich zum Beispiel Freude fühlen will, werde ich in meinem Gedächtnis nach Zeiten suchen, als ich mich am fröhlichsten fühlte. Ich werde die spezifische Sache oder Person in diesen Erfahrungen identifizieren, die das größte Freudegefühl bei mir hervorrief. Angenommen, es ist in diesem Fall ein Kind. Ich werde an dieses Kind denken und mein

Freudegefühl intensivieren. Wenn dieses Gefühl seinen Höhepunkt erreicht, werde ich meine linke Schläfe berühren. Jedes Mal, wenn ich meine linke Schläfe an genau demselben Punkt und in gleicher Weise berühre, werde ich ein Gefühl der Freude haben.

Beginnen Sie, den Wert des Ankerns zu erkennen als Instrument dafür, daß Sie für sich, wenn nicht gar für andere, über eine Anzahl sehr positiver Gefühle verfügen?

„Oh, aber das ist Manipulation!" lamentieren einige Leute über das Ankern.

„Ja, das ist es", stimme ich zu. „Aber sehen Sie, welche Wunder es vollbringen kann. Stellen Sie sich vor, was es in Ihren persönlichen Beziehungen für Sie bewirken kann."

Was tun, wenn Sie einen Anker nicht mehr wollen? Kein Problem. Sie können einfach so viele verschiedene andere Reaktionen wie möglich auf den Stimulus ankern und Ihr Gehirn auf diese Weise völlig durcheinanderbringen. Oder Sie können die nun gewünschte Reaktion auf eine andere Stelle Ihres Körpers ankern und die NLP-Technik, die als „Anker kollabieren (verschmelzen)" bezeichnet wird, durchführen. Da dies kein Buch über NLP ist, werde ich dies nicht detailliert beschreiben.

Mit etwas Vorstellungskraft können Sie sehen, wie nützlich diese Methode ist, um sich von Angewohnheiten oder sogar Schmerzen zu befreien.

Die Submodalitäten

Eines der stärksten Instrumente, um die Erfahrung und das Verhalten von Menschen zu verändern, sind Richard Bandlers NLP-Submodalitäten-Muster. Erinnern Sie sich, daß ich in dem Kapitel dieser Arbeit über Denken die Idee der Repräsentationssysteme beschrieben habe. Diese kann man auch als *Modalitäten* bezeichnen. Ich hatte gesagt, daß wir über jegliche Erfahrung in der Weise nachdenken, daß wir Repräsentationen in Sinnessystemen benutzen. Dies sind Bilder (visuelle Modalität), Klänge (auditive M.) und Gefühle (kinästhetische M.). *Submodalitäten* sind die spezifischen, feineren Qualitäten oder Unterscheidungen innerhalb jeder Modalität. Im folgenden einige der Submodalitäten in jedem der drei Hauptmodalitäts- oder Hauptrepräsentationssysteme:

1. Visuell:
Helligkeit, Position im Raum, farbig/schwarz-weiß, bewegt/unbewegt, Größe, Form, Entfernung, mit Begrenzung/Panorama (ohne Begrenzung), dissoziiert/assoziiert, dreidimensional/flach und Vordergrund/Hintergrund-Kontrast.

2. Auditiv:
Lautstärke, Intensität, Tonlage, Rhythmus, Lokalisation im Raum, Anzahl der Quellen, Musik/Geräusch/Stimme und Stereo/Mono.

3. Kinästhetisch:
Druck, Bereich/Ausdehnung, Intensität, Temperatur, Feuchtigkeit, Beschaffenheit, Dauer, bewegt/unbewegt, Rhythmus und Geruch/Geschmack.

Mit Hilfe von Submodalitäten jeder Modalität kodiert, sortiert und speichert das Gehirn Erfahrung. Die große Vielfalt von Submodalitäten innerhalb jeder Modalität ermöglicht wirkungsvolleres und schnelleres Verändern der Programmierung unserer menschlichen „Software" im Gehirn. So können wir uns persönlich oder die Weise, wie wir über Erfahrung denken und wie wir auf sie reagieren, rascher und leichter verändern.

Hier einige einfache Beispiele für die Auswirkung von Submodalitäten auf die Erfahrung:

Denken Sie an eine Erfahrung in der Vergangenheit, die Sie genossen haben. Schließen Sie Ihre Augen und holen Sie sich diese Erinnerung wieder ins Gedächtnis. Sehen Sie, was Sie damals sahen. Lassen Sie das Bild heller werden, und wenn es farbig ist, lassen Sie die Farben immer intensiver leuchten. Stop. Dämpfen Sie nun das Licht. Wenn es bei Ihnen wie bei den meisten Menschen ist, intensiviert das Verstärken der Helligkeit Ihre Gefühle der Freude in der Erfahrung. Das Abschwächen schwächt Ihre Gefühle ab. Nebenbei bemerkt: dies ist eine Möglichkeit, Ihren positiven Erfahrungen mehr Pfiff zu geben, wenn Sie sie wiedererleben möchten.

Rufen Sie sich jetzt eine unerfreuliche Erinnerung ins Gedächtnis, bei der Sie etwas, was jemand zu Ihnen gesagt hat, nicht vergessen konnten. Es könnte Ihr Chef oder Ihr Partner sein, wie er mit lauter, hoher Stimme eine negative Bemerkung über Ihre Fähigkeiten macht. Diese Bemerkung ist Ihnen immer wieder im Kopf herumgegangen, so sehr, daß Sie nachts nicht einschlafen konnten. Hören Sie sich diese Bemerkung noch einmal an. Drehen Sie die Lautstärke der Stimme und die Höhen herunter. Wie fühlen Sie sich jetzt dabei? Vielleicht bemerken Sie, daß die negativen Gefühle, die Sie dabei hatten, in bemerkenswerter Weise abgenommen haben. Dann wissen Sie jetzt, was Sie nächstes Mal tun können, wenn Sie eine Stimme loswerden wollen.

Die bislang eindrucksvollste Anwendung von Submodalitäten ist die Glaubensveränderung. Bis Richard Bandler das Muster zur Veränderung von Überzeugungen kreiert hatte, wurde allgemein angenommen, daß es sehr schwer, wenn nicht völlig unmöglich sei, tief verwurzelte Glaubenshaltungen zu verändern. Viele glaubten, daß es einer mystischen Erfahrung oder eines schweren Traumas bedürfe, damit jemand seine zentralen Glaubenseinstellungen ändert. Das ist nicht der Fall. Glaubensveränderung wird, wenn man Bandlers Submodalitätenmodell verwendet, mit relativer Leichtigkeit und ziemlicher Schnelligkeit bewerkstelligt. Wenn Sie sich erinnern, daß die Erfahrungen unseres Lebens Produkte unserer Überzeugungen sind, werden Sie zu verstehen beginnen, welch tiefe Dankbarkeit die Menschheit Richard Bandlers Genialität schuldet.

Den größten Teil der Veränderungsarbeit mit Submodalitäten macht man, indem man die Submodalitäten des zu verändernden Zustandes oder Verhaltens mit denen des erwünschten vergleicht. Diejenigen Submodalitäten, die den größten Einfluß haben, werden dann benutzt, um die Veränderung zustandezubringen. Wiederum (– da dies kein Buch über Neurolinguistisches Programmieren ist), werde ich die Details der Muster oder Modelle zur Veränderung von Submodalitäten nicht beschreiben. Der interessierte Leser sei auf die vielen hervorragenden NLP-Bücher über dieses Thema verwiesen. Im folgenden einige der Instrumente zur Persönlichkeitsveränderung, die mit Submodalitäten arbeiten:

Den gegenwärtigen Zustand verändern

Mit dem technischen Know-how von Bandlers Submodalitäten-Mustern können Sie Ihr Leben buchstäblich in reine Magie verwandeln. Denken Sie nur, daß Sie nie wieder gelangweilt sein müssen. Sie können jeden Ressourcenzustand intensivieren, und Sie können immer und überall Spaß haben.

Der Wert dieses Instrumentes in der Metamedizin kann nicht hoch genug geschätzt werden. Erinnern Sie sich an die Wichtigkeit des eigenen emotionalen (Energie-)Zustandes. Nachdem Sie in einen negativen Zustand (Emotion) gefallen sind, was bei Leidenszuständen normalerweise der Fall ist, verändert es buchstäblich und unmittelbar die ganze Gleichung (Situation), wenn Sie Ihren emotionalen Energiezustand in positive Bereiche heben. In den positiven Energiezuständen machen Sie sich mehr Ressourcen zugänglich: zum Beispiel beginnt Ihr Immunsystem besser zu funktionieren; Sie beginnen negative Glaubensvorstellungen zu erkennen, auf die Ihr Leiden Sie hinweist. Jetzt sind Sie in einer günstigeren Position, um sich zu heilen. Dies ist ein notwendiges Instrument, das alle, die Metamedizin praktizieren, und eigentlich alle Menschen in ihrer „Werkzeugkiste für Heilung" haben müssen.

Dinge besser machen, als sie zu werden versprechen

In der gleichen Weise, wie wir unseren gegenwärtigen Zustand verändern können, können wir es lernen, jede vergangene, gegenwärtige und zukünftige Erfahrung eindeutig aufregender und erfreulicher zu machen. Wenn die Dinge, die wir tun, „einigermaßen in Ordnung" sind und wir „eben das Beste aus dem machen", was es an Aktivitäten und Ereignissen in unserem Leben gibt, ist offensichtlich, daß wir von einem negativen emotionalen Energiezustand aus operieren.

Wir können die Strategie (die Abfolge der Submodalitäten der Repräsentationssysteme) herausfinden, um die Dinge besser und spannender und amüsanter zu machen, als sie sein sollten oder können. Indem wir diese Strategie verwenden, „pumpen" wir unsere Gefühle/unseren Energiezustand hoch, was zur Folge hat, daß wir uns in anderer Weise verhalten, als wir das normalerweise tun würden. Indem wir mit dieser neuen Einstellung an die Dinge herangehen, erzeugen wir interessantere Ereignisse oder Erfahrungen. Dasselbe Muster kann auf eine vergangene Erfahrung, die unserer Meinung und unserem Gefühl nach enttäuschend oder „so lala" war, angewendet werden. *Enttäuschung erfordert Planung.* Denken Sie einen Moment darüber nach. Um enttäuscht zu sein, müssen Sie eine Erwartung im Kopf gehabt haben, eine bestimmte Vorstellung davon, wie die bevorstehende Erfahrung oder das Ereignis sein würde. Anderenfalls wären Sie nicht in der Lage gewesen, das Gefühl der Enttäuschung zu erfahren, nachdem das Ereignis stattgefunden hatte, weil Sie keinen Standard gehabt hätten, mit dem Sie es hätten vergleichen können. Wenn Sie schon Erwartungen haben, warum dann nicht die Strategie, die sie so verlockend macht, herausfinden und verwenden, um aus der tatsächlichen Erfahrung eine Glanznummer zu machen?

Eine Motivationsstrategie herausfinden: Wie man „es anpackt"

In gleicher Weise, wie wir die Strategie entdecken, mit Ereignissen und Erfahrungen umzugehen, um sie positiver zu machen, können wir die Struktur der Strategie untersuchen, wie man sich selbst erfolgreich motiviert, etwas zu tun. Im wesentlichen finden wir heraus, was Menschen in ihrem Kopf tun, wenn sie motiviert werden. Wir registrieren ihre Submodalitäten-Abfolge-Strategie, und diese kann auf jede andere Situation angewendet werden, in der sie motiviert werden sollen; zum Beispiel, um etwas regelmäßig zu üben.

Eine Begleiterscheinung davon ist, daß Sie diesen selben Prozeß anwenden können, um sich zu demotivieren, etwas zu tun, was Sie nicht tun wollen, aber sehr wahrscheinlich tun werden, etwa zu viel zu essen. Diese Technik läßt das Ereignis für Sie weniger attraktiv werden, und sie ist eine ausgezeichnete Möglichkeit, schlechte Gewohnheiten loszuwerden.

Von *Konfusion* zum Verstehen

Die meisten Leute suchen oft, wenn sie von etwas verwirrt sind, was sie verstehen wollen, aber nicht verstehen, nach Verständnis, indem sie mehr Information sammeln. Zwei Menschen können dieselbe Informationsmenge über ein gegebenes Thema haben. Der eine versteht das Thema, der andere kann davon völlig verwirrt sein. Warum versteht es der eine, während der andere verwirrt bleibt? „Nun, offensichtlich ist derjenige, der es versteht, intelligenter", ist die übliche Antwort. Nicht ganz. Was der eine hat, der das Thema versteht, ist die Strategie – eine sequenzielle Methode, das thematische Material zu organisieren, die es ihm ermöglicht, es zu verstehen. Was tun wir also, um den verwirrten Menschen dazu zu bringen, das gleiche Thema zu verstehen?

Wir können die Struktur von etwas herausfinden, was er versteht, und die Strategie, die Schritte oder die Abfolge von Repräsentationen von Submodalitäten, die er benutzte, um dieses Verstehen zu erreichen. Wir können dann diese Strategie auf den Konfusionszustand anwenden. Dieser Mensch würde dann von der Konfusion zum Verstehen des Themas gehen, indem er den Weg benutzt, den er normalerweise geht, um Verstehen zu erreichen.

Was wir auch tun können, ist, die Strategie des anderen, der das Thema verstanden hat, herauszufinden. Wir müssen sicherstellen, daß seine Strategie effizient und effektiv ist. Mit anderen Worten, wir wollen sicher sein, daß er schnell und leicht lernt. Dann können wir denjenigen, der verwirrt ist, dazu bringen, diese Strategie zu benutzen. Wenn er das tut, wird seine Konfusion dem Verständnis Platz machen.

Bei diesem zweiten Vorgang benutzen wir den Lernprozeß einer anderen Person. Daß wir das können, bedeutet, daß das Verstehen von Gedanken ein wiederholbarer und vorhersagbarer Prozeß ist. Läßt Sie das nach dem Inhalt der Gedanken fragen? Die Tatsache, daß wir mit derselben Informationsmenge das verstehen können, wovon wir vorher verwirrt waren, sagt uns, daß die meisten Menschen alle Information haben, die sie brauchen, um etwas zu verstehen. Was uns fehlt, ist ein geeignetes Verfahren, um diese

Information zu organisieren. Nur darum geht es beim effektiven Lernen.

Wie paßt diese Art zu lernen in den Bereich von Gesundheit und Leiden? Können Sie die Lernstrategie einer anderen Person benutzen, um herauszufinden, wie Sie gesund bleiben können, und sogar, wie Sie mit Ihrem Leiden umgehen können? Zweifellos. Wenn Sie wissen, *wie* jemand gesund bleibt oder sich schmerzfrei macht, können Sie dasselbe tun. Dieses Verfahren, die Strategie einer anderen Person zu benutzen, wird als *Modeling* (wörtlich: Nachbilden) bezeichnet.

In unserer metamedizinischen Forschung wählen wir Menschen aus, die gewisse außerordentliche Fähigkeiten haben, jung, gesund, schmerzfrei usw. zu bleiben. Wir wollen das, was sie tun, und ihre Strategie, diese Dinge effektiv zu tun, herausfinden. Wir können dann diese Strategien bei anderen Menschen installieren, denen die Qualitäten fehlen, die notwendig sind, um jung, gesund oder schmerzfrei zu bleiben.

Die wichtigste Anwendung, bei der die Verfahrensweisen anderer Menschen benutzt werden, wird auf dem Gebiet der Erlangung außergewöhnlicher Gesundheit liegen. Allmählich bekommen Sie wohl den Eindruck, daß Leiden eine Widerspiegelung von lauter selbst auferlegten Beschränkungen in der Persönlichkeit oder Persona ist. Das ist richtig; Leiden ist Symptom einer Beschränkung. Um wirklich von einem Leiden frei zu werden, müssen Sie von der Beschränkung frei werden. Können Sie sich vorstellen, was Sie wären, was das Leben wäre, wenn Sie nicht länger mit Beschränkungen „funktionieren" würden? Sie wären ein kreativer Genius, und Sie könnten für sich und andere den Himmel auf dieser Erde schaffen. Weit hergeholt? Mag sein, aber dennoch ist es ein erreichbares Ziel.

Die Heilmethode für Phobien und für das posttraumatische Streßsyndrom

Im Abschnitt „Dissoziation – Assoziation" habe ich die Schnellbehandlung von Phobien besprochen. Ein ähnliches Muster kann angewendet werden, um eine dauerhafte Erleichterung beim posttraumatischen Streßsyndrom zu bekommen, bei dem Menschen einem derart großen Horror ausgesetzt waren, daß sie die meisten Details der Erfahrung löschen. Sie zeigen dann auf einen Reiz, der aus dieser oder einer vergleichbaren Erfahrung stammt, eine übertrieben negative Reaktion, ganz ähnlich wie Phobiker. Ihr Verhalten erscheint ihnen und anderen als unvernünftig.

Dieses therapeutische Muster oder eine Abwandlung davon könnte bei Opfern von Mißhandlungen, etwa Menschen, die als Kinder mißbraucht wurden, oder bei Opfern von Vergewaltigungen nützlich sein.

Der *Swish*

Menschen haben sehr häufig Gefühle, die ihr Verhalten in einer negativen Weise einschränken oder behindern. Ein Beispiel wäre eine Person, die, wenn sie Schokolade sieht, sich so außer Kontrolle fühlt, daß sie gezwungen ist, mehr Schokolade zu essen, als sie sollte oder sogar wollte. Beim *Swish* (wörtlich Rutenstreich) werden sowohl die Submodalitäten identifiziert, die die Gefühle vermindern, welche das Verhalten der Person limitieren, als auch solche, die mit einem ressourcenreicheren Zustand der Person verbunden sind. Der Swish ist ein Format, das die Problemsituation als Auslöser einer Veränderung hin zu einem ressourcenreicheren Zustand benutzt, indem man vom assoziierten Zustand in den dissoziierten geht.

Dies ist ein gutes Instrument, um unerwünschte Gewohnheiten wie Rauchen, Nägelkauen, Eßsucht und andere problematische Verhaltensweisen zu beseitigen. Und der Erfolg der Veränderungsarbeit kann auf der Stelle getestet werden!

Die Überwindung von Zwängen

Süchte und andere Zwänge, die auf andere Veränderungsmethoden und -muster nicht ansprechen, können ausgeschaltet werden durch die als *„compulsion blow-out“* bezeichnete Methode. Kurz gesagt werden die Submodalitäten mit der größten Wirksamkeit identifiziert, und indem diese in einem *Blow-out-* oder Lösch-Prozeß benutzt werden, wird das Gehirn überwältigt. Das ist sehr dramatisch und sehr wirkungsvoll. Ich wendete dieses Verfahren bei einer Patientin an, die zwanghaft Schokoladenkekse aß. Danach konnte sie den ganzen Tag Schokoladenkekse backen und hatte kein Verlangen danach, sie zu essen. Sie erzählte mir, sie hätte einen essen können, wenn sie gewollt hätte, aber sie wollte nicht. Das ist wichtig, denn ein *compulsion blow-out* ist nur dazu da, dem einzelnen Wahlmöglichkeiten zu geben. Im Gegensatz zu dem Zwang, immer in derselben Weise zu handeln, kann man nun *wählen*, sich in derselben Weise zu verhalten. Das Element, das hier wichtig ist, ist Kontrolle.

Kinästhetische Wirkungen wieder hervorrufen

Ist Ihnen jemals in den Sinn gekommen, daß Sie ein Medikament nicht mehr tatsächlich einnehmen müßten, wenn Sie die Gefühle (sowohl physische als auch emotionale), die Sie durch die Einnahme bekommen haben, selbst beliebig wieder erzeugen könnten? Ja, das ist eine Realität. Es wird möglich durch die Anwendung von Mustern der Submodalitätenabfolge von Körperempfindungen, während man das spezifische Medikament nimmt. Man kann sagen, daß der Körper gelehrt wird, die kinästhetische Erinnerung an die Wirkungen des Medikaments wiederzuerleben.

Das ist eine Methode, die Wirkungen eines Medikaments zu erleben, ohne es tatsächlich einzunehmen. Dies impliziert, daß man die Vorzüge des Medikaments ohne die schädlichen Nebenwirkungen genießen kann, die bei der tatsächlichen Einnahme auftreten können. Die Methode besteht einfach darin, die verschiedenen Wahrnehmungen, die man nach der Einnahme des Medikaments erfahren hat, in derselben Abfolge auch ohne die Einnahme wieder hervorzurufen.

Wenn Regierungsbemühungen darauf ausgerichtet würden, dieses Instrument zur Behandlung von Drogensucht zu entwickeln, könnte der Krieg gegen Drogen rasch beendet werden.

Die menschliche Fähigkeit, eine kinästhetische Erfahrung, das heißt eine physiologische Reaktion, wieder hervorzurufen, die mit der Reaktion identisch ist, die von einer chemischen Substanz induziert wird, erklärt den Placebo-Effekt und gibt uns einen Einblick in die Funktion von Medikamenten im Krankheitsprozeß. Es wurde festgestellt, daß Placebos (inaktive Medikamente) bei einem gewissen Prozentsatz der Menschen denselben Erfolg haben wie tatsächliche Medikation. Die Effektivität von Placebos kann direkt auf die Neigung des menschlichen Gehirns zurückgeführt werden, Reize zu erkennen und darauf zu reagieren. Das Gehirn löst einfach dieselbe Reaktion in den betreffenden Körperteilen als Antwort auf *ähnliche* Reize aus, sei es auf eine *aktive* chemische Substanz (Medikament) oder eine *inaktive* (Placebo).

Es scheint so zu sein, daß ein Medikament mehr oder weniger ein Anker ist. Erinnern Sie sich, daß ein Anker ein spezifischer Stimulus ist, der, wenn er ausgelöst wird, eine spezifische Reaktion bewirkt.

Das wirft die Frage auf, was die wirkliche Intention von Medikamenten und was ihr Stellenwert beim Krankheitszustand ist. Die Tatsache, daß die physiologische Wirkung, die ein Medikament auf den Körper hat, dupliziert werden kann, ohne daß das Medikament eingenommen wird, ist ein Hinweis darauf, daß der ursprüngliche Zweck des Medikaments darin besteht, eine physiologisch-kinästhetische Wirkung im Körper hervorzurufen, die im Gehirn gespeichert und repliziert (wiederholt) werden kann. Replikation? Da liegt der Hase im Pfeffer. Um die physiologischen Wirkungen eines Medikaments zu vergegenwärtigen, muß man Fertigkeiten wie die NLP-Techniken der Submodalitätennutzung gelernt haben.

Drogenabhängigkeit oder Sucht, wie Alkoholismus, Drogenmißbrauch und sogar der Mißbrauch von Nahrungsmitteln, sind im wesentlichen Krankheiten der abnormalen und zwanghaften Verwendung von Ankern. Beim Alkoholismus ist Alkohol der Anker. Er ist Auslöser einer Reihe von negativen Verhaltensweisen, die eine Reihe von Beschränkungen repräsentieren. Ich habe einige Eßsüchtige kennengelernt, die nur funktionsfähig sind, wenn sie Nahrungsmittel in ihrer unmittelbaren Nähe haben. Das seltsame dabei ist, daß diese Menschen die Nahrungsmittel vielleicht gar nie tatsächlich essen! Das Essen ist nur der Anker für gute Gefühle.

Bitte beachten Sie, daß ohne den *Glauben* des Patienten, daß eine chemische Substanz, sei es eine aktive oder eine inaktive, eine erwünschte Wirkung hervorrufen kann, kein Medikament der Welt dem Patienten helfen könnte. Allein schon die Handlung, ein Medikament einzunehmen, zeigt, daß das Glaubenssystem der Person eine Überzeugung enthält, die besagt, daß das Medikament die erwünschte Wirkung haben wird. Diese Entscheidung wird normalerweise unbewußt getroffen.

Das Erschließen unbewußter Mechanismen

In der Metamedizin betrachten wir Leiden als ein Instrument. Leiden wird *normalerweise* für ein negatives Mittel gehalten, um einige negative Entscheidungen oder Beschränkungen, die im Glaubenssystem des einzelnen enthalten sind, in die Aufmerksamkeit des wissenden Bewußtseins zu bringen. Die Intention jedes Instruments ist es, einen Dienst zu leisten. Das Ergebnis dieses Dienstes kann das sein, was wir wünschen, oder auch nicht. Im Fall von Leiden, das ein „negatives" Instrument ist, ist der Dienst eine Krankheit, die wir als unerwünschtes oder negatives Ereignis im Körper erfahren. Es muß hier eine Unterscheidung zwischen der *Intention* und dem tatsächlichen *Ereignis* getroffen werden.

In der Metamedizin stellen wir die kühne Behauptung auf, daß die Intention *positiv* sei, und hier ist die Begründung: Die Tatsache, daß wir Menschen als physische Wesen überlebt haben, ist ein Zeichen für unseren Selbsterhaltungstrieb. Einfacher ausgedrückt: Bewußt oder unbewußt lieben wir uns selbst. Deshalb setzen wir eine positive Intention bei jedem Leidenszustand voraus. Unsere Aufgabe in der Metamedizin ist es, wo immer möglich herauszufinden, was die positive Intention ist. Meistens besteht diese Intention darin, uns auf eine negative Überzeugung, die wir haben und die unseren Fortschritt zu positiven Erfahrungen im Leben blokkiert, aufmerksam zu machen. Manchmal ist die Intention, anderen Menschen gute Dienste zu leisten. Alles in allem ist die Intention im allgemeinen positiv.

Also sehen wir in der Metamedizin Leiden als ein Mittel an, um zu einem positiven Ergebnis, einer positiven Veränderung zu gelangen. Eine Krankheit – die spezifische negative Wirkung, die durch ein Leiden hervorgerufen wird und die wir praktisch mit dem Leiden gleichsetzen – ist das, was wir im wissenden Bewußtsein erfahren. Wenn wir kein Urteil über das Leiden fällen, können wir anfangen, uns zu erlauben, die Intention bewußt oder unbewußt zu entdecken. Wenn die Intention des Leidens erfüllt ist, gibt es keinen Grund mehr, daß es weiterexistiert.

„Sagen Sie dann, daß jede Krankheit psychosomatisch ist?" fragen viele Leute. Nicht wirklich; was wir sagen, ist, daß eine Krankheit in einem Menschen auftritt, dessen Körper in seinem/ihrem Bewußtsein enthalten ist. Was wir normalerweise als psychosomatische Krankheit bezeichnen, ist eine Krankheit, die wir im Körper grob oder mikroskopisch nicht erklären können. Daß wir nicht in der Lage sind, sie zu sehen, leugnet nicht ihre Existenz. Nichtsdestoweniger wird sie vom Patienten erlebt und ist somit für diesen Menschen real.

Oft wird der Patient, der an einer sogenannten psychosomatischen Krankheit leidet, für „meschugge" gehalten, für jemand, der mit der Realität nicht in Verbindung steht. „Wessen Realität?" vergessen wir zu fragen. Erinnern Sie sich, daß jeder seine eigene Perspektive hat. Wir können Aspekte unserer Sichtweise als eine gemeinsame Realität mit den anderen Menschen teilen. Trotzdem ist unser Weltbild, unser Weltbewußtsein (der Körper miteingeschlossen), die einzigartige Sichtweise jedes Individuums, die private Realität jedes Individuums. Deshalb ist die Idee der psychosomatischen Krankheiten, wie wir sie in der modernen Medizin bis heute verwendet haben, eine fragliche Sache.

Jede Krankheit, ob sie durch die medizinische Wissenschaft diagnostiziert wird oder nicht, verdient die Aufmerksamkeit des Heilers, weil der Patient nicht um die Gelegenheit gebracht werden darf, von der positiven Intention des Leidens zu profitieren. Einer der wichtigsten Gewinne für Patienten besteht darin zu lernen, ein Leiden (negatives Instrument) durch ein positives Instrument zu ersetzen, um die positive Intention zu erfüllen. Dies kann bewußt oder unbewußt geschehen.

Ich habe einige der bewußten Prozesse, die dies leisten, diskutiert. Eine positive Absicht festzulegen und zu erreichen, kann unbewußt durch Hypnose geschehen. Sie ist ein starkes Instrument, das für viele in der modernen medizinischen Welt hauptsächlich wegen ihres Mangels an einheitlicher Standardisierung und Präzision nicht akzeptabel ist. Hypnose ist auch für viele Menschen nicht attraktiv, die fürchten, die Kontrolle über sich zu verlieren.

Das *Reframing* im NLP, besonders das Sechs-Stufen-Reframing, umgeht diese Einwände gegen Hypnose, während es gleich wirkungsvolle Ergebnisse hervorbringt. Es enthält Elemente des hypnotischen Trancezustandes, aber der einzelne, das heißt der Patient, kommuniziert mit seinen unbewußten Teilen und ist gleichzeitig in der Lage, im wissenden Bewußtsein mit dem Heiler oder Therapeuten zu kommunizieren.

Dies ist ein Instrument, bei dem die spektakuläre Kraft und *Kreativität* des Unbewußten des Menschen gewürdigt werden kann. Indem er die Macht der Suggestion benutzt, kann der Patient in der unbewußten Sphäre Tausende von Teilen (seiner selbst; neue Rollen, Seiten des Ich) kreieren, die ihn mit jeglichen Vorteilen, die er wünscht, versorgen. Im Fall von Krankheit kann der Patient Teile oder Entscheidungen im Unbewußten erzeugen, die das Leiden dabei ablösen, diese positiven Intentionen zu befriedigen.

Wenn Sie durch dieses Sechs-Stufen-Reframing gehen, um sich von einem physiologischen Gebrechen zu befreien, wird Ihnen kein Zweifel daran bleiben, daß Leiden eine positive Intention *hat.* Es funktioniert! Dieses NLP-Instrument ist großartig, weil die notwendigen positiven Veränderungen ohne die übliche bewußte Empfindung von Anstrengung gemacht werden. Ich empfehle, das Sechs-Stufen-Reframing bei den meisten Krankheiten anzuwenden. Das wird zumindest jegliche Restabsichten der Krankheit abdecken, die vielleicht übersehen worden sind. Wie bei allen machtvollen Instrumenten ist Vorsicht bei seinem Gebrauch angeraten. Sie müssen zuerst die Fertigkeit durch angemessenes und kompetentes Training erwerben. Genauso wie Sie selbst keine großen Operationen durchführen, wenn Sie nur ein Buch über Chirurgie gelesen haben, wenden Sie nicht das Sechs-Stufen-Reframing und einige andere wirkungsvolle NLP-Muster an, wenn Sie nur ein Buch darüber gelesen haben. Es ist unerläßlich, von Experten auf diesem Gebiet ausgebildet zu werden. Aus diesem Grund bin ich bei diesen Techniken nicht ins Detail gegangen.

Die *Time Line*-Manipulation

Vom Neurolinguistischen Programmieren haben wir gelernt, wie wir die Information, die aus der uns umgebenden Welt kommt, verarbeiten und benutzen. Aufgrund dieses Wissens wurden Muster und Modelle entwickelt und zur Intervention (Therapie) verwendet, um – wo nötig – Veränderungen der Persönlichkeit zu bewirken. Eine direkte Folge der Neugierde darauf, wie Menschen Information verarbeiten, ist Interesse daran, wie Menschen Information *speichern*, oder die Konzeption davon, wie wir *Erinnerung* speichern.

Wir denken und sprechen von Erfahrung in einer linearen Anordnung. Wir sagen: „Gestern geschah etwas; etwas geschieht jetzt, und morgen wird etwas geschehen." Jeder Mensch hat eine Vorstellung von der Vergangenheit, der Gegenwart und der Zukunft. Wenn Sie an die Vergangenheit denken, wo nehmen Sie sie wahr? Einige Menschen werden hinter sich deuten, andere werden nach vorn auf ihre rechte oder linke Seite deuten. Alles in allem haben Menschen normalerweise ein Gefühl von einer Richtung, in der sie die Vorstellung der Vergangenheit lokalisieren. Dasselbe gilt für die Gegenwart und die Zukunft. Wenn man diese Richtungen – die Vergangenheit, die Gegenwart und die Zukunft – miteinander verbindet, entsteht normalerweise eine Linie. Es kann eine Linie sein, die von vorn nach hinten oder von der einen zur anderen Seite der Person verläuft, oder sogar eine Linie, die einen Bogen oder einen Kreis formt. Das gemeinsame Element dabei ist, daß die Erinnerungen in sequentieller Weise angeordnet sind.

Jetzt können wir tatsächlich willentlich in unsere Imagination gehen und eine solche Linie, *Time Line* genannt, zeichnen oder visualisieren. Wir können wahrnehmen, wie unsere Erfahrungen und Erinnerungen sequentiell auf ihr angeordnet sind. Immer noch auf der Projektionsfläche der Imagination bleibend, können Sie diese Erinnerungen in einer Weise anordnen, die Sie sich wünschen und die Ihre Beschränkungen beseitigt.

Das ist ein äußerst wirkungsvolles Instrument. Sie können vergangene Erinnerungen löschen, ersetzen und neu organisieren. Sie können auch Erinnerungen erfinden und sie in der Vergangenheit und/oder in der Zukunft installieren. Sie können Ihre Gefühle zu diesen Erinnerungen verändern und die neuen Gefühle in ihrer ganzen *Time Line* dort installieren, wo diese Erinnerungen auftreten. Unglaublich, nicht wahr? Die Fähigkeit, die Zeit zu manipulieren, reißt Löcher in unsere Gewißheit über die Solidität unserer gegenwärtigen physischen Realität. Werden wir verrückt? Nein. Wir beginnen nur zu verstehen, was wir sind. Der Nachweis, daß Veränderungen in der eigenen mentalen Repräsentation von Vergangenheit und Zukunft aus der Gegenwart heraus vorgenommen werden können, verschafft einem der wirkungsvollsten, grundlegenden Instrumente der Metamedizin Geltung: in der Gegenwart zu leben. Lesen Sie weiter.

Kapitel 9

Der Schatz des Leidens und das Heilmittel

Heilung geschieht, wenn die übergeordnete Intention des Leidens erfüllt worden ist. Wie ich bereits festgestellt habe, ist die Intention des Leidens immer positiv, auch wenn seine physische Erscheinung, eine Krankheit, als negatives Ereignis erlebt wird.

Sie fragen: „Warum sollte jemand negative Mittel und negative Ergebnisse wählen, um eine positive Absicht zu erfüllen?“ Gute Frage. Tatsächlich ist dies ein so faszinierendes Phänomen unter uns Menschen, daß es seit Beginn der Geschichtsschreibung als Handlungsgrundriß von Fiktion wie von tatsächlicher Geschichte, sei es für eine Person oder eine ganze Nation, zu beobachten ist. Schauen wir uns ein mögliches Drehbuch mit einem jungen Mann namens Bob Brown in der Hauptrolle an. Bob Brown glaubte, daß er ein Unternehmen gründen könne, das ihn reich machen und die örtliche Ökonomie verbessern könne. Die Handlung der Geschichte besagt, daß Bob alles bekam, was er wollte, und seinen Traum leicht verwirklichte. Die Lebensdauer dieser Fernsehshow wäre sehr kurz, weil Protestbriefe von Zuschauern hereinströmen würden, die einwenden würden, daß ihre Intelligenz durch diesen Mangel an „Realismus“ beleidigt worden sei. Werbeleute würden ihre finanzielle Unterstützung streichen, und natürlich würden die Produzenten die Show fallen lassen. Wenn der Handlungsplan verlangen würde, daß Bob durch mehr als höllische Schwierigkeiten zu gehen hätte und fast das Leben dabei verlieren würde, seinen Traum zu verwirklichen, wäre jeder Zuschauer bewegt. Fast jeder, der sich für intelligent hält, würde dies für eine realistische Geschichte halten. Die erste Geschichte, die Erfolg mit Leichtigkeit zeigt, würde als ein kindisches Märchen abgetan.

Fragen wir uns nun immer noch, warum wir Menschen ein negatives Mittel wählen, um eine positive Intention zu verwirklichen? Es ist unsere Angewohnheit, das zu tun. Auf diese Weise bleiben wir aufmerksam, bleiben bei Laune, und auf diese Weise, so *glauben* wir, kann alles Wertvolle erreicht werden: durch Schmerz. Kurz gesagt, wir glauben an *Beschränkungen.* Wir sind Geschöpfe der Begrenzung und wir glauben nicht, daß irgend etwas Gutes entstehen kann, ohne daß wir uns unseren Weg durch sie hindurch erkämpfen müssen.

Ist das gut oder schlecht? Ich kann nicht für jeden antworten, aber ich weiß, daß es schmerzt. Wenn es nicht schmerzen würde, gäbe es keinen Bedarf für Menschen wie mich oder andere Ärzte und Heiler. Es liegt nicht im Aufgabenbereich des Heilers, die Wahl von Leiden als einem Mittel, ein positives Bedürfnis zu erfüllen, als gut oder schlecht zu beurteilen, sondern einfach anzuerkennen, daß es das gibt. Ein guter Heiler betrachtet diese Wahl mit Neugierde und geht dann dazu über, dem Patienten mit Integrität dabei zu helfen, die positive Intention zu erfüllen, die das Geschenk des Leidens ist. Ein guter Heiler wird den Patienten auch anleiten, die Leidenssituation nicht zu verurteilen. Und zwar weil der Heiler weiß, daß der negativen Emotion oder der negativen Energiebewegung nachzugeben den Patienten noch viel mehr davon abhält, die positive Absicht zu entdecken oder dem Leiden irgend etwas Gutes zu entnehmen. Der Patient mag mit negativer Emotion auch allmählich an dieses Ziel gelangen, aber es wird eine lange und unerfreuliche Reise sein. Und ihre Kosten werden sich nicht auf Geld beschränken.

Begrenztheit ist das Spiel der Menschen. Wir wählen Leiden, Begrenztheit, um ein positives Ziel zu erreichen. „Das wissen wir jetzt allmählich, Vida. Jetzt machen Sie schon weiter und sagen uns, was diese positive Intention ist", drängen die Leute oft ungeduldig an dieser Stelle.

Nun gut, wie ich im ersten Kapitel dieses Buches gesagt habe, verkörpert jeder Mensch seine eigene Sichtweise. Deshalb wird die Intention jedes Individuums seine eigene, einzigartige Kreation sein. Die generelle Intention des Lebens in der physischen Welt ist es jedoch, dieses Leben in der größtmöglichen Fülle zu leben. Mit anderen Worten, die höchste Intention, die allen Menschen gemeinsam ist, ist die, der vollkommenste Ausdruck des bestmöglichen Wesens zu sein, das in unseren Möglichkeiten als Menschen in diesem Leben liegt, das wir auf der Erde leben. Jede andere

Intention ist ein Weg, der zu diesem Ziel führt, und ist dieser übergeordneten Intention untergeordnet. Schauen wir uns ein gewöhnliches Szenario an.

Sie sind eine ambitionierte, moderne junge Mutter und eine erfolgreiche, aufstrebende Unternehmerin. Sie stellen fest, daß Sie ziemlich oft mit starken Kopfschmerzen nach Hause kommen und todmüde sind. Wenn Sie zuhause ankommen, rennt Ihnen Ihr kleiner Sohn in heller Freude, Mami zu sehen, mit ausgestreckten Armen entgegen. Ihr Mann oder Liebhaber strahlt Sie lächelnd an und umarmt Sie. Eine Welle purer Dankbarkeit und Freude schwemmt Sie in die Küche, und Sie denken bis zum nächsten Tag im Büro nicht mehr an die Kopfschmerzen. Was ist passiert?

Nun, es ist kaum der Rede wert, daß diese arbeitswütige Frau am Ende eines harten Tages Kopfschmerzen hatte. So werden es viele Menschen sehen, die daran gewöhnt sind, mit dem als „Streß“ bezeichneten Leiden zu leben. Der Streß wird ignoriert, bis er sich zu einem großen Vulkan entwickelt hat. Und genau das wird er tun, denn das Leiden wird auf die eine oder andere Weise Ihre Aufmerksamkeit erlangen, bis die positive Absicht erfüllt ist.

Wenn diese junge Frau, über ihre allgemeine Bildung hinaus, mit den grundlegenden Prinzipien der Metamedizin vertraut gewesen wäre, hätte sie die Gelegenheit, die in ihrem „Streß“ enthalten ist, erkannt. Sie wäre neugierig wegen dieser Kopfschmerzen geworden, statt sie zu verfluchen und „dem Job“ dafür die Schuld zu geben. Mit oder ohne die Hilfe eines Heilers hätte sie sich gefragt, warum sie sich entscheidet, Kopfschmerzen zu haben, ohne daß sie diese oder sich selbst verurteilt oder abgewertet hätte. Sie hätte dann erkannt, daß das „Heilmittel“ für sie wäre, mit denen zusammen zu sein, die sie liebt, und Liebe und Freude auszutauschen.

Zu Hause ist ihre (emotionale) Energie positiv, und sie bleibt sich selbst treu, indem sie im wesentlichen eine liebevolle, fröhliche Frau ist. Bedeutet das, daß sie nicht in die Unternehmenswelt gehört? Ganz und gar nicht. Wenn das Leben im Unternehmen sie begeistert, gehört sie dorthin. Es würde sie nicht begeistern, wenn es nicht ebenfalls ein notwendiger, wesentlicher Teil ihrer vollen Selbstentfaltung wäre. Nehmen wir an, es begeistert sie. Was dann? Der „Streß“, an dem sie in ihren Arbeitsverhältnissen leidet, ist immer noch zu einem positiven Gewinn für sie da. Aufgrund des „Heilungshinweises“ würde es offensichtlich werden, daß sie bei der Arbeit irgendwie auf eine Weise funktioniert, die ihr wahres Selbst nicht reflektiert. Sie wird vielleicht einen weit verbreiteten Glauben teilen, daß eine Frau aggressiv und ziemlich „maskulin“ sein muß, um in der Unternehmenswelt erfolgreich zu sein. Wenn sie diese negative Überzeugung durch eine ersetzen würde, die besagt, daß sie erfolgreich sein kann, indem sie sie selbst ist, wird sie spektakuläre Ergebnisse erhalten.

Sie wird vielleicht feststellen, daß sie ihre Arbeit genauso effektiv tun kann, wenn sie ihr wahres, liebevolles, fröhliches Selbst lebt, statt eines heraufbeschworenen Bildes einer eisernen Lady. Mehr noch, sie wird freudig überrascht sein zu sehen, daß die Menschen an ihrem Arbeitsplatz sie anders behandeln, indem sie ihr Liebe zurückgeben. Wenn sie dabei bleibt, sich selbst zu leben, wird sich das emotionale Klima an ihrem Arbeitsplatz ziemlich bald ändern. In der positiven Atmosphäre, die zu schaffen sie geholfen hat, wird die Produktivität steil ansteigen, und dasselbe wird mit ihrer Karriere geschehen. Ihre „Kopfschmerzen“ werden der Vergangenheit angehören. Das Leiden, das seinem intendierten Zweck gedient hat, wird keinen Grund mehr haben, bei ihr zu bleiben.

Wie Sie sehen können, sind die metamedizinischen Prinzipien im alltäglichen Leben für gesundes, fröhliches, positives Leben anwendbar. Wenn ich in weiten Teilen dieses Buches schwerere Krankheiten als Beispiele genannt habe, so deshalb, weil wir Menschen subtile Botschaften nicht beachten, bis sie uns flach auf den Rücken legen. Außerdem kommen zu mir als Ärztin selten gesunde Leute.

Ich würde sagen, daß die metamedizinischen Prinzipien wahrscheinlich den relativ gesunden Menschen am meisten bereichern. Ein solcher Mensch „funktioniert“ immer noch fast auf dem Gipfel seines emotionalen (Energie-) Niveaus und kann dazu angestoßen werden, die Botschaft jeglicher Krankheitssymptome zu benutzen, um sich noch höher in noch bessere Gesundheit und noch besseres Leben zu katapultieren. Ein Mensch, der schon vom Wüten eines Leidens geschwächt ist, das sich immer noch intensiviert, weil die Intention nicht erfüllt worden ist, wird Metamedizin in erster Linie anwenden, um seinen „Kopf über Wasser" zu bekommen. Die Furcht wird im allgemeinen einen solchen Menschen für die Schätze des Leidens blind machen. Mit anderen Worten, es wird für diese Person einen bergauf gerichteten Kampf bedeuten, dorthin zu gelangen, wo er wäre, wenn das Leiden nicht so fortgeschritten wäre. Nichtsdestoweniger kann ein solcher Mensch immer noch die Belohnung des Leidens erhalten, solange er seine Persona in der von dem Leiden vorgeschriebenen Weise verändert. Was aber, wenn es ihm nicht besser geht und er stirbt?

Die Vorstellung, daß ein Mensch, der stirbt, nicht geheilt ist, steht im Widerspruch zu unserer wahren Natur als Menschen und zu der vergänglichen Natur der physischen Existenz. Menschen sind Energie, und Energie kann niemals geschaffen oder zerstört werden. Sie kann sich umwandeln. Menschen wandeln sich um oder treten aus dem physischen Bewußtsein aus, setzen über. Ein Mensch, der Leiden als Mittel für diesen Übergang, diese Übersetzung in einen anderen Energiezustand wählt, verdient Heilung sogar dringlicher. Diese Personen haben eine sehr begrenzte Zeit, während der sie volle Selbstentfaltung in diesem Leben erfahren können. Sie müssen mit sich selbst ins Reine kommen und den Übergang ohne Furcht und Schmerzen unternehmen, vielmehr mit Freude und Kraft, wissend, daß sie immer weiter existieren werden.

Kann das metamedizinische Prinzip für einen Menschen nützlich sein, der beschließt, aus der positiven Intention des Leidens keinen Vorteil zu ziehen? Aber natürlich. Für Menschen sind so viele Optionen vorhanden, wie sie sich ausdenken wollen.

Das übliche Szenario, wo wir krank oder verletzt werden und die anatomischen Teile gerichtet haben wollen, ist die Art der Menschen, damit umzugehen, und ist von Nutzen dabei gewesen, uns am Leben und funktionsfähig zu halten. Sogar nach dieser eingeschränkten Vorstellung von Gesundheit (Gesundheit als Vermeidung oder Ausschaltung von Schmerz), gibt es eine Menge, was der einzelne tun kann, um seine Schmerzen mit oder ohne die Hilfe durch einen ärztlichen Heiler zu erleichtern.

Schauen Sie sich noch einmal das letzte Beispiel der jungen, arbeitenden Mutter mit Kopfschmerzen an. Wir stellen fest, daß sie, wenn sie in ihre wahre (emotionale) Energieform zurückkehrt, die ihr wahres Selbst ist, keine Kopfschmerzen mehr hat. Genauso ist es mit allen Schmerzen. Jeder Schmerz entsteht durch Reibung, er kommt daher, daß wir „gegen den Strich" unserer wahren Energieform handeln. Was wir körperlich als Schmerz erfahren, ist die Interpretation unseres Gehirns von dieser Nichtübereinstimmung von Energie. Das Gehirn sendet dann diese Information über neurale Bahnen, die Nerven, zu dem jeweiligen anatomischen Teil, damit dieser darauf reagiert.

Was wir normalerweise tun, um Schmerzen zu linden, ob wir nun Medikamente nehmen oder eine andere Therapie, ist, die neuralen Bahnen, die an der Schmerzrückkopplung beteiligt sind, zu unterbrechen. Eine stärkere Methode in der Metamedizin ist es, die Bedeutung von Schmerz überhaupt auf der Ebene des Gehirns zu verändern. Mit anderen Worten, wir reprogrammieren die menschliche Software im Gehirn mittels Denken.

Wenn Sie das nächste Mal Schmerzen zu empfinden beginnen, entspannen Sie sich und betrachten Sie sie nur als eine Empfindung. Verbinden Sie die Empfindung mit einer erfreulichen Erfahrung. Lassen Sie dann die Empfindung in ihrer Vorstellung sich aus Ihrem Körper in die umgebende Luft zerstreuen. Wenn Sie dies mit Überzeugung tun, werden Sie das, was Sie vorher als Schmerz gefühlt haben, nicht mehr als solchen erfahren.

Eine ähnliche Technik wird Frauen vermittelt, um schmerzfreie Geburten zu erreichen. In einem entspannten Zustand wird eine Frau, die Wehen bekommt, angewiesen, ihre Aufmerksamkeit auf das ungeborene Kind zu konzentrieren. Sie soll den Bewegungen des Kindes in der Gebärmutter mit Gedanken voller Liebe und Begeisterung folgen. Dann wird sie angewiesen, ihre Atmung zu benutzen, um ihr Becken mit jeder Kontraktion zu entspannen. Der Beginn jeder Kontraktion muß als Auslöser oder Anker für sie dienen, tief zu atmen und zu entspannen. Die Folge davon ist, daß sie sich *nicht* anspannt und Reibung erzeugt, indem sie sich gegen die Kontraktion und die Bewegung des Fötus wehrt. Sie fließt mit den Muskelbewegungen mit und erfährt deshalb keinen Schmerz. Sie hat die Furcht durch Liebe und Freude über das neugeborene Baby überwunden.

Bei Entspannungsübungen richten wir uns nach der Energie aus und fließen sanft mit ihr. Wir erleben kein Unbehagen, weil keine physische oder emotionale Reibung erzeugt wurde.

Wie Sie sehen, können Sie, sobald Sie verstehen, daß jeder Schmerz, physischer und emotionaler, von Reibungsenergie herkommt, viele Möglichkeiten entwerfen, Schmerz erfolgreich am Auftreten zu hindern.

Bedeutet die Abwesenheit von Schmerz Gesundheit? Nein, denn Sie können schmerzfrei sein und dennoch eine Krankheit haben und daran leiden. Wenn Sie wollen, daß Leben für Sie mehr bedeutet als die pure Fähigkeit, Luft zu atmen, ist es an der Zeit, daß wir die wahre Bedeutung von Gesundheit oder Wohlbefinden *(wellness)* erforschen.

Kapitel 10
Wohlbefinden

Die Gesundheit des Volkes ist tatsächlich die Grundlage, von der sein ganzes Glück und seine Macht als Staat abhängt.

Benjamin Disraeli

Gesundheit ist der Zustand vollkommener Übereinstimmung, vollkommener Harmonie mit der einzigartigen Energie, die man ist. In ihrem vollkommenen Zustand hat die Persönlichkeit kein Leiden. Da Gesundheit ein angeborenes Recht ist, sollte Wohlbefinden nicht etwas sein, das zu erreichen man sich abmühen muß. Aus diesem Grund habe ich es vermieden, den Begriff „Gesundheitsvorsorge" *(Preventive Health)* für Wohlbefinden zu verwenden.

„Gesundheitsvorsorge" enthält einen Anflug von Furcht, die in sich selbst schon ein negativer Glaube ist. Sie listet allgemein auf, was wir tun müssen, um einen Krankheitszustand zu vermeiden, oder was wir vermeiden müssen, um gesund zu bleiben. Beispielsweise wird uns gesagt, daß wir Nahrungsmittel mit hohen Cholesterinwerten meiden müssen, um unser Herz und unsere Blutgefäße gesund zu erhalten, und daß wir gymnastische Übungen machen müssen, um Fettleibigkeit und vorzeitiges Altern zu vermeiden. In jedem dieser Beispiele ist ein Gefühl der Anstrengung enthalten. Bei der „Gesundheitsvorsorge" wird Wohlbefinden zu etwas, worum man kämpfen und wofür man leiden muß. Eine solche negative Einstellung läuft der Gesundheit zuwider. Genau die Mittel, die verschrieben werden, um Wohlbefinden herzustellen, wie zum Beispiel bestimmte Diäten und Übungen, werden bald zu einer Quelle von Streß und Schuldgefühlen. Einigen Menschen gelingt es tatsächlich, aus diesen Empfehlungen Zwänge zu schaffen und auf diese Weise aus dem, was als Mittel zur Streßbewältigung gedacht war, Streß zu erzeugen. Die daraus resultierenden Sportverletzungen, Ernährungsprobleme und emotionalen Schwankungen halten Sportmediziner und andere im medizinischen Bereich Arbeitende voll beschäftigt.

Metamedizin sagt, daß wir, weil Gesundheit ein angeborenes Recht ist, uns einfach entschließen können, gesund zu bleiben. Einfacher gesagt als getan? Es scheint so, aber ist wirklich nicht so, wenn wir unsere Persona-Struktur von Glauben, Emotion und Denken umgestalten. Das erste Gebiet, das wir „aufmöbeln“ müssen, ist das Glaubenssystem.

Als Menschen hegen wir einen Glauben, der Zerfall und Fehlfunktion im physischen Körper erwartet. Wir schließen uns auch einem Glaubenssystem an, das besagt: Kein Schmerz – kein Gewinn *(no pain, no gain).* Wir glauben, daß es Schmerz und Anstrengung erfordert, gesund zu bleiben. Dieses System von negativem Glauben oder Selbstabwertung ist eine der verbreitetsten Quellen unseres Mangels an Gesundheit.

Unsere Wissenschaftler und medizinischen Fachkräfte beginnen allmählich, die Kraft der Emotion für Gesundheit und bei Leiden zu erkennen. Ziemlich oft ist bei Krankheiten, für die wir bis jetzt überhaupt noch kein Heilmittel entdeckt haben, das einzig verfügbare therapeutische Mittel die Manipulation der emotionalen Energie. AIDS und andere Krankheiten des Immunsystems sind perfekte Beispiele dafür. Das ist das Hauptfeld der sogenannten Wunderheilungen. Eine rechtzeitige Vermittlung der Erkenntnis, daß Emotion ein Zustand persönlicher Energie ist, und der Fertigkeit, die emotionale Balance aufrechtzuerhalten, würde uns allgemein Generationen leidensfreier Kinder garantieren. Emotionale Balance ist von äußerster Wichtigkeit für die Gesundheit.

Gehirnforscher haben entdeckt, daß jeder Gedanke, den wir haben, das Gehirn neu „verkabelt“. Das bedeutet, daß es, während der Entwurf der grundlegenden Schaltkreise des Gehirns vom Glauben bestimmt wird, das Denken ist, welches das eigentliche Verkabeln bewirkt, indem es die Verbindungen zwischen den verschiedenen Neuronen und Dendriten im Gehirn schafft. Wenn man sagt, daß Gedanken „Dinge“ seien, so ist das grundsätzlich eine berechtigte Art und Weise, diese Idee zu beschreiben. Wie Einstein uns elegant gezeigt hat, sind sowohl Materie als auch Energie Ausdruck derselben Sache. Das Gehirn kontrolliert und steuert alle Aktivitäten im physischen Körper, den ich einfach als die sensorischen Bahnen und Unterstützungsorgane des Gehirns beschrieben habe. Muß ich Sie nun davon überzeugen, daß Ihre

Gedanken Ihren Körper gesund oder krank erhalten können? Gedanken sind Dinge. Behalten Sie dies in jedem Moment im Gedächtnis, denn die Lebensqualität hängt von diesem Wissen ab.

Indem wir unsere Glaubensannahmen über Gesundheit aufmöbeln, emotionale Balance aufrechterhalten und nur die Gedanken bewahren, die unser höchstes Gut unterstützen, können wir in unserem natürlichen, vollkommenen Zustand bleiben, der vollkommener Gesundheit gleichkommt.

Frühe Gesundheitserziehung ist eine Notwendigkeit für jede Kultur, die Leiden manifestiert, und das bedeutet, für fast jede Zivilisation auf dem Planeten Erde. In den Vereinigten Staaten allein betragen die gesundheitsbezogenen Ausgaben, was gleichbedeutend ist mit durch Krankheit verursachten Ausgaben, etwa zwölf Prozent unseres Bruttosozialprodukts, und die Zahlen klettern jedes Jahr höher. Die Kosten auf der Ebene menschlicher Energie und Produktivität können gar nicht geschätzt werden.

Es ist eigentlich lächerlich, Regierung und Finanzfachleute über die Kosten im Gesundheitswesen lamentieren zu sehen. Die Gesundheit der Menschen ist die *Quelle der Nationalökonomie.*

Ein gesunder Mensch ist einer, der das Leben auf der Erde bis zur vollen Entfaltung lebt, das heißt als das bestmögliche Wesen, das er oder sie als Mensch sein kann. Solche gesunden Menschen sind deshalb im vollen Besitz ihrer Kräfte und ihrer Kreativität. Aller Reichtum, alle Wirtschaftsaktivitäten resultieren aus der Kreativität. Die Nationalökonomie ist gleichzusetzen mit der Kreativität und Energie ihrer Menschen.

Muß ich noch irgend jemand von der Bedeutsamkeit von Gesundheitserziehung überzeugen? Ist Ihnen inzwischen aufgefallen, daß Metamedizin großenteils ein Erziehungsprozeß ist? Die metamedizinische Vorstellung, daß Leiden ein Instrument zum Lernen sei, hat eine Kehrseite. Metamedizin ist ein Lernprozeß, sei er therapeutischer oder unterweisender Art. Wann sollte der Erziehungsprozeß beginnen? In der Metamedizin empfehlen wir, daß der Erziehungsprozeß schon vor der Geburt beginnen soll. Das ungeborene Kind ist ein sich selbst wahrnehmendes Bewußtsein, und die Eltern würden von einer Interaktion wie der folgenden profitieren:

Die Eltern können verbal mit dem ungeborenen Kind in liebevoller Weise kommunizieren. Sie können dem Kind von all den schönen und positiven Dingen in der Welt erzählen. Untersuchungen haben gezeigt, daß ungeborene Babys hören können. Babys sind sehr „telepathisch". Sie stimmen sich in die emotionale Lage ihrer Mutter ein. Ich halte eine entspannte, liebevolle Umgebung für das größte Geschenk, das Eltern den Ungeborenen oder den neuen Kindern geben können.

Es ist wichtig, ehrlich zu sein, wenn man verbal mit dem ungeborenen Kind kommuniziert. Denn es ist ein genauso intelligentes Geschöpf wie die Eltern, vielleicht sogar intelligenter. Mein Mann und ich sprachen zu unserer kleinen Tochter immer, als ob sie erwachsen wäre, und sie entwickelte nie „Babysprache". Die Leute gaben Kommentare ab darüber, wie intelligent und erwachsen sie in ihrer Sprache sei, als sie erst zwei Jahre alt war. Einige wenige waren verwundert über das, was sie ihr „unheimliches" altkluges Reden nannten.

Die Eltern müssen sich sehr bemühen, jeglichen Streß zu vermeiden. Musik mit sechzig Schlägen in der Minute, wie etwa Barockmusik, besonders die langsamen Largo-Bewegungen, hat eine sehr entspannende Wirkung auf alle Beteiligten. Aus irgendeinem Grund hat dieser Rhythmus auf den Körper und den Geist die Wirkung einer Schallmassage. Der Körper entspannt sich, und der Geist wird wach.

Ich habe bereits schmerzfreie Wehen beschrieben. Das hält auch Geburtstraumata minimal. Es ist wichtig, daß alle Ereignisse, die bei der Geburt des Kindes geschehen, so streßfrei und fröhlich wie möglich sind.

Wenn das Kind aufwächst, muß es in einer Umgebung leben, die so positiv wie möglich ist. Das Wichtigste, was Kindern vermittelt werden muß, ist Selbst-„Bevollmächtigung" *(self-empowerment).* Sie sollten dazu gebracht werden zu glauben, daß sie so stark sind, wie sie sein müssen, um alles zu bekommen, was sie wollen, ohne dafür jemand anderem oder sich selbst weh zu tun. Generationen von Kindern, die das glauben, werden Krieg überflüssig machen. Es ist möglich, daß wir allein schon durch diesen Mechanismus Frieden in der Welt haben könnten.

Wenn Sie, wie die meisten jungen und alten Menschen, einen gesunden Start verpaßt haben, können Sie dennoch die Wege des Wohlbefindens erlernen. Ich werde einige der Instrumente, die es für dieses Streben gibt, beschreiben. Bitte lesen Sie also weiter.

Kapitel 11

Instrumente für Gesundheit

Wohlbefinden wird als eine bestimmte Energie in uns erfahren. Es wird entweder als eine externale physische Energie oder als ein internaler emotionaler Energiezustand empfunden. Die meisten Menschen haben zumindest ein vages Gefühl für das, was sie unter Wohlbefinden verstehen. Viele von ihnen werden Wohlbefinden beschreiben als Abwesenheit von Schmerz und den Besitz eines gewissen Maßes an Stärke oder derart, daß sie sich einigermaßen glücklich oder nicht schlecht fühlen. Fast jeder beschreibt, ob er es bemerkt oder nicht, Gesundheit als eine Form von Energiezustand.

Erinnern Sie sich, daß ich Menschen als bewußte Energie beschrieben habe. Jede Person ist ein einzigartiger energetischer Schwingungszustand des Seins. Man kann auch sagen, daß jeder Mensch eine bestimmte Schwingungsenergie-„Zeichnung" ist, die das Schwingungsmuster der Energie wiedergibt, die einzigartig für ihn ist. Wenn Menschen dieses Energieniveau spüren, erkennen sie es als ihren wahren Seinszustand. Sie werden ihn als Gefühl der Vollkommenheit und des Friedens empfinden. Auf dieser Ebene, sagt man, sei die Person auf dem Weg zu ihrem wahren Selbst.

Im Zustand der Übereinstimmung mit der inneren, persönlichen Energieschwingung ist eine Person fähig, ihre Energie leicht fließen zu lassen, weil es keine Reibung gibt. Sie findet es leicht, die Lebensaktivitäten auszuführen, die in Übereinstimmung, in Einklang oder kompatibel mit dieser Energieschwingung sind. Dieser Mensch bringt die Dinge mit Leichtigkeit zuwege, und es gibt keine Beschwernisse.

Berücksichtigen Sie auch, daß wir an diesem Punkt, obwohl wir ein ureigenes Schwingungsniveau haben, dieses willentlich variieren können, um uns jedem Energiezustand anzugleichen, den wir haben wollen. Das kann negativ oder positiv sein, denn die Wahl liegt *vollständig* bei uns.

Begeisterung

Der schnellste Weg, unser ureigenes Schwingungsenergieniveau zu erreichen, irgendein anderes positives Energieniveau zu erreichen oder emotional ausgeglichen zu werden, besteht darin, das zu tun, was uns am meisten begeistert; das zu tun, was uns in jedem Moment den größten Frieden gibt. Begeisterung bedeutet die physische Übersetzung der Schwingungsenergie des Weges, auf dem wir sind, und des Lebens, das wir sind. Sie zeigt, wer wir sind. Bedeutet das, daß es eine ganz bestimmte Aufgabe gibt, die im Leben zu verwirklichen wir bestimmt sind? Nein. Wir können vieles tun, wir können viele Karrieren haben, und sie alle können ein Teil des allgemeinen Sinns oder der Mission des eigenen Lebens sein. Dieser Sinn ist, das eigene Leben in größtmöglicher Fülle zu leben. Die Aktivitäten, die uns begeistern, die unser Interesse fesseln oder uns gefühlsmäßig am besten passen, sind es, die mit diesem Sinn in Einklang stehen. Diese Aktivitäten können sich in jedem Moment verändern. Was ihnen gemeinsam sein wird, ist, daß sie alle Methoden sein werden, den eigenen vorrangigen Lebenssinn auszudrücken. Alle diese Aktivitäten müssen mit Integrität unternommen werden. Nichts von dem Gesagten soll bedeuten, daß der eigene Lebenssinn vorherbestimmt sei. Er ist es nicht. Die Wahlmöglichkeiten sind unendlich, und was das Beste ist: Die Wahl liegt bei Ihnen.

Bedeutet das, daß man auf dem eigenen Weg ist, wenn man seinen Neigungen frönt, etwa zu trinken und exzessiv zu essen? Betrachten Sie die Definition von Integrität, um die Antwort auf diese Frage zu bestimmen. Ich werde die Definition wiederholen: Integrität bedeutet zu wissen, daß man stark genug ist, um alles, was man im Leben möchte, zu bekommen, ohne dafür sich oder jemand anderem weh zu tun. Deshalb ist keine Form des Mißbrauchs seiner selbst oder anderer damit vereinbar, den eigenen wahren Weg zu gehen.

Begeisterung ist dann der Schwung, der Sie in die Richtung dessen bewegt, was Sie vorhaben. Wenn Sie das tun, was Ihre Aufmerksamkeit gefangen nimmt, was Sie in diesem Moment mehr als alles andere, was Sie zu diesem Zeitpunkt tun könnten, begeistert, verlieren Sie normalerweise das Gefühl für die Zeit. Deshalb geht Begeisterung einher mit:

Leben in der Gegenwart

Das volle Engagement im „Jetzt“ bedeutet, daß man die volle Aufmerksamkeit auf die Erfahrungen des gegenwärtigen Augenblicks konzentriert. Das wird in der Terminologie des Neurolinguistischen Programmierens mit „in *Uptime* sein“ bezeichnet. Sie sind dabei nicht in den inneren Dialog verwickelt, das heißt, Sie reden nicht mit sich selbst. Sie beurteilen nichts. Sie halten einfach alle Ihre Sinneskanäle aktiv. Sie denken weder über die Vergangenheit nach noch über die Zukunft. Sie benutzen Ihre gesamte Aufmerksamkeit dazu, das Leben im Hier und Jetzt zu genießen. Versuchen Sie es etwa fünf Minuten lang. Gehen Sie in Ihrem Garten oder Ihrer Wohngegend umher. Wenn Sie es nie geübt haben, im Jetzt zu leben, oder in *Uptime* zu sein, empfehle ich Ihnen, eine Zeit zu wählen, in der es unwahrscheinlich ist, daß Sie unterbrochen werden. Sie werden erstaunt sein, wie viele Einzelheiten Sie zum ersten Mal wahrnehmen werden. Sie werden sich vorkommen, als ob Sie die Gegend zum ersten Mal sehen würden. Alles wird sich Ihrem Blick in leuchtenderen Farben zeigen. Sie werden Geräusche und Töne hören, die Sie nie zuvor gehört haben, wie das Wehen eines sanften Windes über Blätter in den Bäumen. Was Sie sehen, hören und riechen, wird Ihnen so greifbar erscheinen, daß es sich anfühlen wird, als ob Sie es über Ihre Haut streifen fühlen könnten. Die Zeit steht still.

Wenn Sie tun, was Sie am meisten begeistert, und es in der Gegenwart, im ewigen „Jetzt“, vollkommen genießen, werden Sie das Verstreichen der Zeit nicht bemerken. In meinem Roman *Rousing the Gods* habe ich von einer Frau geschrieben, die in zwanzig Jahren um keinen Tag alterte, als sie geisteskrank geworden war und aufhörte, das Verstreichen der Zeit zu bemerken. Es wäre interessant, die physiologischen Wirkungen der Nichtanerkennung des Verstreichens von Zeit beim Menschen zu erforschen.

In der Gegenwart zu leben und das zu tun, was uns am meisten begeistert, läßt keinen Raum oder Interesse für Selbstbeurteilung oder Abwertung seiner selbst oder der Ereignisse des eigenen Lebens. In dieser Weise völlig engagiert zu sein, bringt Sie dazu, während sich die Ereignisse Ihres Lebens entwickeln, an jede Erfahrung mit Neugierde heranzugehen. Das Leben wird zu einem begeisternden Abenteuer, und weil Sie sich so sehr gut fühlen, werden Sie sich der Situationen und Bedingungen in Ihrem Leben nicht bewußt, die andere Betrachter als negativ einschätzen würden. Außenstehende würden denken: „Der arme John, er arbeitet bis auf die Knochen. Warum müht er sich so ab?“ John hätte keine Ahnung, worum so viel Aufhebens gemacht würde. Er hat so viel Spaß! Und auf diese Weise praktizieren Sie natürlicherweise, ohne daran zu arbeiten, bedingungslose Akzeptanz.

Bedingungslose Liebe und Akzeptanz

Menschen, die wirklich davon in Anspruch genommen sind, das zu tun, was sie begeistert, erfreuen sich eines derart hohen Energiezustandes, daß sie sich nie dazu entscheiden würden, sich oder andere Menschen zu beurteilen oder abzuwerten.

Hier die Begründung: Abwertung oder negatives Beurteilen erfordert negative Energie. Um zu urteilen, müßten Sie sich mit der Negativität des negativen Urteils identifizieren. Mit anderen Worten, es erfordert Negativität, um Negativität zu erkennen. In den hohen emotionalen Zuständen bedingungsloser Akzeptanz ist kein Raum für Abwertungen.

Bedingungslose Akzeptanz ist die höchste Form von Annahme der Verantwortung für alles im eigenen Leben. Deshalb kennen diese Menschen ihre Macht über jedes Ereignis in ihrem Leben, denn sie wissen, daß sie immer ändern können, was sie zu besitzen wählen. Sie geben niemandem mehr für Ereignisse in ihrem Leben die Schuld, nicht einmal Gott. Sie entdecken das Geheimnis wahrer Kraft: bedingungslose Liebe sich selbst und anderen in ihrer Welt gegenüber.

Sie stellen fest, daß es ein Geschenk an sie selbst ist, wenn sie andere bedingungslos lieben, weil ihnen das ermöglicht, in ihrem Energieklima ekstatischer Freude und vollentfalteter Stärke zu leben. Dies sind die Menschen, die aus jeder Hölle einen Himmel erschaffen können, wenn es in ihrem Glaubenssystem enthalten ist, daß sie das zu tun wünschen. Sie verkörpern das Sprichwort: „Wenn einem das Leben Limonen gibt, dann kann man auch Limonade machen.“

Glaube versus Furcht

Viele Menschen haben begonnen, den Zusammenhang zwischen dem, was sie glauben, und dem, was sie physisch erfahren, zu erkennen. Jeder Aberglaube alter Kulturen basiert auf der Idee, daß den Menschen das geschehen wird, was sie glauben. Ich erinnere mich ganz genau an das Ritual „neuer Topf".

Für ein in Westafrika aufwachsendes Kind ist eines der aufregendsten Ereignisse im täglichen Leben, wenn die Mutter für ein Kind einen neuen Topf auf dem Dorfmarkt kauft. Zu jener Zeit mußte alles Wasser, das im Haushalt gebraucht wurde, aus den Wildbächen und Brunnen geholt werden. Wir gingen immer die Schlucht ins Tal zum Fluß hinunter, um besonderes, „süßes" Trinkwasser aus den sandigen Brunnen zu holen.

Als man langsam älter und stärker wurde, stieg man dazu auf, immer größere Tongefäße zu diesem Zweck auf dem Kopf zu tragen. Als Kinder freuten wir uns darauf, einen neuen Topf zu bekommen. Es gab nichts Köstlicheres als das Aroma und den Geschmack des Wassers, das aus einem Lehmtopf kam, der frisch aus dem Brennofen herausgekommen war. Wir bewunderten das kunstvolle, neue Dekor auf dem Bauch des Gefäßes. Der neue Topf war in jeder Hinsicht perfekt, ohne irgendeine Schramme oder einen Kratzer auf der Oberfläche.

Wenn die Mutter dieses neue Geschenk dem Kind übergibt, beobachtet jeder Erwachsene genau, wie das Kind mit dem Topf umgeht. Wenn das Kind die Angst zum Ausdruck bringt, daß der Topf zerbrechen könnte, wird ihm normalerweise jemand den Topf wegnehmen. Das Kind wird angeschrien und aufgefordert, den Glauben sofort zu widerrufen. Erst nachdem es das getan und sich entschuldigt hat, darf es den Topf besitzen. Die Erwachsenen schwören darauf, daß der Topf, wenn das Kind seine Furcht, die ein negativer Glaube ist, nicht widerruft, mit dem Kind nicht heil vom Fluß bis nach Hause gelangt. Und wissen Sie, was? Es geschah jedesmal genau so. Unser Volk war sich der sich selbst erfüllenden Prophezeihungen schmerzlich bewußt geworden.

Glaube und Furcht haben die gleiche Macht. Sie sind einfach polare Gegensätze. Das beiden gemeinsame Element ist Vertrauen.

Glaube ist Vertrauen in das Positive und Furcht ist Vertrauen in das Negative. Eine Person wird das erleben, was sie am stärksten glaubt oder was sie am meisten fürchtet. Ein Mensch, der aus Furcht heraus auf ein Ziel zu flüchtet, wird dieses Ziel nur mit der größten Anstrengung erreichen. Der Mensch, der aus einer verzweifelten Furcht vor Armut nach Reichtum strebt, wird möglicherweise reich werden, aber die dafür erforderliche Anstrengung würde die Geschichte von Horatio Alger dagegen wie ein Kinderspiel aussehen lassen.

Die meisten Menschen sind sich normalerweise gewisser Glaubensannahmen, die ihrer Weiterentwicklung im Weg stehen, nicht bewußt. Das ist kein Grund, alarmiert zu sein. Statt ängstlich zu sein, sollte man ihnen gestatten, die eigene Neugierde zu wecken. *Sie* können beginnen, sich zu fragen, welche Glaubensvorstellungen Sie haben könnten, die sich in Ihrem Leben als eine negative Erfahrung niederschlagen.

Erinnern Sie sich, daß alles, was eine Glaubenseinstellung an Auswirkungen zeitigt, ein Hinweis auf das ist, was Sie selbst für wahr halten. Wenn *ich* persönlich feststelle, daß ich eine Krankheit nach der anderen habe, weiß ich zumindest gleich dies, daß mich Gesundheitsschäden wenig kümmern. Dann frage ich mich: „Warum gestattete ich meinem Körper, krank zu sein?" Ich halte mein Urteil ganz zurück, enthalte mich auch, mein Schicksal zu verfluchen, und ich setze meinen speziellen Hut auf. Ich habe ihn meinen „Neugierdehut" genannt, und wenn mich die Faszination wirklich packt, nenne ich ihn meinen „Hexenmeisterhut". Ich setze diesen Hut auf und gehe in den Gefilden meines Glaubenssystems auf Jagd. Häufig finde ich heraus, daß das Bild, das ich von mir selbst habe, nicht gerade vor Vitalität und Gesundheit strotzt.

Als ich einmal in bester physischer Verfassung war, holte ich mir die schlimmste Erkältung, an die ich mich überhaupt erinnern kann. Natürlich war ich empört. Ich hatte mir regelmäßig Bewegung verschafft, vernünftig gegessen und mich allgemein gut benommen. Ich beklagte mich, daß ich es doch eigentlich verdiente, gesund zu sein, weil ich Mühen auf mich genommen hatte, um meinen Körper in guter Form zu halten. Kaum daß ich es leid war, mich schlecht zu fühlen, und entschied, daß ich Interessanteres zu tun hätte als im Bett zu liegen und die Erkältung zu pflegen, erinnerte ich mich der Ursache. Mir fiel ein, daß sich alle in unserer Abteilung eine Erkältung geholt hatten, und ich erinnerte mich, gedacht zu haben: „Ich bin gespannt, wie lange es geht, bis ich mich auch erkälte." Da lachte ich. Ich lachte darüber, daß ich, sogar ohne daß es mir jemand nahegelegt hatte, eine Glaubensvorstellung gehegt hatte, die besagte, daß ich mir die Erkältung zuziehen würde; es sei nur eine Frage der Zeit! Und ich zog mir die Erkältung tatsächlich zu.

Was lernte ich über mich aus dieser Krankheit? Was war die positive Absicht meiner Erkältung? Zum einen lernte ich, daß die akzeptierten medizinischen Standards von Ursache und Wirkung auf mich nicht unbedingt zutreffen müssen. Sie wären für mich nur wahr, wenn ich an sie glaubte. Das passiert die ganze Zeit. Wenn es nicht so wäre, hätten Ärzte ein sehr kurzes Leben. Denken Sie nur, mit wie vielen ansteckenden Krankheiten Ärzte und im medizinischen Bereich arbeitende Menschen jeden Tag umgehen. Der größte Teil ihrer Immunität und ihres Schutzes vor diesen ansteckenden Krankheiten beruht auf ihrem Glaubenssystem. Den meisten von ihnen kommt es gar nicht in den Sinn, daß sie die Krankheit bekommen könnten. Natürlich sind sie sich der Wahrscheinlichkeit, die Krankheit zu bekommen, bewußt. Sie sind sicherlich den Viren/Bakterien häufiger ausgesetzt als die Mehrheit unserer Bevölkerung. Gleichwohl glauben sie nicht, daß sie sich die Krankheit zuziehen werden. Schließlich sind sie die „Heiler". Dieselbe Kraft können Sie benutzen, um sich gegen Krankheit zu impfen.

Das zweite, was ich von dieser Erkältung lernte, war, der Furcht nicht den Rücken zu kehren. Lassen Sie mich das erklären. Ich hatte Angst vor der Erkältung. Ich hatte Angst, daß ich sie bekommen würde, aber ich tat nichts gegen die Angst, und sie überwältigte mich, denn ich bekam eine Erkältung. Erinnern Sie sich an das, was ich früher gesagt habe: Die Ereignisse in unserem Leben werden entweder von dem bestimmt, was wir am meisten glauben, oder von dem, was wir am stärksten fürchten. Nun, was kann man gegen Furcht tun? Lassen sie uns, bevor wir die Antwort auf diese Frage erforschen, zuerst betrachten, was Furcht ist. Furcht ist als schnelle physiologische Reaktion auf jedes Ereignis oder jede Idee, die das Leben oder Überleben des Organismus gefährden, angelegt. Wir reagieren physiologisch, indem wir schnell mehr Adrenalin produzieren, das unseren Herzschlag beschleunigt, und wir sind wach und bereit, aktiv zu werden, um uns zu schützen. Dies ist die sogenannte „Kampf-oder-Flucht-Reaktion" *(„fight or flight" reaction).* Dann ist die Furcht- oder Angstreaktion vorüber. Wenn das Gefühl oder die Furcht über dieses kurze Intervall hinaus andauert, in dem es dazu da ist, als Warnmechanismus zu fungieren, wird es zu einem negativen Urteil, zu etwas, von dem wir glauben, daß es schlecht ist. Wir fürchten etwas nur dann, wenn wir es als etwas Negatives eingeschätzt haben. Angst ist in derselben Kategorie wie Furcht, nur daß Angst unspezifisch ist.

Wenn Sie dies wissen, können Sie erkennen, daß es etwas vom Schlechtesten ist, was Sie gegen Furcht unternehmen können, sie zu negieren, indem Sie sie entweder leugnen oder vor ihr davonlaufen. Die Furcht in dieser Weise zu negieren heißt, Öl ins Feuer zu gießen und ihrer Negativität damit mehr Macht zu geben. Deshalb schlagen wir vor, daß Sie zuerst und in erster Linie die Furcht als Freund akzeptieren, so wie sie eigentlich angelegt ist. Mit anderen Worten, Sie blicken der Furcht ins Auge.

Das zweite, was man bei Furcht tun kann, ist, neugierig auf sie zu werden. Betrachten Sie sie genau aus jeder Perspektive und finden Sie heraus, worum es bei ihr geht und was sie für Sie tut. Wenn Sie dieses Privileg der Neugierde nutzen, werden Sie feststellen, daß die Furcht verschwindet. Sie wird Ihr Interesse und Ihre Aufmerksamkeit nicht viel länger fesseln. Dann, falls Sie wirklich beharrlich sind und Wert darauf legen, können Sie sie durch einen positiven Glauben ersetzen. Solange man sich daran erinnert, Furcht als freundliche Hilfe zu benutzen, als etwas, das einem auf die Schulter klopft, um einen auf Möglichkeiten hinzuweisen, wird man die negativen Auswirkungen von Furcht nicht erleben. Nur wenn wir der Furcht nicht erlauben, ihre Arbeit zu tun, und sie statt dessen verurteilen, wird sie zu einer Bedrohung.

Bei einer Furcht, die wir zu monströsen Ausmaßen hochgepäppelt haben, zu einem Punkt, wo wir sie nicht mehr aus dem Kopf bekommen, können wir die Techniken anwenden, die in dem Kapitel über „Geistige Magie" beschrieben werden.

Ein Feigling stirbt tausendmal vor seinem Tod,
ein mutiger Mann stirbt nur einmal.

William Shakespeare

Diät und Körperübungen

Ah, herrliche Körperlichkeit! ... Genieße, genieße, genieße ...

Alte / zukünftige Weisheit

In den letzten Jahren fragen die Leute, die in unsere Zentren zu ihren jährlichen Untersuchungen kommen, ziemlich häufig nach Information über Diät und Bewegungsübungen. Diese Demonstration von Interesse daran, den Körper aktiv in einer bestimmten Fitneßkondition zu halten, bedeutet eine radikale Veränderung im Gesundheitskonzept unserer Gesellschaft. In der Vergangenheit waren dieselben Leute, die zu ihrer jährlichen Untersuchung kamen, ganz zufrieden damit zu erfahren, daß es mit ihrem Körper „keine größeren Probleme" gab. So gut wie niemand zeigte das geringste Interesse an unseren Informationsschriften über Ernährung und Bewegung. Jetzt wollen sie alle wissen, was sie tun sollten, um in Form zu bleiben. Zuerst dachte ich, das sei einfach wieder so eine Masche, die dem Jugendlichkeitskult der amerikanischen Gesellschaft entspricht. Ich habe mich geirrt. Was kürzlich all die Kandidaten für das metamedizinische Programm zur Gewichtskontrolle als ersten Grund aufführten, warum sie abzunehmen wünschten, war: „Mich mit mir selbst wohl zu fühlen". Als zweitwichtigsten Grund nannten sie die Befriedigung darüber, gut auszusehen. Es ist spannend zu beobachten, wie sich die Einstellung der Leute gegenüber Gesundheit von der Furcht vor Krankheit zu einer positiven Vision ihres Körpers wandelt. Ein weiteres Beispiel für die Verschiebung der Wertakzente in unserer Gesellschaft ist in vielen großen Hotels zu beobachten. Man muß nicht alt sein, um sich an die Zeit zu erinnern, als diese Hotels nur für ihre Restaurants und Bars warben. Jetzt haben die meisten von ihnen Gesundheitsclubs und sind stolz darauf, mehr gesundheitsdienliche Menüs in ihren Restaurants anzubieten.

Es gibt nicht den einen richtigen Weg, den menschlichen Körper in eine gesunde Verfassung zu bringen und diese aufrechtzuerhalten. Wenn es ihn gäbe, gäbe es nur einen Menschen auf der Welt; es gibt aber Millionen von Menschen. Ein grundlegendes Verständnis dessen, was der Körper ist und wie er funktioniert, wird als Leitfaden dienen für jegliches Programm von Aktivitäten

(Diät und Körperübungen eingeschlossen), das dabei helfen kann, Gesundheit herbeizuführen und aufrechtzuerhalten. Auf der Grundlage dieses Wissens können wir einige aufregende Möglichkeiten schaffen, uns bei Aktivitäten zu beteiligen, die Spaß machen und die Gesundheit fördern. Betrachten wir also noch einmal die integrierte Sichtweise des menschlichen Körpers.

Ich habe den Körper einfach als die sensorischen Bahnen und Unterstützungsorgane des Gehirns beschrieben. Um diesen Blickwinkel beizubehalten, werde ich nicht in die Details der menschlichen Physiologie und Anatomie gehen. Es gibt viele hervorragende Fachbücher über diese Themen.

Metamedizin definiert Gesundheit als den Zustand, in dem man in völliger Übereinstimmung mit der eigenen, einzigartigen Energie ist. In diesem Zustand können Sie kein Leiden beherbergen und werden Sie zum vollkommensten Ausdruck des bestmöglichen Wesens, das Sie als Mensch werden können. Können Sie sich vorstellen, wie das Leben wäre, wenn Sie die bestmögliche Person wären, die Sie sein können? Sie würden ganz sicher Dinge tun, die Ihnen die größte Freude machen; Sie wären in jeder Hinsicht glücklich und reich. Das ist der wahre Wert oder die wahre Bedeutung von Gesundheit. Wenn Sie entscheiden, daß dies die primären Werte sind, die Sie als Mensch erstreben und verdienen, dann werden Sie alle Gewohnheiten und Aktivitäten, die Sie zur Gesundheit führen, mit Freude und Dankbarkeit annehmen.

Es ist wichtig, jede Aktivität, die zur Förderung der Gesundheit unternommen wird, aus einer integrierten Vorstellung des Selbst oder aus der gesamten Persönlichkeit heraus anzugehen. Das Glaubenssystem, die emotionale Energie, das Denken und die physische Aktivität müssen ins Spiel gebracht und miteinander verbunden werden, damit wir die Werte realisieren, die wir mit dem Gesundsein anstreben. Dieser Gedanke ist nicht einfach eine abgehobene Philosophie. Wir sind zu diesem ganzheitlichen Ansatz bezüglich Diät und Körperübung aufgrund von Beobachtungen und Erfahrung gekommen.

Ohne das geeignete emotionale (Energie-)Klima wird jedes Diät- und Übungsprogramm zu einem bergauf geführten Kampf, und es wird letztlich scheitern. In gleicher Weise wird jeder noch so kräftig gebaute Körper mit einem fehlerhaften Glaubenssystem schwächenden Krankheiten erliegen, und man wird schreien: „Das ist nicht fair!" Ich hatte tatsächlich viele übergewichtige Patienten, für die es unmöglich war, über einen bestimmten Punkt der Gewichtsskala hinaus abzunehmen, bevor ihr Glaubenssystem überholt wurde. Nachdem wir ihre Glaubenssätze geändert hatten, erreichten sie erfolgreich ihre Ziele.

Ich werde hier keine spezifischen diätetischen Empfehlungen und Übungsprogramme erörtern, weil es viele gute Bücher und Programme zu diesen Themen gibt. Die Forschung fördert ständig mehr Information über Ernährung zutage, und Krankengymnasten und Spezialisten der Sportmedizin verbessern die Fitneß mit großem Geschick. Ich werde einige allgemeine Richtlinien für das Herangehen an Diät und Körperübung geben:

1. Der Sinn des Lebens als physischer Körper in einer physischen Welt ist es, die Körperlichkeit zu erfahren und diese zu genießen. Deshalb ist Lust die allererste Vorbedingung für jedes Übungsprogramm. Sie müssen es genießen, einen Körper zu haben und ihn zu bewegen. Führen Sie jeden Teil des Körpers mit Freude anmutig durch seine natürlichen Bewegungsmöglichkeiten. Um das zu verstehen, was ich sage, beobachten Sie kleine Kinder beim Spiel. Sie haben viel Freude daran, alle Glieder zu bewegen, und genießen jede Bewegung ihres Körpers.

2. Benutzen Sie alle Ihre Sinneskanäle, während Sie sich bewegen. Riechen Sie die Luft, füllen Sie die Lungen und lassen Sie die Luft wieder ganz hinaus. Lassen Sie Ihren Blick hungrig jedes Detail Ihrer Umgebung aufnehmen und hören Sie den Geräuschen und Klängen der Welt und Ihres eigenen Körpers zu. Schließen Sie in Ihrer Vorstellung jeden Baum, jeden Strauch, jedes Tier und jede Person in Ihre Freude ein. Leben Sie im Bewußtsein von Dankbarkeit für das Privileg, körperliches Leben zu erfahren.

3. Wenn Sie gehen, gehen Sie mit Anmut und stellen Sie sich vor, mit Beweglichkeit zu gehen, selbst wenn Sie davon überzeugt sind, daß Ihre Gelenke steif sind. Wenn Sie laufen, laufen Sie wie ein Kind – mit Freude. Sie werden über Ihre Geschwindigkeit und die Leichtigkeit erstaunt sein, wenn Sie das tun.

4. Dehnen Sie sich und tanzen Sie. Tanz ist das Lied des Körpers. Er ist Schönheit in Bewegung. Es spielt keine Rolle, *wie* Sie

tanzen, tanzen Sie einfach. Lassen Sie sich durch Ihre innere Musik bewegen und tanzen Sie nur nach Ihrem Gefühl.

5. Atmen ist der Schlüssel dazu, den Körper mit Energie aufzuladen. Es ist auch der Schlüssel zur Entspannung. Es muß ohne Anstrengung geschehen. Leeren Sie die Lungen vollständig. Lassen Sie dann die Luft hereinströmen, um die leeren Räume auf natürliche Weise auszufüllen. Beobachten Sie Säuglinge beim Atmen, und Sie werden verstehen, was ich meine. Machen Sie anstelle von Kaffeepausen Atempausen und überraschen Sie sich mit Vitalität.

6. Einfache, natürliche Nahrungsmittel: Gemüse, Früchte, Nüsse und Kohlehydrate, kombiniert mit geringeren Mengen an Fleisch und Fisch, zusammen mit reichlichen Mengen frischen Wassers, sind für uns heute noch genauso nahrhaft wie für unsere Vorfahren, die, obwohl sie sich ihrer Jagdfähigkeiten brüsteten, sich meistens mit Früchten und Gemüsen zufriedengeben mußten.

7. Ihre Ernährungsprogramme sollten darauf abgestimmt sein, Ihre Energie zu unterstützen. Essen Sie nur die Art von Nahrungsmitteln, die Sie brauchen, und in den Mengen, die Ihr körperliches Aktivitätsniveau erforderlich macht.

8. Es ist wichtig, die Speisen zu schmecken. Kosten Sie jeden Bissen aus, und wenn Sie das tun, werden Sie keine Neigung haben, sich zu überessen.

9. Lassen Sie Ihren Magen nicht nach der Uhr arbeiten. Essen Sie nur, wenn Sie es müssen. Weniger ist besser, zumindest in den Vereinigten Staaten. Das mag in anderen, ärmeren Ländern vielleicht nicht zutreffen.

10. Immer wenn Sie nicht essen, um sich Energie zuzuführen, dann essen Sie zur Unterhaltung oder aus irgendeinem anderen Grund. Wappnen Sie sich für ein solches Festgelage mit Ihrer Integrität, um sich davon abzuhalten, Mißbrauch mit sich selbst zu treiben.

Wenn Sie ihren Körper mit Respekt und Liebe behandeln, wird er Ihnen den größten Genuß der Körperlichkeit gestatten. Also essen Sie, bewegen Sie sich, spielen Sie und vor allem: genießen Sie.

Kapitel 12

Geistige Magie

Nikola Tesla, der vielleicht der größte Erfinder aller Zeiten ist, machte siebenhundert Erfindungen (darunter alternative Wechselstromsysteme, Neonlicht und fluoreszierendes Licht sowie Elektromotoren), ohne sich um die üblichen Versuch-und-Irrtum-Methoden zu kümmern. Er konstruierte jedes Detail mental in seiner Vorstellung und testete seine Pläne in seiner inneren Vision, bevor sie überhaupt produziert wurden. Diese imaginierten Motoren waren für ihn derart greifbar, daß er oft auf sie in die leere Luft zeigte, damit seine verwunderten Freunde sie sehen konnten. War Tesla geisteskrank? Nein, er war einfach ein Mensch, der seine Fähigkeit aktiviert und trainiert hatte, seine Imagination mit Präzision zu betreiben. Was ihn vom größten Teil der Menschheit unterscheidet, war seine Fähigkeit, Dingen in seiner Vorstellung und solchen, die physisch real sind, die gleiche Gültigkeit zu verleihen. mit anderen Worten, für ihn war die Welt der Imagination genauso real wie die physische Welt. Tesla erfand Dinge in seiner Vorstellung und ließ sie dann noch physisch real werden.

Wir alle tun dasselbe, nur daß Tesla es vollkommen bewußt tat und wir es tun, ohne uns dessen bewußt zu sein. Was wir auch tun, wir müssen zuerst darüber nachdenken. Indem wir darüber nachdenken, machen wir eines oder mehrere der folgenden drei Dinge. Wir machen vielleicht ein mentales *Bild* von uns, wie wir das tun; wir *hören* uns vielleicht, wie wir etwas über das *sagen,* was wir tun; und wir haben vielleicht *Gefühle* dazu. In jedem Fall läuft vor der tatsächlichen physischen Handlung ein internaler Prozeß ab. Sie werden sich dessen nicht bewußt sein, es sei denn, Sie verlangsamen den Prozeß absichtlich und richten Ihre bewußte Aufmerksamkeit darauf. Wir tun dies so schnell und natürlich, daß es schon vor langer Zeit zu einem unbewußten Prozeß geworden ist. Wir sagen: „Nun, ich tat, was ich mir vorgestellt hatte; ich sagte mir, daß ich das tun müßte; oder ich fühlte, daß ich das tun müßte", und so weiter. Auf diese Weise beschreiben wir es, wenn wir Dinge in unserer Imagination gestalten, sehen und hören, bevor wir physisch die Handlungen ausführen.

Die menschliche Imagination ist die unbegrenzte Raum-Zeit-Dimension, in der alle Realitäten möglich sind. Sie ist die Projektionsfläche, auf die wir alles projizieren, was wir in unserer physischen Welt sehen wollen. Sie ist auch der Raum, in dem wir alles ändern können, uns selbst mit eingeschlossen. Imagination verbindet all die Fragmente und all die Energiewelten, die man mit Bewußtsein umschreibt. Die Imagination enthält deshalb unbegrenztes Potential für menschliches Schöpfertum, sei es innerlich oder äußerlich.

Kinder leben frei in ihrer Imagination und lassen alle Ereignisse in dieser Sphäre gelten, besonders wenn sie sehr jung sind. Ich erinnere mich, wie äußerst erstaunt meine vierjährige Tochter war, als sie entdeckte, daß ihr Babysitter nicht wußte, daß ihre Stofftiere reden konnten! Es kam mir damals in den Sinn, daß sie nicht im geringsten überrascht wäre, wenn diese Stofftiere am Abendessenstisch sitzen und mit uns essen würden. So stark ist die Imaginationskraft eines Kindes.

Wenn wir erwachsen werden und unsere Erkundungen auf die analytischen oder rationalen Bereiche des Geistes beschränken, entfremden wir uns unserer natürliche Gabe, Erfahrungen in der Welt der Imagination zu machen. Es gibt einige wenige Menschen, die sich als Erwachsene erfolgreich und hartnäckig diese Fähigkeit bewahrt haben. Das sind Menschen, die wir als Genies bezeichnen. Diese Menschen haben auch eine ungewöhnliche Fähigkeit, vor anderen Erwachsenen das volle Ausmaß ihres Lebens in dieser anderen Realität – der Realität der imaginierten Welt – zu verbergen. Andernfalls würden die Leute sie für geisteskrank erklären. Diese begabten Menschen wissen, daß wir, um unser volles Potential auszudrücken, die Kraft unserer Imagination nutzen müssen.

Nikola Tesla erfreute sich einer glücklichen Kindheit. Er wurde nicht nur ermutigt, seine Imagination zu benutzen, seine Mutter trainierte ihn sogar absichtlich und anhaltend im Visualisieren und spielte Spiele außersinnlicher Wahrnehmung mit ihm. Tesla wuchs auf mit einer frühen, praktischen Ausbildung zur Nutzung seiner gesamten Geisteskraft. Diese Erziehung bestand anfangs darin, den Glauben zu verankern, daß die mentale Bilderwelt Gültigkeit besitze, und später darin, die Kraft emotionaler Energie und des Denkens zu benutzen, um diese erdachten Bilder in der physischen

Welt nochmals zu erschaffen. Was müssen wir tun, die restliche erwachsene Menschheit, die wir gelehrt worden sind: „Es ist nur deine Einbildung, es ist nicht wirklich"? Einfach das: lernen und uns verändern, weil Veränderung die einzige Konstante im Universum ist.

Anders als Teslas Mutter, die instinktiv wußte, daß Dinge, die in der Vorstellung gesehen werden, real sind, aber keine Möglichkeit hatte, das zu beweisen, haben wir nun einen wissenschaftlichen Beweis oder eine Erklärung für die Validität der Realität der Dinge, die wir imaginieren.

Unsere führenden Gehirnforscher haben entdeckt, daß Bilder und sensorische Eindrücke, die im Gehirn erzeugt werden, holographischer Natur sind. Erinnern Sie sich, daß das Gehirn die physische Repräsentation des Geistes ist. Ein Hologramm ist ein dreidimensionales, in den Raum projiziertes Bild, das man vom Objekt des realen Lebens visuell nicht unterscheiden kann. Wenn Sie ein dreidimensionales, in den Raum projiziertes holographisches Bild einer Orange entzweischneiden, werden Sie zwei vollständige dreidimensionale, holographische Bilder der Orange erhalten. Wenn Sie jedes in Tausende von Stücken zerschneiden, ist jedes Stück immer noch ein komplettes holographisches Bild der Orange. Wegen der holographischen Natur des Gehirns enthält jede Gehirnzelle die Information des ganzen Gehirns. Das holographische Bild des Gehirns ist das Nebenprodukt eines elektrischen und chemischen Prozesses.

Die Quantenphysik behauptet, daß das grundlegende Baumaterial aller Materie die Energie elektromagnetischer Wellen ist. Wenn Materie auf dem Niveau von Elektronen und sogar noch kleinerer Basisbestandteile analysiert wird, ist, wie wir gesehen haben, die letzte Form die Energie der elektromagnetischen (Licht-) Wellen. Mit anderen Worten, elektromagnetische Wellen lassen Atome entstehen, die wir letztlich als Materie erfahren.

Diejenigen, die mit der Herstellung eines physikalischen Hologramms vertraut sind, wissen, daß die Muster, die auf dem unentwickelten Film aufgenommen werden, erzeugt werden, wenn ein Referenzstrahl und ein Objektstrahl aufgespaltenen Laserlichts kollidieren oder miteinander interagieren. Dann wird der Film entwickelt. Um das Hologramm des Objekts zu rekonsturieren, wird ein zweiter Referenzstrahl im selben Winkel wie der ursprüngliche Referenzstrahl auf den entwickelten Film gerichtet. Wenn er den Film beleuchtet, wird ein Hologramm des Objekts in den Raum projiziert.

Eindrücke aus unseren Sinnessystemen werden im Gehirn als elektrische und chemische Impulse gespeichert. Diese in den Gehirnzellen zusammenlaufenden Impulse werden als interagierende Muster im ganzen Gehirn gespeichert. Das Gehirn funktioniert also quasi als organischer Film.

Im Gehirn dient die Energie der elektromagnetischen Wellen als Laserlicht. Das Auge dient als der Objektstrahl, und all die anderen Sinne – Berührung, Geruch, Klang, Geschmack, zusammen mit Emotion – werden der Referenzstrahl. Ein Hologramm einer ursprünglichen Erfahrung kann durch einen geeigneten sensorischen Referenzstrahl ausgelöst werden. Ein dreidimensionales mentales Bild der Erfahrung kann dann im Imaginationsraum visualisiert werden. Dieses Hologramm ist eine Form elektromagnetischer Wellen, die Energie besitzt und als Materie wahrgenommen werden kann. Aus diesem Grund sagen wir, daß Dinge in der Imagination genauso Gültigkeit besitzen wie Dinge in der physischen Welt. Beide sind aus demselben grundlegenden Baumaterial zusammengesetzt – aus elektromagnetischen Energiewellen.

Es gibt in der Physik ein Prinzip, das „Gesetz der elektromagnetischen Energie“ heißt. Es besagt, daß ein elektrisches Energiefeld gleichzeitig eine Anziehungskraft erzeugt – ein magnetisches Feld. Hierin liegt die Macht der Visionen unserer Imagination begründet, in unserer Realität Veränderungen hervorzubringen. Die Visionen, die wir in unserer Imagination hervorbringen – im Projektionsraum unseres Geistes – werden Anziehungskräfte erzeugen. Was immer wir uns lebhaft vorstellen, wird von uns angezogen werden. Was immer wir mit Klarheit, Zielstrebigkeit und emotionaler Energie empfinden, wird ein starkes elektromagnetisches Feld erzeugen, das beginnen wird, Kräfte in der äußeren Welt anzuziehen. Das ist die Bedeutung des universellen Gesetzes: Was man gibt, bekommt man zurück, oder: „Wie ihr sät, so werdet ihr ernten.“

Das Gehirn und der Körper des Menschen reagieren in gleicher Weise sowohl auf eine lebhaft vorgestellte Idee als auch auf tatsächliche Erfahrung in der physischen Realität. Wenn Sie Leiden mehr fürchten, als Sie der Gesundheit vertrauen, erzeugen Sie letztlich Bilder von Krankheit, ob Sie sich dessen bewußt sind oder nicht. Deshalb werden Sie all die negativen Kräfte anziehen, die darin kulminieren werden, daß Sie krank werden. Wenn Sie bereits krank sind, werden Sie Kräfte anziehen, die Sie weiterhin krank sein oder es Ihnen noch schlechter gehen lassen und die sogar zu Ihrem Tod beitragen.

In der Metamedizin ist Angstbewältigung eine der ersten durchzuführenden Interventionen. Diese kann parallel mit der verschriebenen medizinischen Behandlung der Krankheit erfolgen. Sehr häufig ist bei nicht lebensbedrohlichen Krankheiten eine grundlegende metamedizinische Erklärung dessen, was eine Krankheit ist, ausreichend, um die Sorge oder Furcht des Patienten zu zerstreuen. Dies gilt besonders für die Menschen, die die Verantwortung für ihr Leiden übernehmen und ihre Krankheiten mit Neugierde und einer positiven Einstellung angehen. Denn diese Menschen beschleunigen, während sie lernen, worum es bei dem Leiden geht, auch den Genesungsprozeß, indem sie die Kraft der geistigen Bilder benutzen. Wir weisen sie an, die betroffenen Körperteile als völlig geheilt und gesund zu visualisieren. Sie werden gelehrt, die Vorstellungen hervorzurufen, indem sie alle ihre Sinneskanäle benutzen, und sie mit der Kraft positiver emotionaler Energie zu erfüllen. Mit anderen Worten, sie aktivieren die volle Stärke ihres Glaubens für die Vision des gesunden Körpers, den sie in ihrer Imagination geschaffen haben. Das führt oft zu beschleunigter Genesung, zusammen mit vollständiger Heilung des Leidens. Eine derart starke Vision zieht die heilenden Ressourcen des Körpers an und zwingt sie, zuhilfe zu kommen. Es gibt zahlreiche Berichte von Wunderheilungen und vom Abklingen der Krankheit bei Krebspatienten, die die Imagination benutzen, um sich selbst zu heilen.

Wenn die Furcht vor dem Leiden oder dem Tod zu einer die Patienten überwältigenden Kraft geworden ist, führen wir wie folgt eine Angstneutralisierungsmaßnahme durch, bei der Gleiches mit Gleichem bekämpft wird:

Nachdem wir diesen Menschen geholfen haben, in einen möglichst entspannten Zustand zu gelangen, weisen wir sie an, über ihre Furcht nachzudenken und all den damit verbundenen negativen Emotionen – ihrer Verzweiflung, ihrem Zorn, ihrer Bitterkeit und ihrem Schmerz – zu erlauben, aus den Tiefen ihres Seins an die Oberfläche zu kommen. Wir bitten sie dann, aus all dem die widerwärtigste, grauenhafteste Kreatur zu erschaffen, die sie sich vorstellen können. Als nächstes bitten wir sie, sich selbst in ihrer Vorstellung in ein genaues, aber doppelt so großes Duplikat dieser Kreatur zu verwandeln. In dieser Form schauen sie der grauenhaften Kreatur ins Gesicht und erlauben es sich, sich vom Zorn gegen alles, was diese Kreatur darstellt, packen zu lassen. Auf dem Gipfel dieses Zorns beißen sie der Kreatur den Kopf ab und sehen zu, wie das Blut aus dem kopflosen Körper spritzt. Dann lassen sie ihren eigenen Körper, das Duplikat der Kreatur, strahlend und kristallin werden. Aus ihren Kristallaugen lassen sie laserartige Strahlen von Licht schießen, die die Kreatur anzünden und zu Asche verbrennen. Dann sehen sie zu, wie Regen auf die Asche fällt und Bäche von Regenwasser die Asche in die Felder spülen. Dann lassen wir sie tief durchatmen, und sie wachen aus dieser Trance mit einem Gefühl von Frieden auf.

Nach dieser Übung haben diese Menschen ihre Furcht verloren. Wenn Sie diese Übung mit irgend etwas machen, das Ihnen viel Furcht einflößt, werden Sie bei sich selbst ihre unglaubliche Kraft erfahren, diese Furcht zu beseitigen.

Wenn die Furcht aus dem Weg geschafft ist, können wir das Leiden in einem ressourcenreicheren emotionalen Klima untersuchen, um die verursachenden negativen Glaubenssätze zu entdekken. Dann kann Neurolinguistisches Programmieren angewendet werden, um diese Glaubenssätze zu verändern. Wirkungsvolle Visualisierungsübungen werden als ein Mittel zur beschleunigten Heilung von Krankheiten empfohlen, aber manchmal stellen wir fest, daß dies für einige Menschen schwierig ist. Die übliche Ursache einer solchen Schwierigkeit ist habitueller Streß. Ein beträchtlicher Prozentsatz der Erwachsenen in dieser Gesellschaft wissen nicht, was es bedeutet, entspannt zu sein, und der größte Teil dieser Gruppe weiß nicht, wie man tief atmet. Was haben diese Fähigkeiten mit dem Vermögen zu tun, ein Bild in der Vorstellung zu gestalten? Einiges. Hier die Begründung.

Wenn wir verängstigt, wütend oder einfach völlig verkrampft sind, kontrahieren sich unsere Muskeln, und Blut wird unserem Kopf und den Gliedmaßen entzogen und zum Herzen geführt, das durch das in den Kreislauf ausgeschüttete Adrenalin schneller schlägt. In einem Notfall befähigt uns das zu handeln. Dieser ganze Vorgang wird – wie bereits erwähnt – „Kampf-oder-Flucht-Reaktion" genannt. Es ist eine Reflexhandlung, die so alt ist wie die Menschheit selbst. Weil die Blutversorgung unseren Gliedmaßen und dem Gehirn entzogen wird, können sich unsere Hände und Füße kalt und verschwitzt anfühlen, wenn wir in einer beängstigenden Situation sind. Ebenso fallen einige Männer und Frauen bei extremer Angst in Ohnmacht, weil dem Gehirn das Blut entzogen wird.

Während der Anspannung muß das Gehirn, das weniger Blut als normalerweise zur Verfügung hat, weiterhin die Körperteile, wie das Herz, unter Kontrolle halten. Deshalb sind die an das Gehirn gestellten lebensnotwendigen Anforderungen groß, und solch kreative Aktivitäten wie geistiges Imaginieren werden fallengelassen. Streß ist ein Zustand chronischer Sorge, der Beunruhigung und des Zweifels, der das Gehirn seiner angemessenen Blutversorgung und der damit verbundenen Anreicherung mit Sauerstoff beraubt. Deshalb finden es Menschen unter Streßbedingungen schwierig, geistige Bilder zu kreieren.

Denken Sie daran, wie Sie einmal etwas Gewöhnliches, etwa einen Schlüssel, suchten, von dem Sie wußten, daß Sie ihn nicht verloren haben konnten. Sie gerieten in helle Aufregung und stellten ihr Haus oder Büro auf den Kopf. Nachdem Sie sich genug aufgeregt hatten, beruhigten Sie sich wieder und gaben die Bemühungen auf. Ungefähr im gleichen Moment, in dem Sie aufhören, über den Schlüssel nachzudenken, kommt Ihnen ein Gedanke, und Sie stehen auf und finden den Schlüssel wie von selbst. Manchmal ist der Schlüssel genau dort, wo Sie ihn immer aufbewahren, oder sogar in Ihrer eigenen Tasche, und es ist Ihnen ziemlich peinlich. Viele Studierende machen eine ähnliche Erfahrung bei Prüfungen. Sie berichten oft, daß ihnen die Antwort auf eine Frage auf der Zunge lag, daß sie sie aber in der Anspannung der Prüfung nicht erinnern konnten. Nachdem die Prüfung vorbei war und sie ihre Papiere abgegeben hatten, fiel ihnen die Antwort ein, während sie den Raum verließen. In beiden Fällen haben die Sorge und der Streß dem Gehirn seine normale Blutversorgung und den Sauerstoff entzogen, und so war man nicht in der Lage, die schon bekannten Lösungen für die Probleme zu visualisieren. Die Beunruhigung hatte eine Art von „Kurzschluß" im Gehirn bewirkt.

Um in unserem Geist effektive und zielgerichtete Kreation von Bildern zu erreichen, wird es nötig sein, sich in geeigneten Atemtechniken und willentlicher muskulärer und mentaler Entspannung zu üben. Rhythmisches Atmen, wie es in vielen Yoga-Übungen gelehrt wird, verbessert die Konzentration, verlangsamt den Puls und ist für das Erreichen völliger körperlicher Entspannung von unschätzbarem Wert.

Bei metamedizinischen Sitzungen beginnen wir jedesmal, indem wir den Patienten im effektiven Atmen unterweisen. Wir legen großen Wert auf die Atmung, weil wir beobachtet haben, daß das Atmen in einem bestimmten Rhythmus einer der schnellsten und einfachsten Wege ist, die Wahrnehmung innerer Bewußtseinszustände zu verbessern und den Körper besser zu entspannen.

Wir verbinden Atem mit Farbvorstellung und stellen die Tiefe und Häufigkeit der Atmung mit verschiedenen Farben ein *(calibrate* – wörtlich: eichen). Wir nehmen auch die kinästhetischen oder Körpergefühle auf, die mit jeder Farbe verbunden sind. Wir haben oft beobachtet, daß die Farbe, die von dem stärksten subjektiven Gefühl der körperlichen Entspannung begleitet wird, auch die Farbe ist, die mit der größten Atmungstiefe und mit der geringsten Atmungshäufigkeit verbunden ist. Eine höchst interessante Beobachtung ist, daß in fast allen Fällen die bei Entspannung und Atmung effektivste Farbe sich von der Lieblingsfarbe der Person unterscheidet. Eine Person, deren bevorzugte Farbe Blau ist, wird vielleicht am besten atmen und sich entspannen, wenn sie sich die Farbe Rot vorstellt.

Wenn sie in angemessener Weise entspannt sind, helfen wir den Patienten dabei, ein inneres Bild von sich zu machen, wie sie sich von ihrer Krankheit vollständig erholt haben und ein gesundes Leben genießen. Einige Patienten sind dazu in der Lage. Andere beklagen sich, daß sie noch nie „in ihrer Vorstellung sehen" konnten. Wir nehmen an, daß sie sich Dinge ein-bilden können, daß sie sich dessen aber nicht bewußt sind. Die meisten, die Schwierigkeiten haben, ein Bild in der Vorstellung zu erzeugen, sind Menschen, deren Hauptmethode, um Information zugänglich zu machen und zu kodieren, über den auditiven oder kinästhetischen Kanal läuft. Personen, die visuell orientiert sind, können leichter visualisieren.

Menschen, die primär kinästhetisch sind und Schwierigkeiten haben zu visualisieren, werden aufgefordert, sich die von innen oder von außen ausgelösten *Gefühle* zugänglich zu machen, die sie hätten, wenn sie vollkommen gesund wären. Wenn sie sich vollständig in diese Gefühle hineinbegeben oder sich in diesen Gefühlen verlieren, wird ihnen bewußt, daß sie auch *Bilder* von sich in einem Zustand von Gesundheit sehen oder wahrnehmen. Je intensiver ihre Gefühle sind, desto lebendiger wird die Vision sein, die sie erleben.

In gleicher Weise kann eine primär auditive Person auf die *Klänge,* die sie mit einem gesunden Zustand verbindet, zugreifen. Das können die Stimmen von Menschen sein, die Bemerkungen darüber machen, wie gut sie aussieht, oder es kann der Klang von Musik sein, der mit der Aktivität in Verbindung gebracht wird, die sie in einem gesunden Zustand tut. Das kann bis zu einem Punkt intensiviert werden, wo sie *Bilder* von sich selbst als vollständig gesund wahrnehmen.

Wenn wir uns der holographischen Natur des Gehirns erinnern, wird es nicht überraschen, daß wir mentale Bilder erzeugen können, indem wir alle sensorischen Kanäle und Emotionen innerlich „anzapfen". Erinnern Sie sich, daß diese als Referenzstrahl dienen, um ein Hologramm dessen zu kreieren, was immer wir in unserer Vorstellung sehen möchten. Die solcherart geschaffene Vision muß durch positive Emotionen von Freude und Dankbarkeit gestärkt werden. Während die Patienten diese Emotionen stark mit einem lebendigen gesunden Bild von sich verbinden, entdecken sie mehrere Dinge. Als erstes bemerken sie, daß sie sich physisch stärker fühlen. Dann werden sie berichten, daß sie nicht mehr so viel Medikamente brauchen, um schmerzfrei zu sein oder sich wohl zu fühlen. Ihre Wünsche beleben sich, und sie gewinnen neues Interesse daran, ein verschriebenes medizinisches Verfahren einzuhalten oder abzulehnen. Alles in allem bemerken sie, daß sie sich erholen.

Uns begegnen Patienten, die derart chronisch angespannt sind, daß sie keine Ahnung davon haben, was Entspannung bedeutet.

Ich erinnere mich an eine Frau Ende Dreißig, die mir sagte, daß sie sich nicht erinnern könne, jemals nicht angespannt gewesen zu sein. Sie sagte, daß sie, sobald sie morgens aufstehe, beginne, sich über alles Sorgen zu machen – über ihre Kinder, ihren Mann, den Hund und ihre Finanzen. Die Anspannung werde den Tag über stärker. Offensichtlich entspannte sie sich genügend, um abends einzuschlafen, aber sie beschloß, sich nicht zu erlauben, das zu erinnern. Sie war wegen einer Bruchoperation in unser ambulantes chirurgisches Zentrum gekommen und steigerte erfolgreich ihre Anspannung zu panischem Ausmaß. Sie konnte sich nicht genügend konzentrieren, um einfache Anweisungen bezüglich Atmung und Muskelentspannung auszuführen. Also griff ich zu pharmakologischen Methoden.

„Mrs. Edwards", sagte ich, „ich werde Ihnen eine Injektion geben, die Ihnen helfen wird, sich zu beruhigen und sich besser zu fühlen. Ich möchte, daß Sie jetzt sorgfältig Ihre Aufmerksamkeit auf Ihren Körper richten – von den Zehen bis zum Scheitel. Sie müssen mich über jegliche Veränderung, die Sie wahrnehmen, informieren und wach bleiben, damit Sie darüber reden können." Ich gab ihr intravenös eine Dosis eines milden Sedativums.

„Meine Glieder fühlen sich sehr schwer an", sagte sie nach einer Weile ziemlich klagend.

„Nun, wehren Sie sich nicht dagegen", wies ich sie an. „Entspannen Sie sich und genießen Sie dieses Gefühl."

Ich leitete sie in tiefem, rhythmischem Atmen an, und nach einigen Minuten begann sie zu lachen und kommentierte mit Tränen in den Augen: „Ich habe mich wirklich noch nie so gut gefühlt, niemals."

„Verfolgen Sie aufmerksam alle Ihre Gefühle, denn ich werde Sie sie nach Ihrer Operation wiederholen lassen, und Sie werden sie so lange wiederholen, bis Sie sie haben können, ohne darüber nachzudenken", erklärte ich ihr. Ihre Operation wurde unter Lokalanästhesie vorgenommen.

Nach der Operation war sie im Aufwachraum sehr ruhig und entspannt. Sie konnte sich erinnern und in ihre Entspannungsübung ohne das Medikament einsteigen. Sie glaubte, immer noch unter dem Einfluß des Medikamentes zu stehen.

„Nein, Mrs. Edwards, Sie machen das ganz allein“, versicherte ich ihr. „Die Injektion diente nur dazu, Ihren Körper an das zu erinnern, was er bereits weiß. Jetzt erinnern Sie sich, wie Sie sich entspannen können.“

„Na, ich schätze, ich habe nicht nur meinen Bruch in Ordnung bringen lassen“, kommentierte sie, als sie entlassen wurde. „Ich habe auch meinen Kopf in Ordnung gebracht!“ Sie konnte die Visualisierungsübungen mit Leichtigkeit durchführen, und sie wurde schnell gesund.

Ich war nie eine passionierte Anhängerin klassischer Musik. Tatsächlich habe ich lange Zeit den Klang nur ertragen. Das ist ein Zug, den mein Mann meiner „primitiven“ Herkunft zuschreibt. Aber ich stellte fest, daß manche Barockmusik eine seltsame Wirkung auf mich ausübt. Es war, wie wenn mein Geist sich gegen meinen Willen einem vagen, aber starken Reiz dieser Musik unterwerfen würde. Fast widerwillig begann ich, Musik von Komponisten des sechzehnten bis achtzehnten Jahrhunderts wie Bach, Vivaldi, Corelli und Händel zu sammeln. Ich machte es mir zur Gewohnheit, diese Aufnahmen während meiner Operationen laufen zu lassen. Ich tat das, um die Monotonie öder, langer Operationen zu unterbrechen, oder zumindest dachte ich das am Anfang. Ich konnte mir nicht vorstellen, sie zu Hause zur Unterhaltung abzuspielen. Also ließ ich sie im Operationssaal laufen, in der Annahme, daß es niemanden stören würde, da die Musik keine Stimmen oder Worte enthielt. Dann passierte etwas Seltsames. Die übliche streßgeladene Atmosphäre des Operationssaales veränderte sich. Es war, als ob die Chirurgen, die Schwestern und die Patienten eine Botschaft erhielten. Ein nicht näher beschreibbarer Friede nahm dem Streß die Spitze, und jeder begann den Unterschied wahrzunehmen. „Frau Dr. Baron, wo ist Ihre Musik?“ fragten die Schwestern immer, wenn ich vorbeikam.

Diese langsamen Bewegungen des Largo der barocken Konzerte sind zum Standardinventar unserer Operationssäle geworden. Der Körper tendiert dazu, in die Entspannung hineinzugleiten, wenn er dem Rhythmus von sechzig Schlägen in der Minute ausgesetzt wird. Ich stellte fest, daß ich die Patienten meistens nur mit der Musik atmen lassen mußte. Ich mußte sie nicht in Entspannung unterweisen oder auch nur drängen, sich zu konzentrieren.

Während sie zuhören, gehorcht ihr Körper dem Klangmuster, und ihr Streß macht der vollständigen körperlichen Entspannung Platz. Das verschafft den Ärzten und dem medizinischen Personal ein meditatives Zwischenspiel in dem Drama, das wir das moderne Leben nennen. Und was genau ist denn Meditation?

Meditation

Die meisten Menschen halten Meditation für eine Methode, den inneren Dialog (dieses andauernde Gerede in unserem Geist) zum Schweigen zu bringen, um Kontrolle über unsere Gedanken zu erlangen. Die Menschen haben viele Meditationsmethoden ausgedacht, vom Konzentrieren auf ein Wort oder Singen eines Mantras bis zum Unternehmen spektakulärer Ausflüge in das Universum der Imagination. Alle stimmen darin überein, daß die Entspannung des Körpers ein integraler Teil der Meditation und auch ein Ergebnis dessen ist, was als erfolgreiche Meditation gewertet wird. Viele beschreiben Meditation in mystischer Symbolik als eine Art Reise in das Zentrum des eigenen Selbst, und jene, die eine Vorliebe für Rituale haben, sitzen tatsächlich und versenken sich stundenlang in ihren Bauchnabel oder andere Teile ihrer Anatomie. Alle stimmen darin überein, daß sie aus der Meditation erfrischt und erneuert hervorgehen. Es gibt nicht das eine korrekte Vorgehen für die Meditation. Die Möglichkeiten zu meditieren sind so unendlich wie die menschliche Imagination, und sie haben dieselbe Gültigkeit wie alle anderen Realitäten, die man erschaffen kann.

Erinnern Sie sich aus der Quantenphysik, daß jedes holographische Bild aus elektromagnetischen Wellen zusammengesetzt ist – derselben Energie wie die Grundelemente der Materie. Das, was wir mit unserem Geist in der Imagination visualisieren, kann *real*isiert werden, genau wie Materie realisiert ist, weil es *reale* Energie ist. Was es von fester Materie unterscheidet, ist, daß wir nur der *festen* Materie Gültigkeit zusprechen. Mit anderen Worten, wir erklären mit unserem Glaubenssystem, daß nur *Materie* in vollgültiger Weise *real* ist. *Ohne* diese Definition von Materie als das, was fest und somit exklusiv real ist, können wir einfach anerkennen, daß sowohl das visualisierte Bild als auch die Materie, die wir in unserer regulären Welt sehen, gültig sind. Sie sind einfach Alternativformen von Realität. Die feste Form, mit der wir in unserer alltäglichen Welt vertraut sind, wird als eine *physische* Realität bezeichnet, und das visualisierte Bild ist in einer alternativen oder anderen Realität. *Alle* Realitäten haben Gültigkeit. Sie existieren. Aus diesem Grund bezeichnen wir sie als physische Realität und nichtphysische oder alternative Realität. Australische Aborigines und die Buschmenschen der Kalahari haben diese Erkenntnis in einem viel höheren Maß ausgebildet als der moderne Mensch. Sprache ist normalerweise eindeutig zu verstehen. Sprache beschreibt, was wir (das Gehirn) erfahren (erfährt); also gibt es in diesem Sinne keine Fehler in der Kommunikation.

Alle Methoden, die wir als Hilfe benutzen, um in den meditativen Zustand zu gelangen, sind dazu gedacht, der Mentalität, dem Denken zu erlauben, sich von unserer physischen Realität zu lösen, um die größere Weite der alternativen Realitäten der Imagination unseres Geistes zu erforschen. Die übliche Intention dieser Exploration ist es, den eigenen, innersten schwingungsenergetischen Zustand zu suchen oder in Einklang mit ihm zu kommen. Wenn eine Person mit ihrer ureigenen Schwingungsfrequenz übereinstimmt, beherbergt sie kein Leiden. Wir nennen diesen Zustand des Gleichgewichtes willkürlich den „Ruhe-Nullpunkt". Die meisten Menschen bezeichnen ihn auch als das „Zentrum des Selbst" und den Akt, an diesem Punkt zu sein, als „sich zentrieren". Ein Nebenprodukt des Zentriertseins ist, daß man die unbegrenzte *Energie* des Selbst erfährt. Aus diesem Grund stellen die Leute fest, daß sie durch Meditation mit Energie aufgetankt werden.

Es ist wichtig zu erkennen, was wir tatsächlich während der Meditation tun: wir erlauben uns, uns in unser größeres Bewußtsein zu erweitern, auch wenn es so scheinen mag, als würden wir lediglich unsere Gedanken kontrollieren und ausrichten. Es kommt nicht darauf an, mit welcher Methode wir an die Meditation herangehen; sei es durch Gebet, Singen oder physische Aktivität, – das Ergebnis ist das gleiche. Wir reisen in ein erweitertes Bewußtsein zum Zentrum unserer innersten Schwingungsenergiefrequenz. In dieser erweiterten Vorstellung von uns selbst können wir Antworten auf Fragen finden, die uns in dem begrenzten äußeren Bewußtsein der physischen Realität nicht zugänglich sind. Wenn wir meditieren, sollten wir uns erinnern, daß diese Ausweitung stattfindet, und uns mit einem Gefühl des Akzeptierens in sie fallen lassen. Deshalb halten wir es für eine nützliche Praxis, jeden Gedanken oder jegliche Bilder, die wir während des Meditationsprozesses wahrnehmen, als Dinge anzunehmen, die da sein *müssen.* Wir werten sie nicht ab oder bekämpfen sie, und hier ist die Begründung: Wenn wir sie beurteilen, bekämpfen und abwerten als etwas, was nicht Teil unserer selbst ist und was nicht da sein sollte, vereiteln wir den Zweck unseres Zentrierens auf den Ruhe-Nullpunkt. Negatives Urteil und Abwertung erfordern negative Energie, die eine Distanz zwischen uns und dem Ziel, unserer innersten Schwingungsenergie, entstehen läßt. Es dauert dann länger, dorthin zu gelangen. Wir geben diesen Gedanken auch, indem wir sie bekämpfen und versuchen, sie loszuwerden, mehr Macht. Sie sind in uns, und es gibt keinen Ort, wo wir sie abladen können. Der Versuch, sie hinauszuwerfen, fügt ihnen gerade dasselbe Maß an Energie hinzu: am äußersten Rand angekommen, prallen sie mit derselben Kraft zu uns zurück. Wir können sie jedoch anerkennen und sie in Gedanken verwandeln, die wir mögen. In erster Linie kommen sie uns während der Meditation in den Sinn, um uns wissen zu lassen, daß wir sie haben. Dadurch können wir sie, wenn wir sehen, daß es keine Gedanken sind, die wir weiterhin haben wollen, verändern. Deshalb dient die Anwesenheit von Gedanken, die wir als negativ bewerten, während des Meditationsprozesses einem positiven Zweck, nämlich uns wissen zu lassen, daß wir sie in uns tragen. Der Schwerpunkt dieser Arbeit liegt darauf aufzuzeigen, daß Leiden genau dasselbe tut. Schließlich sind alle Mittel gültig. Es ist notwendig, den Meditationsprozeß mit einer Einstellung bedingungsloser Akzeptanz und Neugierde zu beginnen. Es braucht kein Kampf, kein Widerstand damit verbunden zu sein.

Depression ist auch eine Art von Meditation, bei der wir uns nach innen richten, um Antworten zu finden, von denen wir wissen, daß wir sie in unserer äußeren, bewußten Realität nicht erhalten können. Das geschieht, wenn Depression nicht als etwas Negatives oder als antisoziales Verhalten bewertet wird. Die depressive Person erlaubt es sich, sich nach innen zurückzuziehen und Veränderungen in ihren Glaubensvorstellungen, der Emotionalität und dem Denken vorzunehmen. Wenn sie aus ihrer Depression hervorgeht, geht sie deshalb als eine veränderte Person – eine neue Persönlichkeit – daraus hervor. Letztlich zentrieren wir uns selbst und verändern unseren Bewußtseinszustand genauso während der Depression wie während der Meditation. Nur wenn der depressive Zustand zur ausschließlichen Fixierung einer Person wird und diese davon abhält, in positiver Weise mit ihrer Umgebung umzugehen, hört er auf, einem sinnvollen Zweck zu dienen.

Auch Lachen zentriert uns, und ohne die Depression abwerten zu wollen, betrachte ich Lachen als eine entschieden genußvollere Möglichkeit, uns mit unserer innersten Energieschwingung in Einklang zu bringen. Lachen Sie also und erfüllen Sie unsere Welt mit Ihrem Lachen.

Kapitel 13

Die Macht der Gesundheit

Die Grundlage allen menschlichen Fortschritts ist die Erkenntnis des Menschen, daß es etwas Erstrebenswerteres gibt als die Lage, in der er sich befindet.

Betrachten Sie den Zustand gründlich, in dem Sie sich befinden. Bewerten Sie Ihre Lebensumstände objektiv und ehrlich. Wenn Sie sich nicht vollkommen zufrieden fühlen und von Ihrem Leben und dem, was Sie mit ihm anfangen, hell begeistert sind, sind Sie nicht gesund, selbst wenn Sie physisch nicht krank sind. Erinnern Sie sich, daß Gesundheit ein Zustand ist, in dem man in völliger Übereinstimmung, in vollkommener Harmonie mit der einzigartigen Energie steht, die man ist. In diesem Zustand gibt es nicht nur kein Leiden, sondern man verwirklicht und lebt das Leben der eigenen Träume. Die eigenen Handlungen sind darauf ausgerichtet, sich zum bestmöglichen Wesen, das man als Mensch sein kann, zu machen – mit anderen Worten, auf das Erreichen voller Selbstentfaltung. Zufriedenheit, Reichtum und Glück sind Nebenprodukte des Lebens in völliger Harmonie mit der Energie, die man ist, – was die Definition eines Lebens in Gesundheit ist.

Wenn Sie ein gewisses Maß an Erfolg im Leben erreicht haben, aber fühlen, daß es mit dem Leben mehr auf sich haben muß, erkennen Sie, daß es der Fortschritt, ihre fortschreitende Entwicklung ist, die Sie drängt, weiterzugehen und die Kraft zu erfahren, die Sie sind.

Wie erfährt man die einzigartige Energie oder Kraft, die man ist? Sie können damit anfangen, daß Sie sich völlig bewußt machen, was Sie als Mensch sind. Die im ersten Teil dieses Buches beschriebenen Prinzipien der Metamedizin erklären, was die Persönlichkeit ist. Das Verständnis dafür, woraus die Persönlichkeit im Grunde aufgebaut ist, läßt Sie erkennen, daß nichts von dem, was oder wer Sie sind, unveränderbar ist. Sie werden anfangen, die Tatsache zu erkennen und zu verstehen, daß Menschen formbare Wesen sind und daß wir auch uns selbst buchstäblich modellieren können, um das zu sein, was auch immer wir in diesem physischen Leben sein wollen.

„Was hat Veränderung meiner selbst damit zu tun, Dinge in meinem Leben zu verändern?“ fragen manche Leute, nachdem sie einige Teile dieses Buches vergessen haben. Zum Rückblick erinnern Sie sich bitte, daß es das Niveau der eigenen Schwingungsenergiefrequenz ist, das die eigene Wahl der Handlungen im Leben und folglich die Art des Lebens, das man erfährt, bestimmt. Betrachten Sie es folgendermaßen: Alles ist Energie. Was eine Sache von der anderen unterscheidet, sind die Unterschiede in der Schwingungsfrequenz ihrer Energie. Was *eine* Realität in dieser Welt von der *anderen* unterscheidet, etwa ein reiches Leben von einem Leben in Armut, ist die Energiefrequenz der Menschen und Ereignisse in jeder dieser Kategorien. Menschen, die mit ihrer innersten Energiefrequenz positiv übereinstimmen, können nur die positive Frequenz eines gesunden und reichen Lebens anziehen. Was Menschen betrifft, erweist sich das Sprichwort, daß sich Gegensätze anziehen, nicht als zutreffend. Genauso wie beim Herstellen von Rapport, wo sich Gleiches gegenseitig anzieht, ist es beim Leben der Menschen; man kann nur eine Frequenz, die der eigenen Frequenz ähnlich ist, anziehen und erfahren.

Der einfachste Weg, die eigene Erfahrung des Lebens zu verändern, ist, die Persönlichkeit oder Persona zu ändern. Diejenigen, die es ablehnen, sich zu verändern, und versuchen, Veränderungen in der äußeren Welt zu erzwingen, verwickeln sich normalerweise in Anstrengung, Konflikte und Schmerzen. Wenn sie auf diese Art ihre Ziele erreichen, finden sie keine Befriedigung oder Freude am Sieg. Im Gegenteil verlieren sie oft den Kampf, was natürlich der Schwingungsenergie entspricht, die sie verkörpern – dauerndes Gerangel. Das sind die Menschen, die in einem als erfolgreich und reich geltenden Leben trotzdem unglücklich sind.

Das Paradox des Lebens in der physischen Welt ist, daß Sie, wenn Sie gesund, glücklich und reich sein wollen, zuerst Ihre Persona in die einer gesunden, glücklichen und reichen Person verwandeln müssen. Alles, was wir in unserem Leben geschehen sehen wollen, muß notwendigerweise mit uns selbst beginnen und von uns aus geschehen. Das Gesetz der elektromagnetischen Energie bleibt immer gültig, weil wir im Grunde aus elektromagnetischer

Energie bestehen. Ich werde dieses Gesetz wiederholen: Immer wenn ein elektrisches Kraftfeld erzeugt wird, wird ein magnetisches Feld oder eine Anziehungskraft erzeugt. Immer wenn wir ein neues Selbstbild schaffen, indem wir durch Sinnesschärfe des Denkens und positive emotionale Energie die Entwürfe in unseren Glaubenssystemen verändern, erzeugen wir elektromagnetische Energie. Diese Energie schafft ein Kraftfeld, das die Dinge anzieht, die wir wünschen oder uns vorstellen.

Was braucht es wirklich, um sich zu ändern? *Das wichtigste Element bei der Veränderung des Menschen ist der Wille zu handeln.* Das einzige, was im physischen Leben noch wichtiger ist, ist der Besitz des physischen Lebens überhaupt. Die Fähigkeit zu handeln ist so essentiell, daß sie in vielen Fällen damit gleichgesetzt wird, persönliche Macht zu haben. Dieses Bedürfnis zu handeln, diese persönliche Kraft, ist die zentrale, von allen führenden und erfolgreichen Menschen entwickelte Eigenschaft.

Mit dem Willen zu handeln muß man dann ausdauernd daran gehen, die Veränderungen in Glauben, Emotion und Denken vorzunehmen, die notwendig sind, um ein neues Bild vom erwünschten Selbst zu schaffen. Diese Veränderungen zu bewirken, mag Beharrlichkeit erfordern, nie aber Kampf. Verlangen ist von derselben Art Energie wie Begeisterung; es läßt Sie wissen, daß Sie in Einklang mit Ihrer einzigartigen Schwingungsenergiefrequenz stehen werden, wenn Sie *mit Integrität* an dem arbeiten, was Sie wünschen. Wenn es also Ihr Wunsch ist, Veränderungen in Ihrer Persona vorzunehmen, muß damit kein Kampf, das heißt negative Energie, verbunden sein. Konzentration und Ausdauer mag notwendig sein, aber Kämpfen ist nie erforderlich. Sie stellen vielleicht fest, daß sich die Zeit und Mittel lohnen, die Sie aufwenden, um die Hilfe von Fachkräften, die mit den verschiedenen Fertigkeiten der Metamedizin Erfahrung haben, in Anspruch zu nehmen, wenn Ihnen dadurch eine große Hilfe vermittelt wird, diese Veränderungen zu bewirken.

Alle Veränderungen, die in diesen drei Aspekten der Persönlichkeit – Glaube, Emotion und Denken – vorgenommen werden, werden das Selbst verändern. Sie werden nicht mehr dieselbe Person sein, die Sie vor der Veränderung waren. Ein noch verblüffenderer Gedanke ist der, daß die Vergangenheit und die Zukunft eines Menschen genauso wie die Gegenwart verändert werden können. Sie können Ihre Zukunft tatsächlich systematisch entwerfen und in Ihrem Gehirn installieren. Dieser Gedanke, daß Gegenwart, Vergangenheit und Zukunft manipuliert, entworfen und verändert werden können, ist etwas, was unsere Denkart schwer akzeptieren kann. Diese Idee muß *erfahren* werden, damit man ihre Gültigkeit anzuerkennen weiß.

Mit der Fähigkeit, zu handeln und uns willentlich zu verändern, bekommen wir vollkommene Herrschaft über unser Leben und unsere Welt. Die Macht der Gesundheit in dieser Weise auszuüben wird die Starken, die mit Kraft Ausgestatteten, die wir sind, noch unendlich viel stärker machen.

Nachwort: Metamedizin und Zukunft

Während wir uns dem Ende dieses Jahrhunderts nähern, schauen wir mit Dankbarkeit auf die großen Fortschritte in Erziehung, Bildung, Wissenschaft und medizinischer Technologie. Das Aufkommen der Computertechnologie verändert die Art des Lernens, und die medizinische Technologie verlängert unsere Lebensspanne. Behandlungen und Heilverfahren sind für viele Krankheiten entwickelt worden, doch haben wir immer noch Leiden.

Mit dem medizinischen Fortschritt kamen viele Fragen und Enttäuschungen auf. Die Fortschritte in der medizinischen Technologie legen es den Menschen nahe, noch mehr Wunder zu erwarten. „Wenn Ärzte all diese Krankheiten heilen können, warum können sie uns nicht von vornherein davor bewahren, krank zu werden?" fragen die Leute. Qualitätskontrollen, eine beschönigende Bezeichnung für Kostenbegrenzung, drängen Ärzte und medizinische Institutionen in den USA dazu, die Menschen von vornherein gesund zu erhalten. Die medizinische Technologie ist teuer. Jeder möchte sie haben, aber keiner ist gewillt, sie zu bezahlen. Die Ärzte, die bereits unter dem Druck stehen, mit dem Neusten in der medizinischen Technologie Schritt zu halten, befinden sich mitten im medizinischen Finanzkrieg. Sie müssen den Forderungen der Patienten nach dem Neusten und Besten, was die medizinische Technologie zu bieten hat, nachkommen und gleichzeitig den Beschuldigungen begegnen, daß sie die Kosten im Gesundheitswesen hochtreiben. Die Rechtsanwälte und das Rechtssystem beobachten dies als Außenstehende in der Erwartung, einen Gewinn aus dem Konflikt zu schlagen. Unser gegenwärtiges Klima im Gesundheitswesen ist voller Mißtrauen und Furcht. Dazu gezwungen, defensive Medizin zu betreiben, finden viele Ärzte wenig Freude und Befriedigung in einem Beruf, der ursprünglich einen großen Reiz hatte als Gelegenheit, in einer intim menschlichen Weise dienlich zu sein. Natürlich hat der abgehobene Professionalismus, der in den medizinischen Ausbildungsinstitutionen und den gegenwärtigen medizinischen Einrichtungen gefördert wurde, während die Technologie und die Spezialisierung an Bedeutung zunahmen, wenig dazu beigetragen, den größer werdenden Abstand zwischen Patient und Arzt zu verringern.

Die wahrgenommene abgehobene Einstellung des Arztes und der medizinischen Fachkräfte liegt an der Wurzel der Unzufriedenheit des Patienten mit unserem gegenwärtigen Gesundheitssystem. Jeder Arzt muß Patient gewesen sein wie ich, um die Bedeutung von Vertrauen in der Beziehung zwischen Arzt und Patient zu verstehen. Wenn Sie ein Patient sind, sind Sie sehr verletzlich. Sie sind für Ihre Genesung und manchmal für Ihr pures Überleben auf andere Menschen angewiesen, besonders auf den Arzt. Zu empfinden, daß Ihre Ärztin/Ihr Arzt sich wirklich um Sie kümmert, daß sie oder er Sie liebt, ist eine der wichtigsten positiven Glaubenshaltungen, die den Weg zu Ihrer Genesung ebnen. Medizin ist ein intim persönlicher Beruf, und wenn Menschen spüren, daß es anders ist, erzeugt das Reibung und Unzufriedenheit für alle Beteiligten.

Während wir in das einundzwanzigste Jahrhundert eintreten, wird offensichtlich, daß wir unser Denken über Gesundheit und Medizin ändern müssen. Metamedizin definiert Gesundheit neu und bringt den menschlichen Bewußtseinsfaktor in die medizinische Praxis, so daß sie ihr eine unendlich größere Reichweite und mehr Wirkungskraft gibt. Mit dem Verständnis des bewußten Beteiligtseins des Menschen bei Leiden und Gesundheit wird die medizinische Wissenschaft wirklich beginnen, Wunder zu vollbringen, – mit oder ohne teure Technologie. Unheilbare Krankheiten werden zu einer überholten Vorstellung werden.

Der metamedizinische Ansatz, an die medizinische Praxis heranzugehen, schafft automatisch eine Bindung zwischen Patient und Arzt, die vor Rechtsanwälten ziemlich geschützt ist. Metamedizin lehrt den Patienten Selbst-Ermächtigung und erlaubt ihm, die volle Verantwortung für sein Leben und seine Gesundheit zu übernehmen. Sie gibt den Patienten ihre Würde wieder und, was am wichtigsten ist, eröffnet den Patienten eine Gelegenheit, ihr Leiden als Schritt in Richtung eines wünschenswerteren Lebens zu nutzen. Metamedizin vertritt die Ansicht, daß Leiden uns wie ein Spiegel Defekte in unserer Grundstruktur reflektiert, die wir verändern müssen, um die bestmöglichen Wesen zu werden, die wir als Menschen sein können. Deshalb wird ein Mensch, der durch ein Leiden gegangen ist, besser daraus hervorgehen, als er jemals vor der Krankheit war. Ein ärztlicher Heiler, der dem Patienten bei dieser Bemühung hilft, wird zu diesem Menschen eine Beziehung aufbauen, die unsere gegenwärtigen finanzökonomischen Überlegungen überschreitet. Die metamedizinische Praxis läßt den ärztlichen Heiler, der sie mit Integrität betreibt, erstarken. Es wäre nicht möglich, Metamedizin ohne Integrität effektiv anzuwenden. Noch einmal: Integrität bedeutet zu wissen, daß man vollständig und stark genug ist, um alles, was man wünscht, zu bekommen, ohne jemand anderem oder sich selbst dafür weh zu tun.

Die Arzt-Patient-Beziehung kann sich sogar in noch speziellerer Weise lange, nachdem die Krankheit vorüber ist, fortsetzen; hier ist die Begründung: Die metamedizinische Begegnung, die durch die Krankheit nötig geworden ist, läßt die Patienten erkennen, daß sie gerade erst angefangen haben zu entdecken, was sie sind und worum es im Leben geht. Diese Menschen werden sich auf eine lebenslange Reise der Selbstentdeckung machen, und die Arzt-Patient-Beziehung kann in eine Lehrer-Lernender- oder Freund-Freund-Beziehung münden. Ärzte werden ein sehr lohnendes Leben haben, wenn ihre Patienten zu ihren lebenslangen Freunden werden.

Wenn das gesamte Personal der Krankenhäuser und medizinischen Institutionen mit der Herangehensweise und den metamedizinischen Prinzipien in der Patientenversorgung vertraut ist, werden die meisten der gegenwärtigen finanziellen Auseinandersetzungen und Probleme vorbei sein. Patienten werden viel schneller genesen und aus diesen Institutionen in einem Bruchteil der heute üblichen Zeit entlassen werden.

Das Erstreben und Erreichen des neuen Verständnisses von Gesundheit als einem viel weiterreichenden Konzept, als es die bloße Abwesenheit von Krankheit darstellt, wird uns kraftvollere Führungspersönlichkeiten in jedem Tätigkeitsbereich bringen: in der Erziehung und Bildung, in der Industrie, im Geschäftsleben, in der Regierung, in der Forschung und auf vielen anderen Gebieten. Mit positiven Veränderungen in unseren Führungspersönlichkeiten werden positive Ideen entstehen, die eine wünschenswertere Welt schaffen werden.

Und wie wird es mit Leiden sein? Werden wir immer noch Leiden haben? Ich weiß es nicht. Ich weiß aber, daß Metamedizin uns lehrt, positive Ergebnisse aus jedem Leiden zu ziehen. Ich glaube, wenn unsere Kinder so erzogen werden, daß sie wissen, was sie als Menschen sind, und gelehrt werden, das Leben integer und ihrer selbst mächtig zu leben, daß dann Leiden ein Instrument sein wird, das wir nicht mehr brauchen werden, wenn das einundzwanzigste Jahrhundert fortgeschritten sein wird.

Wie ich zu Beginn festgestellt habe, sind die in dieser Arbeit enthaltenen Gedanken neu und doch so alt wie die Menschheit. All die dargestellten Konzepte, all die beschriebenen Methoden und Instrumente sind als Einführung gedacht und als ein Katalysator, um die Neugierde der Leser auf diese Reise der Selbstentdekkung und Gesundheit zu führen. Dabei behilflich gewesen zu sein erfüllt mich mit großer Freude und Dankbarkeit. Viel Glück und gute Reise!

Fachwörterverzeichnis

Angleichen *(matching):*
Verhaltensweisen einer anderen Person vorübergehend übernehmen, um *Rapport* mit dieser Person zu gewinnen. (Synonym mit „Spiegeln" = *mirroring)*

Anker:
ein bestimmter innerer oder äußerer Reiz, der, wenn er mit einer Reaktion (oder Reaktionskette) verbunden wird, von da an dieselbe immer wieder auslöst, sooft er verwendet wird.

Ankern:
einen spezifischen Reiz (Anker) mit einer Reaktion so in Verbindung bringen, daß der Reiz (Anker) später die Reaktion immer wieder auslöst.

Anker kollabieren *(collapsing anchors)*:
zwei oder mehr Anker gleichzeitig auslösen, so daß die mit den verschiedenen Ankern verbundenen Reaktionen sich mischen und gegenseitig aufheben.

Ärztlicher Heiler *(doctor-healer):*
ein Arzt, der wirklich heilt (indem er Metamedizin praktiziert).

Assoziation / assoziiert sein:
vollkommen *in* einer Erinnerung sein und alles durch die eigenen Augen sehen, hören und fühlen, als ob man tatsächlich physisch dort sei; im Gegensatz zur Dissoziation, bei der man außerhalb des Erlebnisses ist und von außen zuschaut, wie man selbst handelt.

Augenzugangshinweise *(eye accessing cues):*
die Augenbewegungen, die benutzt werden, um das Gehirn zu stimulieren, dasjenige Repräsentationssystem zugänglich zu machen, mit dem man gerade Information verarbeitet. Sie sind Katalysatoren, die die relevanten Gehirnareale stimulieren, um Bilder, Klänge und Gefühle zugänglich zu machen.

Balance:
der Ruhe-Nullpunkt aller Polaritäten von Energiebewegung; der Punkt, von dem aus Bewegung in jede Richtung möglich ist.

Denken *(thought):*
der dritte Grundaspekt der Persönlichkeitsstruktur und derjenige, durch den das Selbst mit der Welt interagiert; auch das „Ich" *(ego)* genannt; es formt die Weltsicht einer Person. (In diesem Buch auch als *mentality* = Denkart bezeichnet.)

Dissoziation / dissoziiert sein:
der Rückzug des Selbst aus einer Situation, um sich als in dieser Situation Handelnden von außen zu beobachten. Zweck: Distanz zu eigenen Gefühlen; Streßreduzierung; Objektivierung der Situation. Zum Beispiel: sich selbst auf einem Bild (wie von außen) betrachten, so daß man die Gefühle, die man in dem tatsächlichen Ereignis hätte, nicht haben muß.

Emotion:
Energiebewegung *(energy motion);* das Energieprinzip, welches Glaubenssysteme aktiviert, die physische Erfahrung der Persönlichkeit zu formen.

Energiezustand:
siehe unter „Zustand".

Focusing:
das Konzentrieren der Aufmerksamkeit auf einen bestimmten Gedanken, ein bestimmtes Objekt.

Format:
Anordnung von durchzuführenden Schritten bei einer NLP-Technik.

Furcht:
Emotionale Energie, die mit der physischen Erhaltung des Selbst verbunden ist, ist positive Furcht. Negative Furcht ist der mangelnde Wille, die eigene Kraft anzuerkennen.

Gefühl *(feeling):*
eine äußerlich ausgelöste kinästhetische Erfahrung, wie Berührung, oder ein innerlich ausgelöstes kinästhetisches Erlebnis, wie eine bewertende Reaktion.

Glaube *(belief):*
ein bewußtes oder unbewußtes Denkmuster über ein Ereignis oder eine Serie von Ereignissen in der Welt einer Einzelperson; eine subjektiv wahrgenommene Tatsache oder Wahrheit. (In diesem Buch auch bezeichnet mit: Glaubensannahme, -satz, -vorstellung, Überzeugung.)

Glaubenssystem:
der Gesamtentwurf eines Menschen von dem, was er im Leben erlebt. Es ist *ein* Aspekt der Grundstruktur der menschlichen Persönlichkeit.

Imagination:
die Raum-Zeit-Dimension, in der wir innerlich alle Vorstellungen kreieren und erfahren.

Integrität:
die Anerkennung dessen, daß man so stark wie nötig ist, um das zu bekommen, was man wünscht, ohne andere oder sich selbst dazu zu zwingen oder dabei zu schaden.

Konfusion:
die Auflösung der Bindung an eine rigide Vorstellung, um das Selbst in eine neue Richtung zu orientieren; beispielsweise der vorübergehende Zustand von Desorientierung während der Herausbildung klarerer Gedanken aus einem Informationswust.

Krankheit:
siehe „Leiden".

Kreativität:
der menschliche Akt, die einzigartige Energie, die man in der Welt ist, vollkommen auszudrücken.

Leiden:
eine durch Be-*schwer*-den *(dis-ease)* – auch: Un-ausgeglichen-heit – gegebene Beschränkung in irgendeinem der Grundaspekte der Persönlichkeit. Es manifestiert sich normalerweise als eine Krankheit. Der Unterschied zwischen Leiden *(disease)* und Krankheit *(illness)* wird in Kapitel 2 erläutert. Im Deutschen wird der besseren Lesbarkeit wegen der Begriff *disease* stellenweise auch mit dem gebräuchlicheren „Krankheit" wiedergegeben.

Mentalität *(mentality):*
Denkart; hier Synonym für „Denken" *(thought).*

Modalität:
Sinneskanal für die Übertragung von Informationen aus der „Außenwelt" an das Gehirn. Die fünf Hauptmodalitäten sind: die auditive, die kinästhetische, die visuelle, der Geruchs- und der Geschmackssinn.

Modeling / modellieren:
das Herausfinden der inneren Prozesse (Strategien, Glaubenssätze usw.), die eine Person im Zusammenhang mit einer bestimmten Fähigkeit benutzt, und das Übertragen dieses Prozeßmodells auf eine andere Person, der diese Fähigkeit mangelt.

NLP:
Neurolinguistisches Programmieren. „Neuro" bezieht sich auf das Gehirn und das Nervensystem, und „linguistisch" bezieht sich auf die Sprache, wie sie die Erfahrung im geistigen Bereich sprachlich vermittelt.

Persönlichkeitsstruktur *(personality construct):*
die Repräsentation des menschlichen Bewußtseins in der Welt. Sie besteht aus der Hierarchie von Glauben, Emotionalität und Denken (Mentalität) und ist für jeden Menschen einzigartig.

Quarks:
Urteilchen; die erste Stufe der Verfestigung von Schwingungsmustern der Energie zu Materie.

Rapport herstellen:
das Verhalten eines anderen Menschen wie in einem Spiegel zurückgeben, so daß *Vertrauen* entsteht; geschieht durch Angleichen und Spiegeln von Verhalten sowie durch Empathie und Liebe.

Reframing:
die Bedeutung eines Ereignisses, einer Behauptung oder eines Wortes dadurch verändern, daß man den Kontext ändert und die Sache also in einem neuen Rahmen *(frame)* sehen kann.

Repräsentation, internale:
die Verschlüsselung von Information, wie sie im Denken in Form von Bildern, Klängen, Gefühlen, Gerüchen und Geschmack erzeugt und gespeichert wird.

Ressourcen:
das Potential aller für eine Person verfügbaren oder verfügbar zu machenden Hilfsmittel materieller, personeller oder mentaler Art.

Schritt in die Zukunft *(future pace):*
die Vorstellung einer zukünftigen Situation zur Überprüfung bzw. Sicherstellung, daß die vorgenommene Veränderung erfolgreich war, das heißt auch in zukünftigen Situationen greifen kann.

Spiegeln *(mirroring):*
Synonym für „Angleichen".

Strategie:
eine Abfolge internaler Repräsentationen, die man verwendet, um an ein bestimmtes Ziel zu gelangen. Es gibt zum Beispiel eine Strategie für Motivation, eine für Entscheidung usw.

Submodalitäten:
die nächstkleinere Stufe oder die feineren Unterscheidungen innerhalb der Modalitäten visuell, auditiv, kinästhetisch, olfaktorisch und gustatorisch. Helligkeit und Farbigkeit sind zum Beispiel visuelle Submodalitäten.

Tilgung:
der Akt der selektiven Wahrnehmung bestimmter Aspekte eintreffender sensorischer Daten, aus denen die Erfahrung zusammengesetzt wird, während andere sensorische Daten aus dieser Erfahrung ausgelassen (getilgt) werden.

Time Line:
ein System zur Organisation von Erinnerungen und Zukunftserwartungen in einer linearen Bilderabfolge durch die Zeit, wie die Bilder in einem Kinofilm.

Verzerrung:
der Prozeß der Fehlinterpretation von sensorischen Daten.

Zustand *(state):*
die Gesamtsumme der Energie, die jemand zu einem beliebigen Zeitpunkt ausdrückt. Man kann in einem ressourcenreichen, positiven Zustand oder in einem ressourcenarmen, negativen Zustand sein.

Über die Autorin

Vida Chibuzo Baron, M. D., wurde in Westafrika geboren. Sie studierte in den USA Medizin und absolvierte die fachärztliche Ausbildung zur Anästhesistin. Ihr Interesse für Schmerzkontrolle veranlaßte sie zu eigenen Forschungen, die zur Entwicklung des Konzeptes der *Metamedizin* führten. Vida Baron ist Mitinhaberin des *Imperial Valley Surgery Center* und des *Valley Urgent Care Center* in San Diego/Kalifornien.

…tionen zur Aus- und Weiterbildung in NLP

…P Communication & Coaching GmbH
…sche Gesellschaft für Neurolinguistisches Programmieren –
…aus Elbroich, Am Falder 4, D-4000 Düsseldorf 13
Tel. 02 11-7 57 07 57, Fax 02 11-75 32 15

Thies Stahl Seminare/Dipl.-Psych. Thies Stahl
Training, Beratung, Supervision
für professionelle Kommunikatoren
Eulenstraße 70, D-2000 Hamburg 50
Tel. 0 40-3 90 55 88, Fax 0 40-3 90 95 73

Forum für Meta-Kommunikation
(Deutschland, Österreich, Schweiz)
Zentrale: Wallstraße 7, D-7800 Freiburg
Tel. 07 61-49 39 48, Fax 07 61-49 97 03

Schweiz:
Familien-, Paar- und Jugendberatungsstelle/Werner Herren
Metzgergasse 4, CH-5000 Aarau
Tel. (00 41) 64 22-61 61

Weitere (auch ausländische) NLP-Literatur:
NLP-Buchversand Jörg Erdmann
Hans-Humpert-Straße 3 a, D-4790 Paderborn
Tel. 0 52 51-3 59 69

Dr. John Diamond:

Die heilende Kraft der Emotionen

John Diamond, der international bekannte Psychiater, zeigt Ihnen, wie Sie Ihre Lebensenergie hoch halten können. Er beschreibt die Basis positiver und negativer Zustände, die auf die Lebensenergie einwirken. Negative emotionale Zustände (Haß, Ärger, Neid ...) reduzieren die Lebensenergie. Positive emotionale Zustände (Liebe, Vertrauen, Mut ...) heben das Energieniveau an, helfen Ihnen, mit den geistigen und psychischen Streßfaktoren des Lebens fertig zu werden, und steigern Ihre Kreativität und Produktivität. Sie lernen hier, mit Hilfe eines einfachen Muskeltests den Zustand Ihrer Lebensenergie einzuschätzen, störende psychische Faktoren zu bestimmen und diese dann durch positive Emotionen zu ersetzen.

5. Auflage, 276 Seiten, 38 Fotos und Illustrationen, gebunden, 35,– DM/sFr., ISBN 3-924077-02-9

Dr. John Diamond:

Leben als Cantillation. Analyse der Lebensenergie als Befreiung zur Liebe

In diesem Buch beschreibt John Diamond die spirituelle Zielperspektive seiner Arbeit:

„Meine gegenwärtige Arbeit besteht darin, mich für die *Cantillation* einzusetzen. *Cantillation* ist der Zustand des Gesegnetseins, des Einsseins, der Freude. Es gibt für jeden Menschen eine kreative Betätigung, die leichter als alle anderen diesen Zustand hervorruft. Wir nennen sie Cantillieren. Sie ist sein Dankes- und Liebeslied, sein Psalm, sein Weg ... Unser Streben ist, dieses Cantillieren zu vervollkommnen und in unseren gesamten Alltag zu übertragen, so daß unser Leben selbst zum Liebeslied wird."

106 Seiten, Paperback, 22,80 DM/sFr., ISBN 3-924077-19-3

Dr. John Diamond:

Re-mothering. Das Wiedererleben der Mutterliebe

Der Ablauf der Geburt prägt die Beziehung des Kindes zur Mutter und zur Welt für das ganze Leben.
Die Geburt unterbricht die in der Schwangerschaft gewachsene Bindung des Kindes an die Mutter. Unter herkömmlichen Bedingungen erlebt das Kind diesen Vorgang als Trauma. Legt man es aber gleich nach der Geburt auf den Bauch der Mutter, wird die Liebe zur Mutter wiederhergestellt. John Diamond schildert eine Reihe einfacher Tests, die herauszufinden erlauben, ob die Liebe zur Mutter – Grundvoraussetzung jeder anderen Liebe – vorhanden ist. Darüber hinaus zeigt er Wege zur Korrektur: wie man die Geburt nachträglich neu erleben und die Mutterliebe wiedergewinnen kann.

121 Seiten, Paperback, 22,80 DM/sFr., ISBN 3-924077-13-4

Milton Ward:

Nutze den Schmerz

Der Schmerz, diese von den meisten Menschen gefürchtete Erfahrung, ist in Wirklichkeit ein großes Geschenk: Er führt uns zu körperlichem, geistigem, seelischem und spirituellem Wohlergehen. Schmerz ist nicht nur ein Warnsystem, er ist auch ein zuverlässiger Wegweiser, der uns sagt, wie wir unsere Probleme lösen können.

Angst vor Schmerz, Bekämpfen, Ignorieren oder Überspielen des Schmerzes, – solche Reaktionen hindern uns an der einzig angemessenen Antwort: den Schmerz bewußt wahrzunehmen, seine Bedeutung zu erfassen und auf die dabei empfundenen Gefühle einzugehen. In diesem Sinne überwindet der Schmerz sich selbst.

167 Seiten, Paperback, 24,80 DM/sFr.,
ISBN 3-924077-23-1

Dr. Clyde W. Ford:

Wo Körper und Seele sich begegnen. Somatosynthese – ein neuer Weg der Heilung

Somatosynthese ist ein Heilungsverfahren, das auf einzigartige Weise psychologische und spirituelle Therapien mit den Techniken der therapeutischen Berührung verbindet. Marilyn Ferguson schreibt im Vorwort: *„Es ist Clyde Fords großes Verdienst, daß er die beiden getrennt auftretenden Erscheinungsformen von Therapie (die körperliche und die geistig-seelische) entmystifiziert, indem er zeigt, an welchem Punkt beide Strömungen ganz logisch zusammenfließen: Der Körper speichert emotionale Erinnerungen. Berührung weckt diese Erinnerungen. Sind sie einmal bewußtgeworden, kann der Geist die Spannung lösen, die Schmerz oder Unbehagen erzeugt. Wie könnte es auch anders sein?"*

ca. 280 Seiten, ca. 20 Illustrationen, gebunden,
ca. 34,– DM/sFr., ISBN 3-924077-22-3

Das INSTITUT FÜR ANGEWANDTE KINESIOLOGIE FREIBURG veranstaltet laufend Kurse in *Edu-Kinestetik, Touch For Health (Gesund durch Berühren), Natürlich besser sehen* und in den verschiedenen Bereichen der Angewandten Kinesiologie. Durch engen Kontakt mit den Pionieren der Methode in den USA ist das Institut in der Lage, ständig die neuesten Entwicklungen auf dem Gebiet der Angewandten Kinesiologie zu präsentieren.

Außerdem fördert das Institut die Verbreitung der Angewandten Kinesiologie im deutschsprachigen Raum durch Literaturempfehlungen und Adressenvermittlung. Wer an der Arbeit des Instituts interessiert ist, kann kostenlose Unterlagen anfordern bei:

INSTITUT FÜR ANGEWANDTE KINESIOLOGIE FREIBURG
Zasiusstraße 67
D-7800 Freiburg
Telefon 07 61-7 27 29, Telefax 07 61-70 63 84